小さな力で大きく動かす！
システム思考の上手な使い方

なぜあの人の解決策はいつもうまくいくのか？

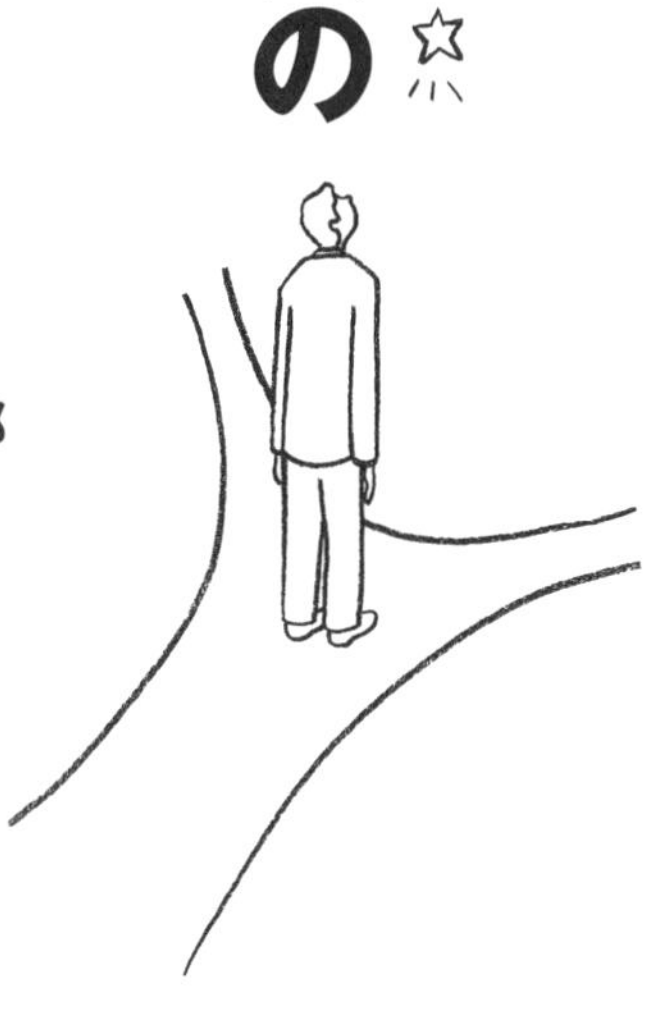

枝廣淳子＋
Junko Edahiro
小田理一郎
Riichiro Oda

東洋経済新報社

目次

序章　小さな力で大きく動かそう！　1

第1章　システム思考とは何か？――よいパターンを創り出す究極のツール

第2章　システム思考は難しくない！――世の中はシステムだらけです

第3章　「時系列変化パターングラフ」が望ましい変化を創り出す

第4章　最強ツール「ループ図」を使えば構造が見えてくる！　69

第5章　強力な助っ人「システム原型」で現実の構造を見破る

第7章　いざ、問題解決へ！——望ましい変化を創り出す　159

装幀／渡邉民人（ＴＹＰＥＦＡＣＥ）

序 章

Systems Thinking

小さな力で
大きく動かそう！

問題をつくり出したのと
同じレベルの思考では、
その問題を解決することはできない。
――――――――――A・アインシュタイン

ある研究所の悩み

「小さな力で大きく動かす」とは、どういうことなのだろう？　と思っている読者の方も多いことでしょう。ごくごく具体的な実例を一つ紹介しましょう。日本のある研究所で実際にあった話です。

　この研究所の管理者は、どうすれば、この研究所でもっと革新的な研究が進められるかを考えていました。その結果、研究者同士の学際的なブレーンストーミングの時間を設けることにしました。みんなでアイディアを出し合い、おたがいのアイディアを刺激やヒントとして、新しい研究アイディアを創り出していこうというものです。

　この「ブレーンストーミング・タイム」は、期待通りの効果を生み出しました。アイディア交換の場を得た研究者たちは、おたがいにどんどんとアイディアを出し合い、それぞれのアイディアから刺激や情報を得て、これまでの自分の研究分野の枠にとらわれない革新的な研究が活発に進められるようになってきました。期待通り、イノベーションを生み出す場となったのです。

　ところが、あるときからしだいに、ブレーンストーミングの場で出てくるアイディアが減ってきました。みなそれぞれ研究アイディアを持っていても、ブレーンストーミングの場であまり発表しなくなってきたのです。アイディアや情報交換が低調になると、自分の研究への刺激が減ってきます。すると、以前のように革新的な研究のアイディアや提案が出てこなくなってきます。

「おかしいなぁ。途中まではうまくいっていたのに……」管理者は頭を抱えました。

どうしてこのようなことになってきたのでしょうか？　あなたなら、この問題をどのように解決しようとするでしょうか？

アイディア減少の悪循環

まず、問題が出てくるまえの「ブレーンストーミング・タイム」が、期待通りの効果を生み出していた段階を考えてみましょう。「ブレーンストーミング・タイム」に、自分のアイディアや提案、思いつきを自由に出すと、そうしたアイディアは他の研究者への刺激になります。アイディアにアイディアを重ねるように、他の研究者が思いついたり、アイディアとして提案するアイディアの数が増えます。すると、そのアイディアを

図序-1　アイディアを生み出す好循環

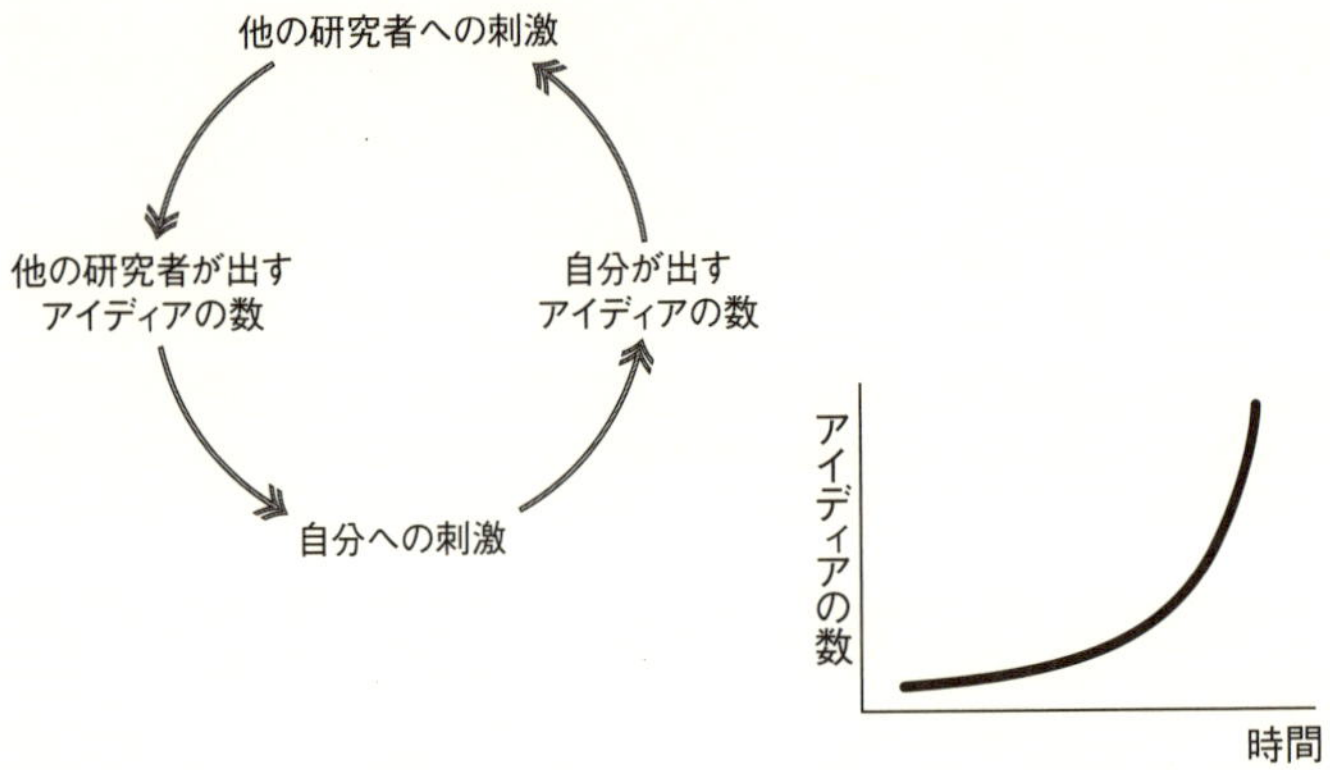

聞いている自分は、さらに新しい発想が生まれて、アイディアをふくらませたり、まったく新しいアイディアを生み出したりすることができます。そうした提案やアイディアを聞いた他の研究者も、その刺激の力でますますいろいろなアイディアを出し合うようになります。

この状況は、図序-1に示したように、「アイディアがアイディアを呼ぶ好循環」といえるでしょう。これこそまさしく、研究所の管理者がもくろんだことであり、そのもくろみが当たったからこそ、グラフが示すように、アイディアの数はどんどん増え、研究所の画期的な研究も増えていったのでした。

ところが、あるとき、アイディアの数は頭打ちとなり、今度は逆にどんどん減り出しました。他の研究者が提案するアイディアの数が減ってくると、自分への刺激も減ってしまうので、自分から出せる新しい発想やアイディアも減ってきます。自分が出すアイディアの数が減れば、他の研究者への刺激も減るので、他の研究者が出すアイディアはますます減ってきてしまいます。これは、図序-1と同じ構造なのですが、「アイディア減少がアイディア減少を呼ぶ悪循環」になってしまったのです。

目先の解決策を追う危険

このような「うまくいっていたのに……」という問題に直面すると、ふつう「どうしてうまくいかなくなったのだろう」と考えます。「ブレーンストーミングの時間が足りないのだろうか?」「参加したい、アイディアを出して貢献したいという動機づけが弱いのだろうか?」と考え、たとえば、ブレーンストーミング・タイムを長くしたり、回数を増やしたり、アイディアをたくさん出した研究者には報奨金を出すなど、インセンティブを設けたりして、かつてうまく回っていた好循環を取り戻そうとします。

ところが、いくらそのような手を打っても、アイディアの数は増えるどころか、ますます減ってしまいます。ブレーンストーミング・タイムの沈黙の時間はますます増え、研究所の活気もなくなり、革新的な研究を増やそう! という雰囲気すら薄れてきてしまいます。なぜうまくいかないのでしょうか?

これは私たちが陥りやすい「問題解決のわな」ともいえるものです。私たちは問題があると、すぐに問題解決をしようとし、問題の近くに解決策を探します。この例でいえば、「うまくいっていた好循環がうまくいかなくなった。好循環を元通りに回すことが解決であり、そのためにどうしたらよいか」と考えるのです。ところが、解決策は問題の近くにあるとは限りません。一見、問題からはほど遠いところに効果的な解決策がある場合も多いのです。

構造を見極め、構造に働きかける

システム思考では、「かつてうまくいっていたものがうまくいかなくなるなど、状況に一貫した変化が起こっている場合(この場合でいえば、アイディアの数が一貫して減り続けているなど)、構造の変化が状況やパターンに変化をもたらしている。したがって、問題状況を引き起こしている構造を見極め、構造に働きかけることで、望ましいパターンや状況を創り出そう」と考えます。

この研究所の管理者は、システム思考のアプローチで「アイディアが出なくなってしまった」という問題状況について考えました。システム思考のアプローチは、**「問題を**

単発の出来事として考えずに、パターンとしてとらえ、そのパターンを生み出している構造を理解することで、構造に働きかける」というものですが、そのためには「これまでの視野を広げること」が必要です。これまでうまくいっていた構造だけを見て、その改善を図ろうとするのではなく、これまでうまくいっていたからこそ生じてきた新しい構造を見つけようとします。

このように視野を広げるためには、その問題状況にかかわるさまざまな要素を見出し、それぞれの要素が影響を与えているほかの要素を見つけていきます。そのためには、これまでの見方にしばられずに状況を観察すること、そして、その状況にかかわる人々に話を聞いて、実際に何が起こっているのかを知ることが大切です。

新しい問題が……

そこで、研究所の管理者は、ブレーンストーミング・タイムの状況を観察し、研究者に個別に話を聞くなどして、問題を引き起こしている構造を理解しようと努めました。その結果、次のようなことがわかったのです。

実は、研究者は心配になってきたのでした。自分がたくさんのアイディアを出せば出すほど、当然ながら、他の研究者の耳に入ります。すると、せっかく自分で思いついて

図序-2　猜疑心のループ

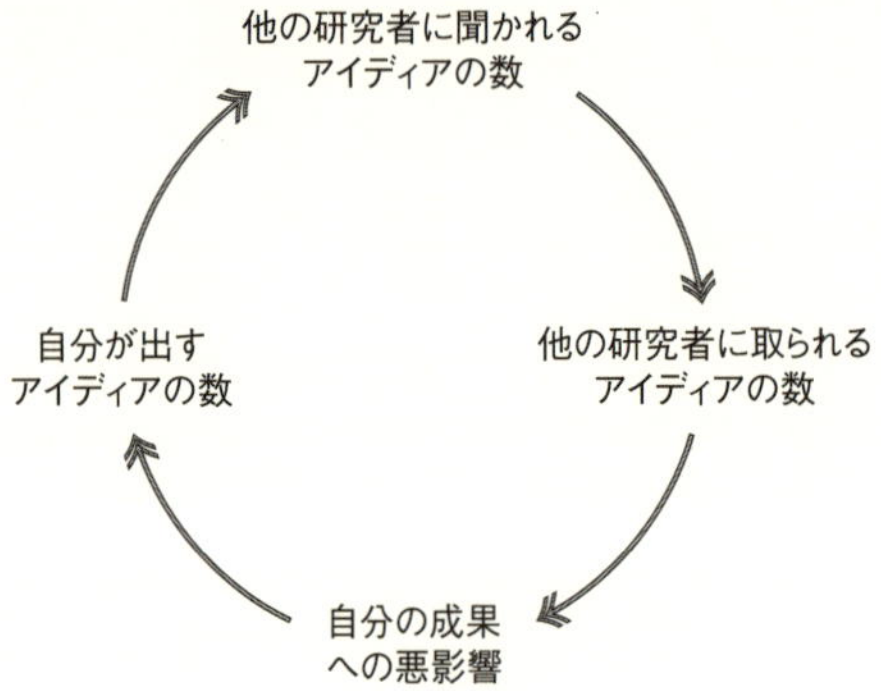

も、他の研究者に「もっていかれる」アイディアが増えてしまう、という心配が出てきたのです。ブレーンストーミングの場で出たアイディアは、アイディアにアイディアを重ねて発展していく場合が多く、みなが夢中になって話しているため、「最初にこれをいい出したのは自分だ」「このアイディアは自分のものだ！」と主張することが難しいからです。

　ブレーンストーミング・タイムが成功を収め、多くのアイディアが出るようになり、そのアイディアを自分の研究に採り入れる研究者が増えてくるにつれて、「せっかくアイディアを出しても、とられてしまうのではないか。すると、自分の研究成果につなげられないので、自分の成果への悪影響が出てしまう」という不安が大きくなり、新しいアイディアを思いついたとしても、以前のように気軽に口に出さなくなってしまったのでした。こうして、アイディアがアイディアを生む望ましい連鎖が停滞したばかりか、「アイディ

図序-3　好循環と悪循環

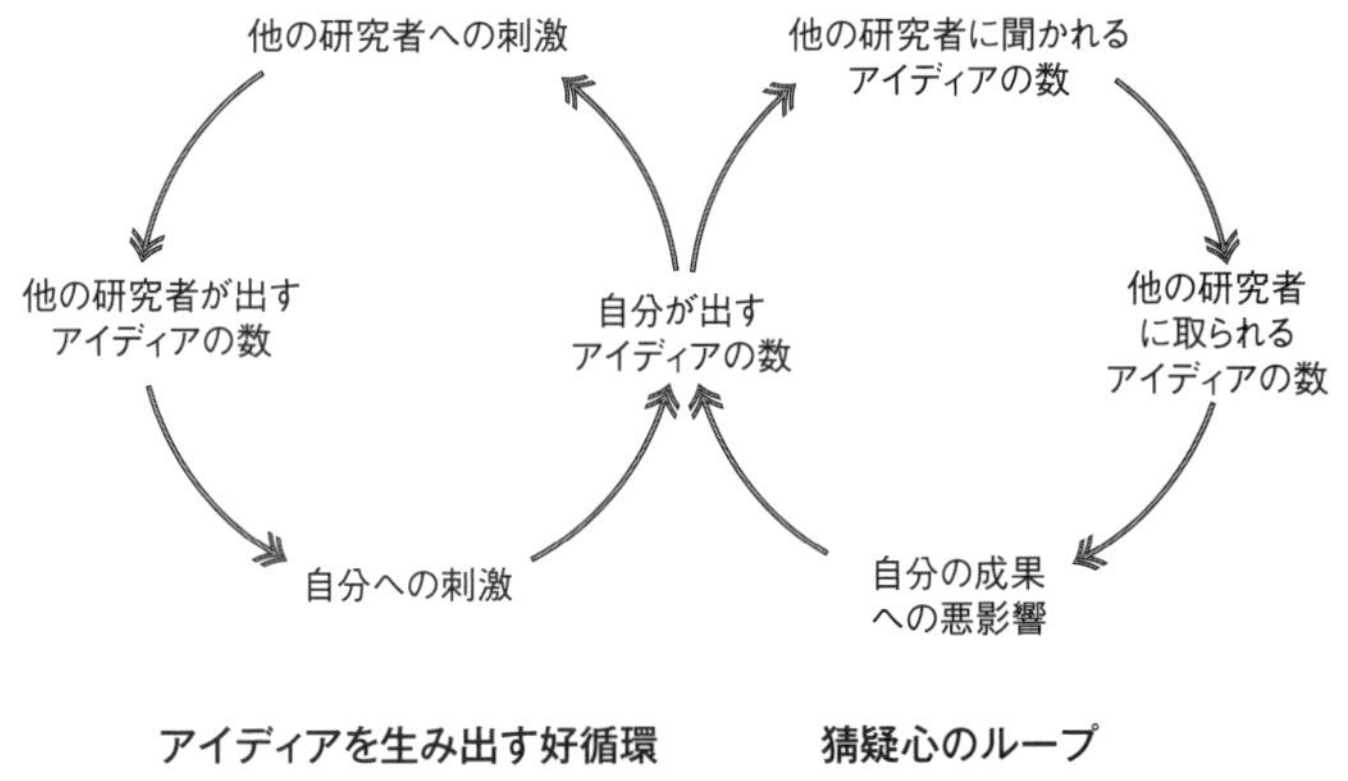

アの減少がアイディアの減少を呼ぶループ」になってしまったのです（図序-2）。

ちょっとしたアイディアの妙

研究所の管理者が見つけた構造とは、図序-3に示すように、「アイディアの連鎖がアイディアを生み出す好循環」と、「猜疑心によるアイディアの増加を抑えるループ」が組み合わさったものでした。当初は、好循環だけが回っていますから、どんどんアイディアは増えます。しかし、しばらくすると、アイディアがたくさん出るからこそ、「とられたらどうしよう」という猜疑心がふくらみ、右側の脚を引っぱる構造が動き出したのです。

このような場合に、好循環を一生懸命回そうとしてもうまくいきません。サイドブレーキがかかっているのに、一生懸命アクセルを踏もうとするようなものです。**それより、ブレーキをかけている構造を見つけ、ブレーキをゆるめることが解決策となります。**

ブレーキをかけている構造を見出した研究所の管理者は、ブレーキ構造を弱めるために、シンプルながらとても効果的な解決策を考え出しました。「研究ノート」と名付けたノートを一冊用意し、ブレーンストーミング・タイムのあいだ、「だれがどのアイディアを出したか」を逐一記録することにしたのです。

このノートのおかげで、「自分が出したアイディアをとられてしまう」おそれがなくなりました。猜疑心を持たなくてもよくなった研究者は、前のように、自分の思いつきや提案を自由に口に出すようになりました。ブレーキ構造をゆるめた結果、もとのアクセルが効き始めました。ふたたび「アイディアがアイディアを呼ぶ好循環」が回り始めたのです。そうして、アイディアの数は増加し続け、研究所も活性化して、革新的な研究をいくつも進めることができるようになりました。問題を解決し、望ましい変化を創り出すことができたのです。

改善と進歩への道——システム思考の新しい視点

「複雑性の時代」といわれるように、社会や経済のあらゆる面で複雑さが増してきています。そして今後さらに、複雑性は加速度的に増していくと考えられています。

企業もこれまでは、外部の環境に対して、より速くより効率的に、パターン認識をして素速く正確に対応すればよかったのですが、環境や社会が複雑性を増し、関係する人々の動機や目標が多様化するなかで、すべての人に対する明らかな正解が見えなくなっています。

このような状況では、「こういう状況なら、こう対応すればよい」という、パターン認識にもとづく対応に終始していては、予期せぬ結果にびっくりしたり、足元をすくわれることにもなりかねません。**外部からの刺激を受容して対応するというスタイルではなく、変化を予期する力、先手を打って対応する力、そして、望ましい変化を自分たちの手で創る力が必要となってきているのです。**

私たちは日々改善や進歩をめざして努力をしているわけですが（ビジネス自体を「絶えざる改善や進歩の営み」と定義することもできるでしょう）、改善や進歩には二つの種類があります。

一つは、「漸進的改善」です。これまでやってきたことを「もっと一生懸命に、もっと速く、もっとたくさん」やろうという取組みによって、効率化やスピードアップが図られ、少しずつ進歩・改善が実現します。しかし、あるところまで来ると、この種の改善は頭打ちになってしまうでしょう。

もう一つの進歩・改善の種類は劇的な突破口を開く「ブレークスルー」です。これは「これまでやってきたこと」のさらなる努力ではなく、新しい戦略をつくったり、働きかける場所や働きかけ方そのものを変えたり、忘れられていた本来の目的に立ち戻ることにより、急速で大きな進歩・変化をもたらすものです。

ブレークスルーを起こすためには、「新しいものの見方」が必要です。アインシュタインが「問題をつくり出したのと同じレベルの思考では、その問題を解決することはできない」といっているように、同じ問題状況を同じ見方で考えていては、現行の延長線上の改善しか出てきません。複雑で多元的・多層的な現実や状況に対して、「ある見方」だけをしていては、その全体像をとらえ、本質的な対応や変化を創り出すことはできません。「これまでとは違う見方」で見る力をつけることによってのみ、それまで気づかなかった物事のつながりや構造的な原因がわかり、ブレークスルーを起こすことができるのです。**システム思考はこのような「新しい視点」を提供してくれます。**

二種類の複雑性

よく「複雑性を増すビジネス環境」などといわれますが、複雑性には二種類あるといわれます。一つは「種類による複雑性（detail complexity）」と呼ばれるもので、要素や種類が多いことによる複雑性です。たとえば、森のなかにはさまざまな種類の動植物が存在していますが、これは種類による複雑性です。このような複雑性に対して、ロジカル・シンキング（論理的思考）といわれるような、種類を分類して、パターン認識できるようにするアプローチがこれまで重視されてきました。

しかし、現在、社会や経済、企業や組織は、新しい複雑性のなかに置かれているといえます。これは「ダイナミックな複雑性（dynamic complexity）」と呼ばれるもので、要素のつながりや相互関係から生じる複雑性です。森の例でいえば、森に存在する多種多様な生物の相互関係がつくり出す森の営みそのものの複雑性です。これは、いくら種類を分類し、パターン認識をしても、理解することはできません。

種類による複雑性への対応も重要ですが、これからの時代に違いを生み出すのは、ダイナミックな複雑性への対処力となってくるでしょう。複雑な問題や状況の構造とそのツボを見抜く力、そしてシステムの力を利用して効果的に働きかけていく力がなくては、加速度的に複雑さを増す社会や経済のなかで生き残り、成功を収めることは難しくなってきます。

システム思考は、このダイナミックな複雑性を扱うアプローチであり、プロセスであり、共通言語です。**システム思考を身に付けることで、より効果的によりストレスの少ない形で変化に対応でき、また、望ましい変化を自ら創り出していく力を養うことができます。**

システム思考＝思い込みを排し、全体を見る

環境や状況が複雑になればなるほど、どの面を切り出して考えているかによって、同じ状況に対する現状認識が違ってきます。つまり、状況を見ただけで現状認識を共有する、ということができなくなってきているのです。

これまでの世界であれば、会社の課題は社員全員にとって明らかなものでした。ところが、現在はどうでしょうか?　**「わが社にとって重大な課題は何か」の認識そのものが、社員一人ひとりによって違うのではないでしょうか。**「自分たちが取り組まなくてはならない本当の問題は何なのか」「自分たちは何を見ているのか」という前提自体が合っていないために、何度会議を重ねても、建設的な議論ができずに、言い合いや欲求不満のうちにフラストレーションをためることも多々あります。

「学習する組織」の概念を確立したピーター・センゲが提唱して以来、システム思考が「学習する組織」にとっての「第五のディシプリン」と位置付けられ、重視されている

のは、グループや組織にとっての「共通言語」となるためです。**システム思考は、「思い込み」と呼ばれる人々の狭い見方を広げ、新しい視点で全体像を見ようとするものなのです。**

システム思考を用いることで、組織のメンバーはまず「自分のメンタルモデル（思い込みや世界観）」を認識し、次に、おたがいのメンタルモデルを理解して、全体像の理解を深め、その結果、効果的な働きかけをいっしょに考えることができるようになります。システム思考は、「しなやかに強く、進化し続ける組織」をつくるための鍵を握っているとして、欧米の企業を中心に、組織づくりや社員研修の基盤として広く採り入れられています。

新しいものを自由に生み出す力──右脳の時代に必須のスキル

システム思考がこれからのビジネスパーソンにとって必須のスキルとなる理由が、もう一つあります。

仕事には、「短時間で正確にできることが大事である仕事」と、「ゼロから創り出す発想や創造力が大事である仕事」の二つのタイプがあるといわれます。これまでは、いかに短時間で、いかに正確に、定められた仕事をこなすかという機械的な仕事が、企業や経済の多くの場面で重要視されていました。しかし現在は、そのような仕事のかなりの部分は、コンピュータにやってもらうことができます。とすると、一人ひとりの価値を生み出す源泉は、「人間にしかできない仕事」となります。

これから必要とされ、評価されるのは、新しいものを自由に生み出す力です。左脳的なロジカル・シンキングに対し、右脳的な発想力と呼ぶ人もいます。右脳的な力を活用するためには、分析や要素還元ではなく、全体状況をとらえる直感やイメージの力が大切になってきます。そういった点でも、システム思考が必須です。

私たちは「言葉」を用いて考えることが多いのですが、「言葉」はいっぺんに全体像を伝えるのには向いていません。話し言葉にしても、書き言葉にしても、「順を追って」伝えることになるからです。それに対して、システム思考には、全体像を一度に見ることができるツールがあります。システム思考を「まるで右脳的なひらめきや気づきを左脳にコミュニケーションするような感じ」と評した人がいますが、まさに左脳の得意とする論理的思考の限界を超え、右脳の潜在力を生かすチャンネルを創り出すことができるのです。

システム思考は究極の知恵

システム思考は、一九五〇年代に米国マサチューセッツ工科大学（ＭＩＴ）で誕生した学問です。以来、欧米の企業や組織を中心に実践と研究が重ねられてきました。工場や商品開発などの現場で活用することで、組織の学習を促し、新しい発想で戦略を立案、実行するなど、目覚ましい成果を挙げているフォードやデュポンの事例が広く知られています（デュポン社の事例は、第7章で紹介します）。このように、欧米の企業では、ビジネスパーソンにとっても組織としても必要なスキル、アプローチすなわち、技術を身に付ける思考法として位置付けられ、企業研修に採り入れたり、実践が行われています。

また、アメリカを中心に、教育の現場にもシステム思考を導入することで、子どもたちの「変化の時代に生き残る力」をはぐくむ実践も広く行われています。**このような実践と研究、経験をふまえて、「システム思考の鉄則」とも呼べる、仕事や組織、人生に役に立つ知恵の宝庫ができています。**

ひるがえって、これまで日本では、システム思考を体系的に導入し、教えるということはほとんどありませんでした。広く「学習する組織」というアプローチにおいて、日本企業は欧米から取り残されてしまっているともいわれます。私たちは、このギャップを埋めたいと、システム思考を中心として、望ましい変化を創り出す力をはぐくむための会社を立ち上げ、年間約八〇〇人を対象にシステム思考トレーニングコースを実施し、約六〇〇〇人を対象にシステム思考の講演やプレゼンテーションを行っています。

システム思考のトレーニングコースの受講者の多くが、

「システム思考によって、見えなかったものが見えてきた」

「これまではまったく考えなかった答え（チャレンジ）に出会うことができた」

「描いて眺めることにより、何が重要で何が重要でないか、どこに働きかけるべきかがよくわかった」

「自分のやっている働きかけや工夫が、どのポイントに介入しているのかを、目に見える形で表すことで理解できた」

「近い所の直接の介入だけではなく、遠い所に介入できる可能性にも気がついた」

「自分の思い込みがはっきりして、何をどうすればいいかイメージできた」

「自分の発想を広げることに役に立つ」

と、システム思考の有効性を実感しています。

小さな力で大きく動かす！

本書は、国内外でトレーニングコースを開催してきた経験と、世界のシステム思考の第一人者たちのネットワークから得られる知見や洞察にもとづき、「システム思考という言葉すら聞いたことがない」という方々にも、シンプルな形でその考え方を理解し、基本ツールを身に付け、活用できるようになっていただくための本です。

私たちは、問題に直面すると、その問題自体をつついたり押したりしがちですが、システム思考を用いることで、一歩引いて全体像を見ることができ、さまざまな気づきが生まれます。また、一見問題からは遠いと思えるかもしれないけれど、小さな力でシステムを大きく動かせる有効なポイント（レバレッジ・ポイント）を見抜く力も付いてくるでしょう。

組織でも個人でも、システム思考を身に付けることで、全体像を見る力、問題構造のツボを見抜く力、効果的な働きかけを考える力、組織内外で問題認識を共有する力を強めることができます。**とくに組織にとっては、システム思考は、問題を発見し、関係者で認識を共有することによって、真に効果的な働きかけを創り出す力を与えてくれます。**「システム思考は学習する組織の基盤」といわれるゆえんです。

私たちは、ＪＩＣＡ（国際協力機構）でも、これから途上国に派遣される専門家に対する研修の一環としてシステム思考演習を行っています。受講者からは、「システム思考は、立場の異なる多くの利害関係者がかかわる複雑な問題状況下で、言葉や文化の違う人々とともに、本当の問題は何かを見出し、問題構造のツボを見抜き、解決策をつくって実行していくうえでの共通言語として役立つ」と高い評価をいただいています。海外の企業や国際機関では、システム思考が使われることも多いので、海外の組織や企業を相手に仕事をする立場にある人にとっては、システム思考は英語と並ぶ共通言語といえるでしょう。

さあ、システム思考を身に付け、自分自身に対しても、また仕事や組織、地域に対しても、そして国や国際レベルでも活用し、望ましい変化を生み出していきましょう。

第1章

Systems Thinking

システム思考とは何か？

よいパターンを創り出す究極のツール

「副作用」など実は存在しない。
あるのは「作用」だけである。
——————————J・スターマン

たとえばこんなこと、ありませんか？

低迷する売上げに大規模な販促キャンペーンを張ったところ、その期間は売上げが伸びたが、そのあとの落ち込みがひどく、より大きな赤字になってしまった……。

本社で成果をあげた社員の動機付けプログラムを全国の支社に展開したところ、逆に士気が下がって困っているという苦情が続出した……。

感染症対策のために病原体に対抗する抗生物質を開発したが、それによって新たに抗生物質への耐性を持った強力な病原体への進化が促され、対策がより困難なものになった……。

タバコによる健康被害を減らすために、低タール・低ニコチンタバコを開発したが、喫煙者は今まで以上の本数を吸うようになり、しかも深く長く肺に吸い込むようになったため、かえって健康被害がひどくなった……。

昨日の解決策が今日の問題を生む

何かを変えよう、何かの問題を解決しようと働きかけをした結果、その問題は解決したとしても、そのせいで別の問題が生じてしまったという経験はありませんか？　または、その場では問題は解決したが、数週間、数カ月、数年、時には数十年たったあと、その大きなツケに見舞われる、ということもよく見られます。
システム思考ではよく「昨日の解決策が今日の問題を生んでいる」といいます。なぜこのようなことが起こるのでしょうか？

真摯に問題に取り組み、せっかく解決したのに、別の問題が起きてしまう……。これは、一生懸命問題に取り組んだ人にとっても、その問題にかかわる状況や人々にとっても、残念な結果です。しかし、どんなに一生懸命であったとしても（場合によっては、一生懸命であればあるほど）目の前の問題に取り組むだけでは、長期的には真の問題解決になっていないことが多いのです。

図1-1　一つ解決したと思ったら……

原案はゲイリー・ラーソン氏。

安易に「副作用」というけれど……

私たちは、自分たちが想定していなかった結果が起きたとき、「予期せぬ結果が生じた」「思わぬ副作用が出てきた」といいま

図1-2　目の前しか見ていないと……

原案はアーニー・レビン氏。

す。しかし、システム思考で考えると、その結果は何の脈絡も文脈もないところから突然変異のように現れたのではなく、必ず何らかの働きかけや要素のあいだのさまざまな相互作用の結果、生じたものなのです。

システム思考の第一人者であるＭＩＴのジョン・スターマン教授は、システム思考のバイブルとされる著書『Business Dynamics（邦題：システム思考—複雑な問題の解決技法、２００９年）』で、次のように述べています。

「私たちはよく『副作用』というものを社会の現実のように受けとめます。しかし、現実は、『副作用』があるのではなく、『作用』があるだけです。私たちが行動を起こすと、さまざまな作用が生じます。予測される作用や役に立つ作用を、主たる作用、意図する作用と呼びます。予測してい

図1-3　どんな結果になるでしょう?

原案はアーニー・レビン氏。

なかった作用や、自分たちのねらいを弱めたり、システムそのものに悪影響を与える作用を、『副作用』と呼んでいるだけなのです。『副作用』とは、私たちのシステムに関する理解の限界や欠陥を表しているにすぎません」。

「そこ」しか見ていないと、「そこ以外」の影響を考えに入れることができません。システム思考の助けを借りることで、状況や問題の「そこ」以外を見る手段を手に入れ、システムに関する理解を広げることができます。

働きかけを起こす前に、その働きかけを行うことで、どこにどのような影響が及び、それが回り回って、もともと解決したいと思っている問題やそのほかの状況にどのような影響を与える可能性があるかを考えることができます。そうすることで、予期せぬ結果を引き起こさずに、望ましい変化を起こす道筋を考えられるようになるのです。

ロジカルだけでは不十分――こちらを立てればあちらが立たず

私たちはよく、問題を切り分けて分析する方法で問題を把握し、解決策を考えようとします。ロジックツリーといわれるアプローチがその典型です。

たとえば、「会社の利益を上げる」という課題に対して、「利益は売上げとコストの差である」と要素を分けます。そして、「売上げは価格と数量を掛け合わせたもので、コストは固定費と変動費を足し合わせたものだ」というふうに、要素を還元する形で分析していきます。そして、最終的に要素のそれぞれに対して、専門部署を設け、何をすればよいのかを考えます。価格に対しては、価格戦略を考え、数量に関しては広告宣伝、販売促進、顧客開拓の戦略などを考えます。コストの面で、固定費を減らすために、自動化やアウトソーシング、リストラを考え、変動費を減らすために、歩留まりを考えたり効率化や低賃金化を図ったり、原材料の見直しや物流コストの削減などを行います(図1-4)。

ところが、とくに組織が縦割りで、価格・数量などそれぞれ異なる部門や人が担当していると、自分の担当領域の働きかけが別の側面にどのような影響を及ぼすかを考える

図1-4　ロジックツリー（要素還元主義）

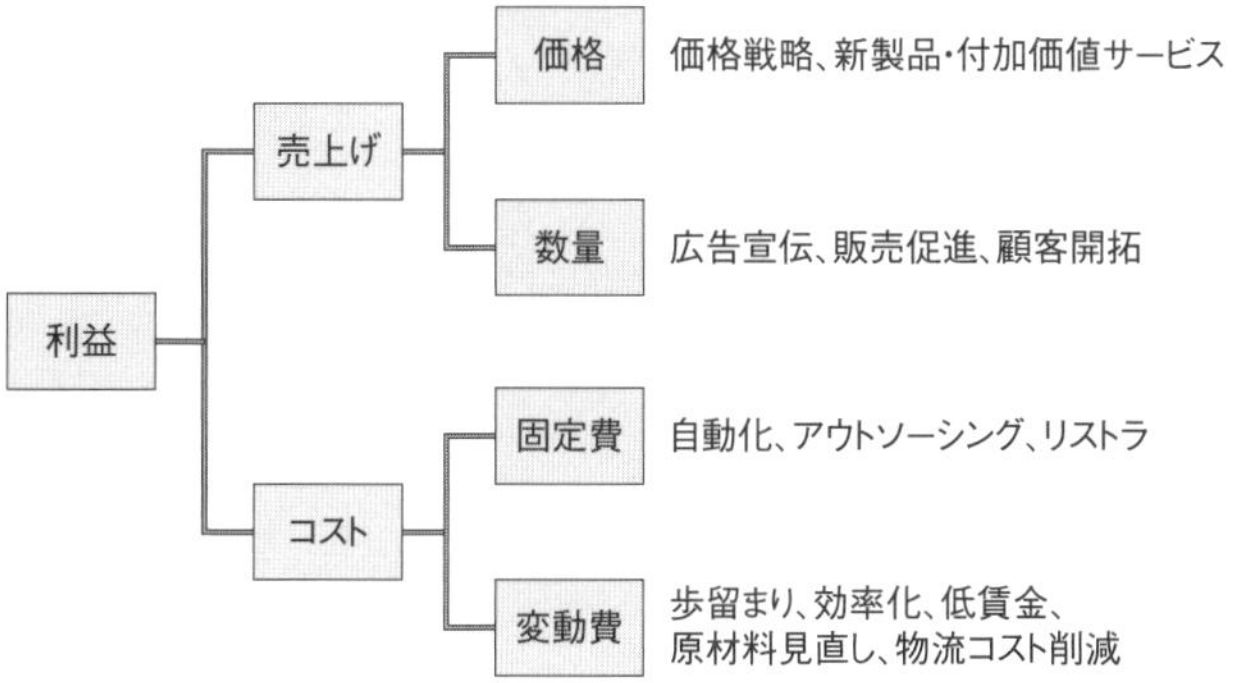

ことなく、対策を打つことがよくあります。その領**域だけが独立していればよいのですが、どの企業も組織も事業も、さまざまな要素が複雑に絡み合っていますから、どこかが何かの手を打てば、それ以外の側面にも影響を及ぼすことになります。**

たとえば、価格の上下が販売数量に影響があることは自明です。また、アウトソーシングやリストラが、従業員の動機付けやモラルに影響を与え、歩留まりや効率化に影響を与えることも考えられるでしょう。

世の中はルービックキューブ

世の中も、私たちが変えたいと思っている現状や問題も、いってみれば、ルービックキューブのようなものです。ルービックキューブの自分の目の前の一面だけを合わせるのは、それほど難しいことではありません。しかし、自分の目の前の一面だけを合わせようとしているときには、その動きがその裏や隣の面にどのような影響を与えているかは考えないことが多いのです。

六人の人が一つのルービックキューブに向かって、それぞれ自分の目の前の一面をきれいに合わせようとしている様子を想像してみてください。自分の目の前を合わせようとキューブを動かすと、その動きは他の人の面に影響を与えます。これではいつまでたっても、六つの面がきれいにそろうことはないでしょう。

各人や各部門、各組織がいくら「個別最適化」を図ろうとしても、全体の問題を解決することはできません。六人がたがいに干渉し合いながら、それぞれ自分の面をきれいに合わせようとするのではなく、六人で全体の構造やつながりを理解して、全体として合わせていく努力をしなくてはなりません。世の中の問題や私たちが毎日直面しているさまざまな状況も同じなのです。

渋滞を解消するには?

世界の多くの都市が直面している「道路の渋滞」という問題を例に考えてみましょう。道路が渋滞していると、近隣住民や車の利用者から「何とかしろ!」という苦情が道路当局に殺到します。「渋滞を解消しなくてはならない圧力」が出てくるのです。こ

図1-5　渋滞解消策の現実

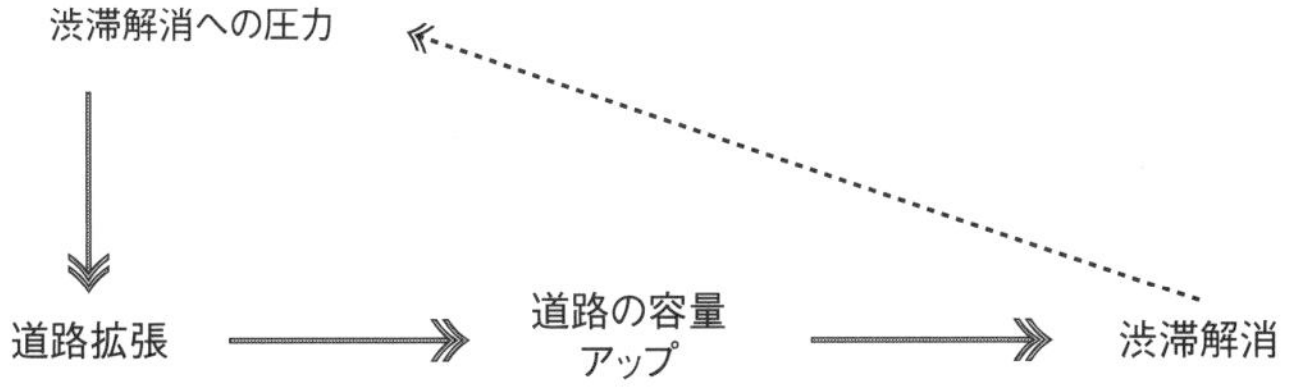

の圧力に対して、道路当局の担当者は、何とか対応をしなくてはならなくなります。

問題に直面すると、人はまず、原因を考えようとします。たとえば、「道路の容量（時間あたりに通行できる最大台数）が少ないから、道路が渋滞してしまうのだ」と考えます。そして、原因を考えるとすぐに、その原因に対して解決策を考えようとします。よく出てくるのは、「道路の容量を増やすためには、道幅を広げればよい（または、バイパスなどをつくって道路網を拡張すればよい）」という解決策です。そのときの思考法は、「道路を拡張すれば、道路容量が増える、そうすれば渋滞が解消する（そうすれば、渋滞を減らせという圧力もなくなるだろう）」というものです（図1-5）。

ところが、世界の多くの都市では、渋滞解消のために道路を拡張したり、道路網を拡張しても、その直後は確かに渋滞解消しますが、しばらくすると元の状態に戻ってしまったり、場合によっては渋滞がひどくなるという現象が見られます（図1-6）。これ

図1-6　道路渋滞の構造

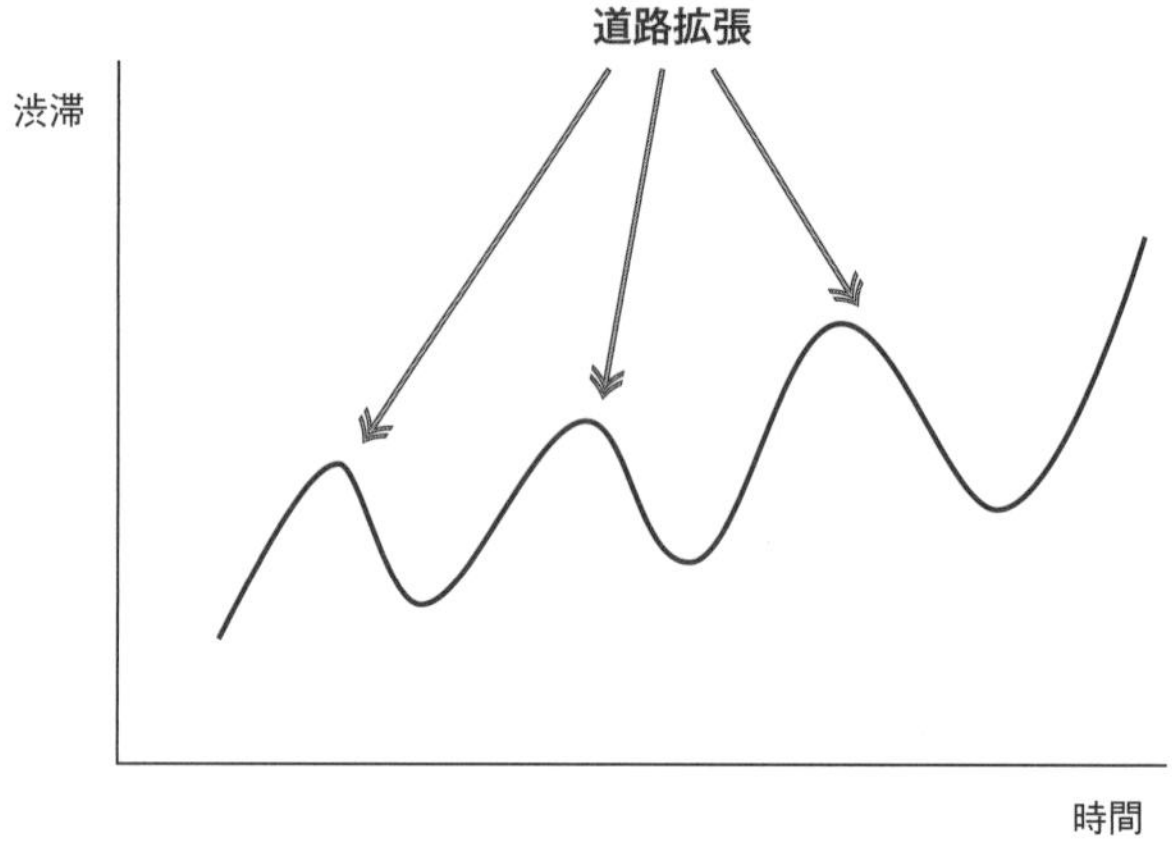

は、「道路拡張→道路容量アップ→渋滞解消」という直線的な思考では見えていない構造があるため、真の問題解決にはなっていないことを示しています。

直線思考の限界

私たちには「目の前に見えるできごと」だけに注目し、「問題の原因と結果はすぐ近くにある」と無意識のうちに思い込み、問題の近くに解決策を探そうとする傾向があります。これはおそらく、人間がこれまでは「火に触わったらやけどをした」というように、因果関係が近くてわかりやすいシステムのなかに生きてきたためなのでしょう。

「問題の原因と結果はすぐ近くにある。だから問題の近くに解決策があるはずだ」という直線的なアプローチは、単純なシステムの時代には通用しましたが、複雑なシステムにおいては、通用しません。複雑なシステムでは、原因と結果が近くにあるとは限らないためです。

実際には、ある行動の効果や影響が、システムを構成している数知れない要素間のつながりを経て、時間的な遅れをともなって出てくることもよくあります。そのために、解決策の「予期せぬ影響」が「意図した作用」を打ち消してしまったり、さらには「昨日の解決策が今日の問題を生み出す」事態すら起こったりするのです。これらはすべて、状況や問題をシステム（要素のつながり）として把握せず、目の前の問題に近視眼的に働きかけたことから起きる結果なのです。

「渋滞解消」のほかに何が起こるか？

道路渋滞の問題をシステム思考で考えると、「道路拡張→道路容量アップ→渋滞解消」という直線的な思考では見えていない構造やつながりを考えることができます。たとえば、「道路容量」がアップすれば、「渋滞解消」のほかに何が起こるか？　を考えることになります。

「道路の容量がアップすれば、その道路を走る車の台数が増える」のです。これは、直

図1-7 「渋滞解消」のほかに何が起こるか?

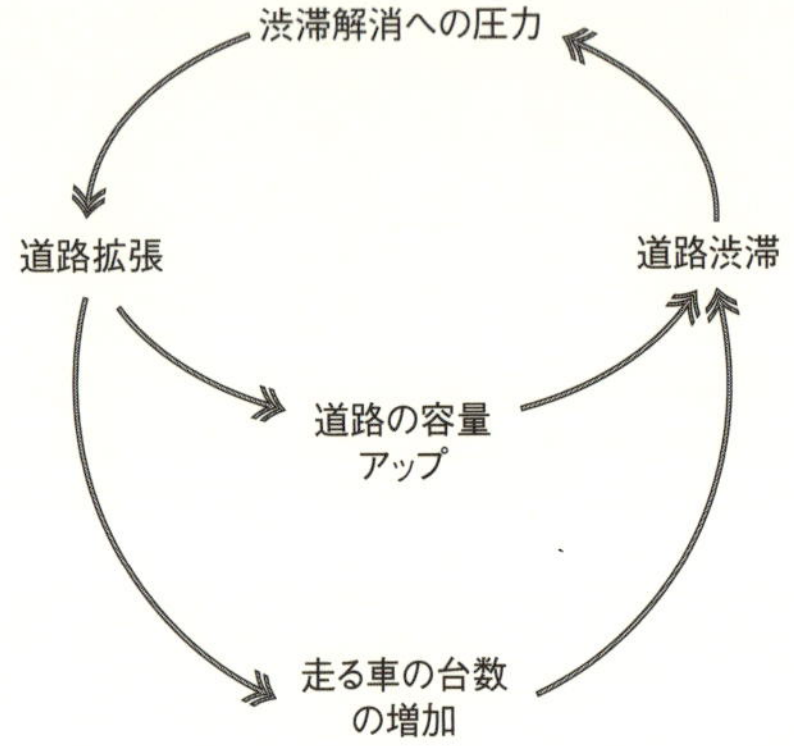

線的思考では出てこなかった考えでしょう。それまで別の道を走っていた車も「車線が増えて走りやすい」とその道を走るようになります（図1-7）。

また、道路拡張によって、道路の渋滞が緩和すると、電車やバス、地下鉄といった公共交通機関と比べての自動車の魅力がアップします。すると、これまで「道路が混んでいて時間がかかるから」と自動車ではなく公共交通機関を使っていた人のうち、「それだったら自動車を使おう」という人が出てくるでしょう。その結果、その道路を走る車の台数が増えてしまうでしょう。その結果、道路の交通量が増加し、道路の渋滞を引き起こします。道路拡張によって、「道路の容量アップ→走る車の台数の増加→道路渋滞」というつながりが出てくることがわかります。**このようにして、「直線的な思考では想定していなかった」影響が出てくるのです。**

真摯な意図とはうらはらに……

道路網を拡張するためのバイパスができると、それまでは大都市から遠かった地域も通勤圏となるので、新規の住宅開発が行われ、人々が引っ越してきて、自動車の数はさらに増え、交通量がますます増大することになるでしょう。このように、どんなに道路をつくっても、拡大した道路網が新たな交通需要をつくり出すという悪循環を繰り返してしまうのです。

交通渋滞を引き起こすシステムの動きはそれだけではありません。自動車の利用者が増えることは、公共交通機関の利用者の減少につながります。乗客の減った公共交通機関は、事業を続けるために、経路を縮小・閉鎖したり、料金の値上げをせざるをえなくなるでしょう。そうすると、公共交通機関の利便性や魅力が減ってしまうので、相対的にますます自動車の利用が魅力的になってしまうのです！　**ますます多くの人が、公共交通機関から自動車へシフトし、公共交通機関の経営はますます厳しくなり、ますます経路を縮小したり料金を値上げすることで、ますます利用者を失っていくでしょう**（このようなさまざまな要素のつながりを単純なループでつないだものが図1-8です）。

この「直線的思考では見えない」つながりを考慮に入れていないと、「道路を拡張し

図1-8　さまざまな要素のつながり

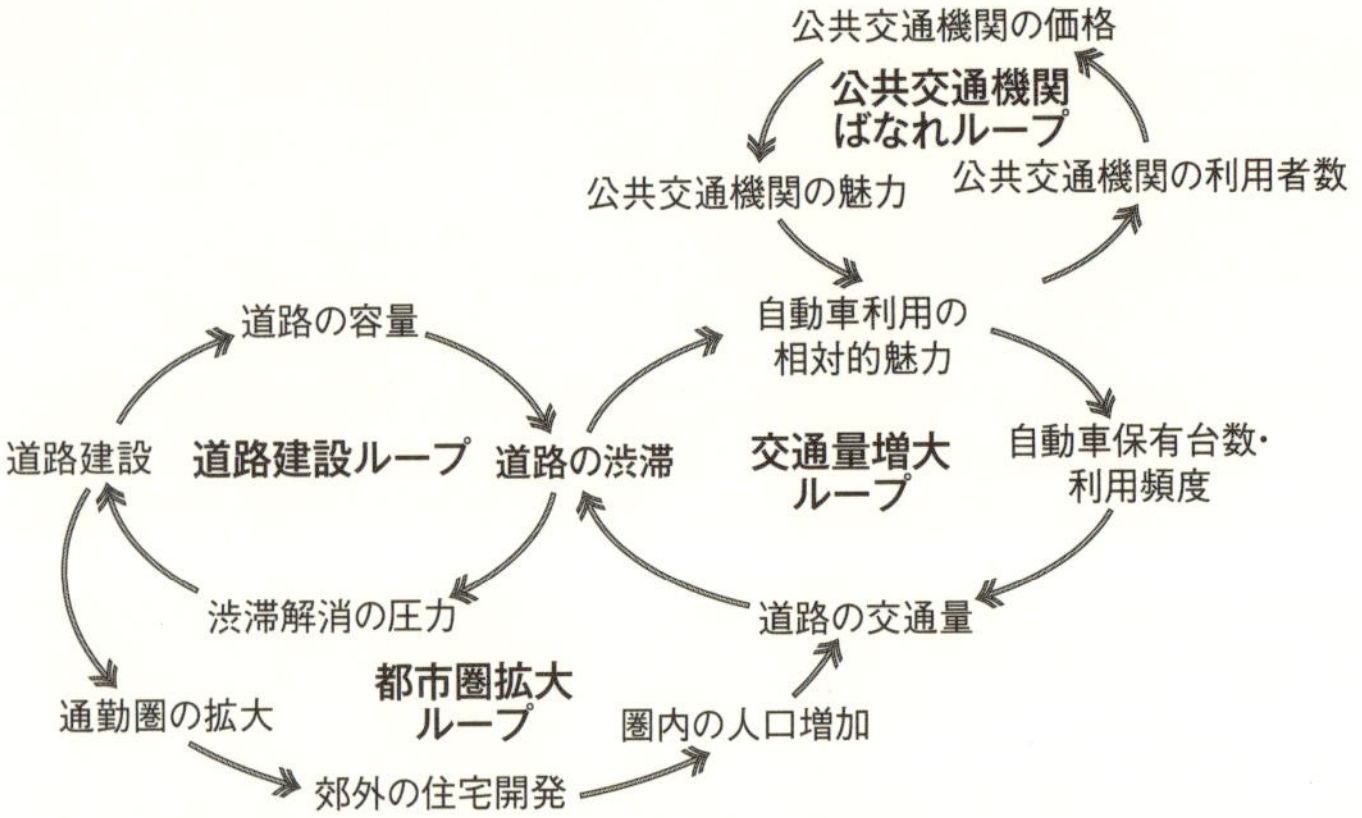

て、道路容量を増やしたのに、どうして渋滞がひどくなったのだろう」と首をかしげることになってしまいます。まさしく、担当者の真摯で誠実な意図とはうらはらに、「予期せぬ結果」を起こしてしまうのです。

自動車を脇目に、バスがスイスイ

では、システム思考のアプローチで、「道路拡張」という目の前の解決策（と思われるもの）に飛びつくのではなく、一歩引いて視野を広げて全体像を考え、小さな力でシステムを大きく動かすような働きかけを行い、交通渋滞の緩和に成功した事例をいくつか紹介しましょう（図1-9の矢印の場所に働きかけていることに留意ください）。

コロンビアのボゴタでは、渋滞解消のため、

図1-9　さまざまな介入点

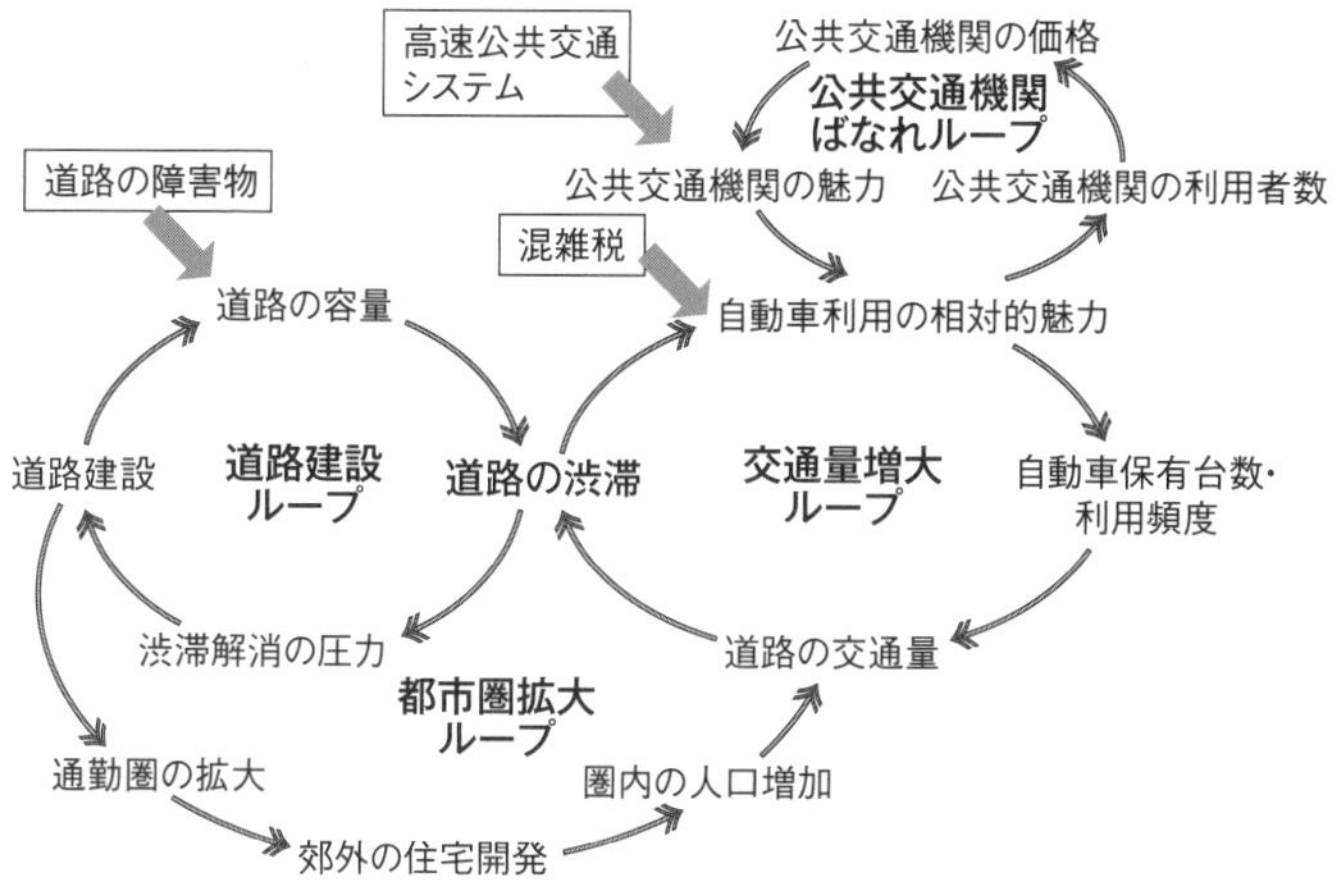

バス専用のエクスプレス・レーンを設ける高速公共バスシステム網を構築しました。日本でよく見られる「どんなクルマも入れるバス・レーン」ではなく、本当の意味での「専用レーン」で、隣の車線で渋滞する自動車を脇目に、バスがスイスイと高速で走っていきます。このように、公共交通機関の魅力を増すことで、自動車の相対的な魅力を減らすことができ、その結果、道路の自動車交通量が減って、渋滞が緩和しました。北京、メキシコシティ、ソウル、台北などでも同様のシステムを導入しています。

ロンドンでは二〇〇三年に、朝から夕方までの車両の進入に対する混雑税を導入しました。その結果、交通流入量は一八％、渋滞時間は三〇％減少しました。そのおかげで、市内の通過速度は二一％改善し、大気汚染や騒音が大きく軽減しました。多くの市民がバスなどの公共交通機関や自転車・バイクへと移行したからです。これは、「自動車の相対的魅力を下げる」という働きかけでした。

有効な働きかけはしばしば直感に反する

当初は「そんなことをしたら景気や経済に悪影響が出る」と反対の声もありましたが、実際には危惧された景気への悪影響は見られず、「渋滞緩和によりロンドンのイメージが向上した」という声が多く寄せられているそうです。このような混雑税は、シンガポール、オスロ、メルボルンでも実施され、効果を上げています。

当初の直線的な思考で出てきた要素である「道路容量」も、重要な働きかけのポイントです。**ただし、「そのポイントを、どちらの方向へ押すか？」が大事なのです。**直線的な思考の例では、「道路容量」を向上させることで、渋滞問題を解消しようとしました。

同じポイントに働きかけたスウェーデンは、一九九七年に「交通事故ビジョン・ゼロ」を採択し、市内の制限時速を三〇キロに設定し、バンプ（障害物）など数々の速度制限を導入しました。道路の「道路容量」を下げる方向に働きかけたのです。それによって、交通事故を減らしただけでなく、バス・電車・自転車など他の交通機関が充実し、交通渋滞は大幅に緩和されました。

「道路の容量を増やす」という従来型の対策に対し、「道路の容量を減らす」ことで渋滞解消に成功したこの事例から、複雑なシステムでは「有効な働きかけはしばしば直感に反する」ことがわかります。直感に頼らず、状況をシステムとして分析することによって、はじめて「正しい介入」がわかるのです。

このように、システム思考を用いて、目の前の問題だけを直線的に考えるのではなく、**「その要素は、現在は見えていないどのような要素につながっているのか」**というつながりを見ることによって、問題の構造を理解し、適切な働きかけを行うことによって真の解決策をつくり出すことができます。

システムとは氷山――表面だけ見て一喜一憂の愚

望ましい変化を創り出していくために、システム構造をどのように見ていけばよいのでしょうか？　**システム思考の基本的な考え方とアプローチを「氷山」になぞらえて紹介しましょう**（図1-10）。

私たちは、「売上げが落ちた」「またクレームがどっと来た」「社員に改善提案を出せといったのに、一つも出てこない」といったできごとに一喜一憂し、すぐに「売上げを上げるために何をしたらよいか」と、対策や解決策を考えようとします。ここで「何とかしなくては！」と思っている問題とは、氷山にたとえると、海水面の上に見えている部分であり、それぞればらばらの「できごと」です。このレベルで考えても、事後的に「反応」しているだけで効果的な変化は起こせません。

図1-10　氷山モデル

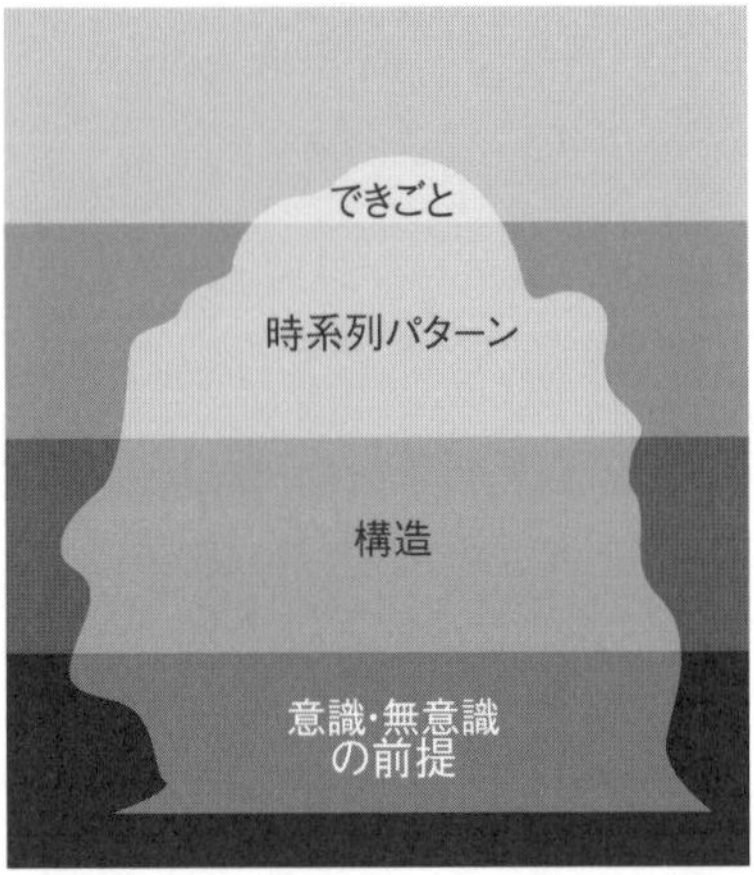

氷山と同じく、水面上に見えているできごとは、全体のほんの一部であって、その下にもっと大きなものがあります。すぐ下にあるのは、「時系列パターン」です。表面に見えているできごとを過去にさかのぼって考えてみると、たとえば「いつも販促キャンペーンの二カ月後に売上げが落ちている」といったパターンが見えてきます。そして、このまま同じやり方をしているとどうなるか、というパターンも考えることができます。

よいパターンをつくれ

たとえば、「売上げが落ちるたびに、販促キャンペーンをしても、その少しあとに結局売上げは落ちてしまうだろう」といった具合です。このパターンがわかったとき、たとえば売上げのパターンに応じて受注や発送の人員体制を配置するなど「適応」が可能になります。しかし、本質的にはこの時系列パターンそのものを変えなくてはいけません。

このような時系列パターンはなぜ生じるのでしょうか？ パターンは「構造」が生み出します。この例でいえば、「販促キャンペーンを打つと、販売店はインセンティブがほしくて在庫を積み増しても注文をしようとする。これは将来の売上げの先取りにすぎず、最終消費量そのものは増えない。そして、その反動で、その後の注文が入らなくなる」といった構造があるのかもしれません。このレベルまで掘り下げると、構造のどこに働きかければ望ましいパターンが生み出せるかを考え、変化を「創造」することが可能になります。

そして、さらに深いレベルには、そのシステム構造の前提となっているいろいろな意識・無意識レベルの前提や価値観があります。この例でいえば、販売員の間で「後先のことを考えずに、自分の目の前のノルマを達成できればよい」と意識または無意識レベルで思っているのかもしれません。こういった意識・無意識レベルにまで働きかけることができれば、真のビジョンを見出し、自律的に学習し、つねによりよいパターンへの変化を創り出す個人や組織をつくり上げることも可能です。より根源的な変化創造のしくみづくりができます。

製材所の浮沈――「困った、困った」ははじめて？

氷山モデルの具体例として、『地球のなおし方』（デニス・メドウズ、ドネラ・メドウズ、枝廣淳子著）から次の話を紹介しましょう。

アメリカのニューイングランド地方の森林の話です。この森林地帯には製材所がたくさんあり、木を伐って木材をつくっています。ところが、森に木がなくなってしまって、製材所はみんな封鎖され、破綻してしまいました。「困った！」「補助金を出せ！」「失業手当を出せ！」とみんな口々にいっています。これは「木がなくなって製材所が破綻した」というできごとです。

ところでこれまではどうだったのだろう？　とニューイングランドの製材所数のグラフを見てみると、波形になっていることがわかりました（図1-11）。あるとき急に増えるのですが、ある時期がたつと、急に減っているのです。数十年たつとまた増えてきます。そして、また減っています。

ここから、単独のできごとの背後にある時系列パターンがわかってきます。**今製材所が「困った、困った」といっているできごとは、このパターンが今回表面化したものであって、これまでも同じようなことはよくあったのです。**

図1-11　ニューイングランドの製材所

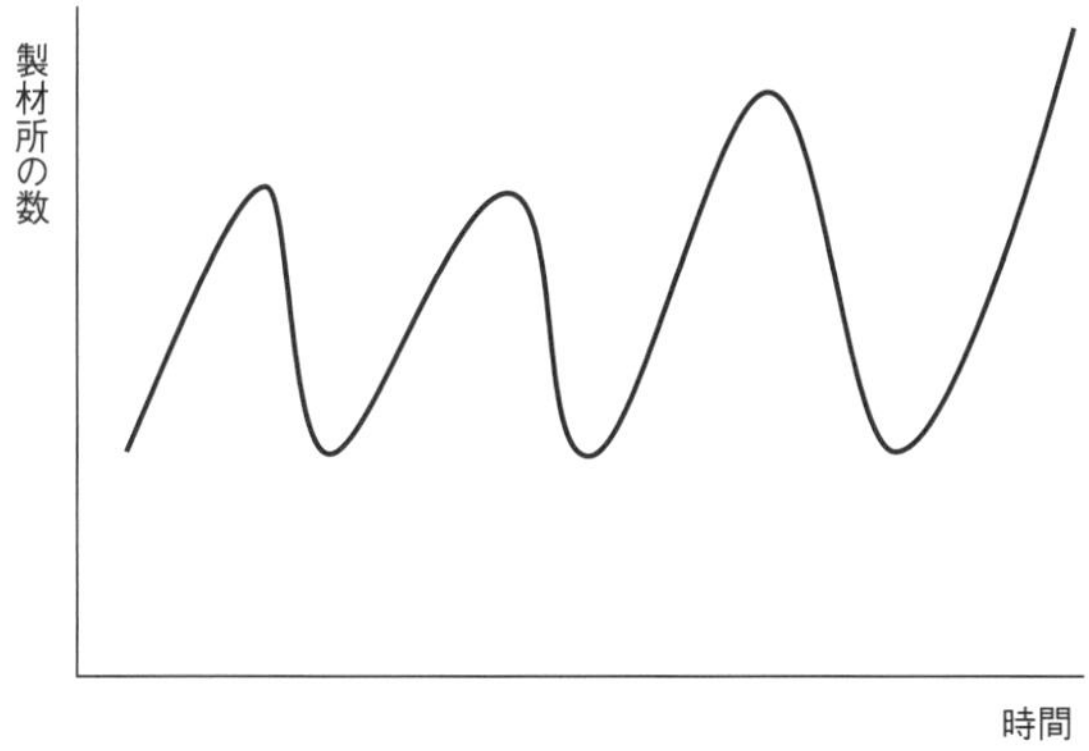

構造をつかむには？

では、なぜそのような時系列パターンがあるのでしょうか？　パターンを引き起こしているものを考えると、構造がわかってきます。この問題の構造は、次のようなものでした。ニューイングランド地方では、製材所をつくって木材を生産しますが、たくさんの製材所ができると、その地域で伐採できる量よりも多くの木材が必要となります。そして、どんどん木を伐ってしまうため、ある期間たつと、森林がなくなってしまいます。すると、木材という原材料がなくなってしまうため、製材所は閉鎖されます。製材所が閉鎖されて、木が伐られなくなって何十年かたつと、森林がまた自然に回復し、五〇年くらいたつと前のように戻ります。すると「森林があるぞ、木があるぞ」とまた製材所がたくさん建ちます。そして、また伐りすぎて、森がなくなる……**このパターンをずっと繰り返しているのです。**

そして、この構造をもたらしているのは、おそらく「あるならあるだけとればいい」という意識・無意識の前提でしょう。「あるならあるだけとりたい」――この前提が先述した構造をつくり出し、その構造がこのような時系列パターンを生み出しているのです。たまたま今目の前で起こっているできごとは、その「氷山の一角」にすぎません。

このように、システム思考は、目の前にあるできごとを単体でとらえるのではなくて、その奥にある時系列パターンや構造、そしてその前提となっている意識や無意識の考え方や価値観を見て、もっとも効果的な働きかけをしようというアプローチです。

個々のできごとは、あるパターンのスナップショットといえます。そして、システム思考では、問題や状況を要素のつながりとして考え、さまざまな要素の相互作用の結果として、問題となっているパターンや今の状況が生まれていると考えます。状況を変えたり、問題を解決するためには、まず、どのような要素がどのようにつながり、どのような相互作用を及ぼし合っているかを把握する必要があります。システム思考には、時間的な視野を広げ、そのパターン全体を見て、さらにそのパターンを生み出している構造へと視野を広げていくためのツールがあります。本書でそのツールを身に付けていきましょう。

人を責めない、自分を責めない

システム思考は、「人を責めない・自分を責めない」アプローチです。あるシステム構造のせいで問題が起こっているとしたら、たとえ担当者を入れ替えても、組織のトップの首をすげ替えても、同じ問題が起こるでしょう。「あの人がいけない」「私がこうしたからこうなったのだ」と人を責めたり自分を責めるのではなく、**「だれがその立場にいても、構造が変わらない限り同じ問題が起きる。だから、みんなで構造がどうなっているかを考え、構造を変えていこう」**と考えます。

また、問題の原因を外部の要因に帰するのではなく、たとえ、自分たちとは関係のない外部に原因があるかのように見えても、システム構造をたどれば自分たちとのつながりを見ることができ、自分たちの与えられる影響を考えることができます。「これは外部要因だからしかたない」と切り捨てずに、働きかけを考えることができるのです。

正しい「問い」を大事にする

私たちは、問題があるとすぐに「どうやったら解決できるか？」と「答え」を探しに行きがちです。しかし、問題によっては、一度立ち止まり、「その問題は解決すべき問題なのか？」「本当の問題は何なのか？」「本当に守るべきものは何なのか？」などの「問い」を発することこそが、真の問題解決につながる場合もあります。実際に、同じような問題が繰り返し起こったり、一生懸命取り組んでもなかなか改善しなかったりする場合には、「どうすればよいか？」という方法論としての「答え」ではなく、**正しい「問い」が求められていると考えて間違いないといえるでしょう。**

システム思考は、どこまでの状況を考えるかという思考の境界（バウンダリー）を広げ、単なるできごとではなく、その奥底にある構造や意識・無意識の前提まで考えようとするアプローチです。そのプロセスのなかで、「答え」に飛びつくのではなく、「これは自分たちの影響外だと思っていたが、それは正しいのか？」「いつもこのように考えるのはどのような前提があるからなのか？」「本当の目的は何なのか？」と、「正しい問い」を促してくれます。

レバレッジ・ポイントを探す

システム思考では、見えていない要素も含め、要素の間の因果関係を「つながり」としてとらえ、状況や課題の全体の構造を「つながりの連鎖」として理解します。そして、そのなかのどの要素にどのように働きかけをすれば、ほかの要素との因果関係・つながりや相互作用が変わるのか、状況や問題を変えることができるのかを考えます。

システム思考では、「てこ」のように、小さな力でシステムを大きく動かせるポイントをレバレッジ・ポイントといいます。システム思考のツールを用いて、問題や状況の構造を理解したあと、もっとも効果的にシステム構造を変え、問題を解決できるレバレッジ・ポイントを探す手がかりが得られます。

つながりや相互作用として状況や問題をとらえ、小さな力で大きく動かせるレバレッジ・ポイントを考えたあと、実際にシステムに対する働きかけを行うことになりますが、その戦略策定や実行段階でもシステム思考は有効です。

システムを理解することで、システムの力を最大限に活用する働きかけをデザインできるのです。また、システムには、変化に抵抗する性質がありますが、その抵抗を予期することで抵抗を小さくしたり、可能な場合は避けることもできます。働きかけるポイントを考えるだけではなく、実際にそのための戦略や計画を立て、実施していくうえでもシステム思考が役に立ちます。

組織学習やコミュニケーションにも最適

システム思考は、きわめて優れたコミュニケーションのツールでもあります。まず、自分とのコミュニケーションに役立ちます。**頭の中でわかっているつもりのことやうすうす感じていることを、システム思考のツールを使って書き出すことにより、自分自身の認識についての理解が深まります。**

また、そのツールを使って、組織の内部・外部の人と議論やコミュニケーションをすることで、共通認識が深まり、それぞれが見えている部分をつなぎ合わせて、全体像を理解することができます。このようにシステム思考は、集合体の意識全体を顕在化することによって、建設的な議論や効果的なコミュニケーションに役立ちます。

システム思考の特徴について理解が深まったところで、次章では「システム」そのものの説明をしましょう。システム全般の性質と特徴を理解することが、個々に直面しているシステムの理解に大きく役に立ちます。

第 2 章

Systems Thinking

システム思考は難しくない！

世の中はシステム
だらけです

全体は部分の総和とは異なる。

——————————————W・ケーラー

あなたもシステム、私もシステム

「システム」という言葉を聞くと、情報システムや工学システムなどを思い浮かべる方もいるでしょう。あまりこの言葉になじみのない方は「何だか難しそう」「機械的な感じ」という印象を持つかもしれません。

でも、ここでの「システム」とは、**「あなたもシステム、私もシステム、私たちもシステム、私たちの活動している組織もシステム、私たちの暮らしている社会も経済もシステム、そして、私たちの生きている地球もシステム」**というものです。だれもが一つのシステムであり、また、だれもがいくつものシステムの要素となっているのです。

システムとは、「複数の要素が情報やモノ、エネルギーなどの流れでつながり、相互に作用し合い、全体として目的や機能を有する集合体」です。

「あなたもシステム、私もシステム」というのは、人間の体もシステムだということです。人体は、さまざまな器官などの要素が、神経系やホルモン、血液などの流れでつながって、おたがいに作用し合い、全体として「生きる」という目的を有する営みです。暑くなって体温が上がってくると、自然に汗をかきます。こうして体温を下げることで、体温をある幅に安定させる機能があるのも、人体が「システム」であるためです。

目に見えるもの、見えないもの

自動車もシステムです。エンジンやブレーキ、タイヤなど、さまざまな要素がトランスミッションや電子系統などでつながって、作用し合い、「走る」という全体の機能を果たしています。どれか一つの部品を取り外すと、全体としての目的が果たせなくなってしまいます。

「似ているが、システムでないもの」との対比で考えるとわかりやすいでしょう。たとえば、河原の石です。河原にはたくさんの石（＝要素）がありますが、どれかをとっても、ほかの石や全体には影響はありません。つながっていないからです。また、河原の石全体の目的も営みもありません。**要素はたくさんあっても、河原の石はシステムではないのです。**

組織もシステムです。その組織に属しているメンバーという要素のほか、組織のモラルやメンバーのやる気、人間関係、給料、インセンティブ、ストレスの度合い、労働時間など、目に見えるものも見えないものも含め、多くの要素がたがいに影響を与え合いながら、全体のルールや目的を有して、活動している営みです。

社会も経済もシステムです。たとえば、「漁業」というシステムには、漁船や漁業従事者、魚の数、魚の価格、天候、年間漁獲高、技術水準といったさまざまな要素が関係し、影響を与え合っています。また、地球そのものも大きな生態系というシステムです。

このように、システムには、細胞レベルから個体（個人）、家族、組織、地域、地方、国、地球、さらに大きなものまで、さまざまな規模があります。システムの構成要素は、エンジンや心臓といった物理的なものもありますし、熱意や誠実さ、動機づけなど、目に見えないものもあります。

システムの理解が必要なわけ

このように、「あなたもシステム、私もシステム、私たちもシステム、私たちの活動している組織もシステム、私たちの暮らしている社会も経済もシステム、そして、私たちの生きている地球もシステム」なのですが、ふだんは「システム」のことなど考えずに生活し、活動しています。調子よくいっているあいだはそれでも問題はないのですが、システムには不具合が出てくることがあります。

たとえば、風邪をひいたり、職場の士気や売上げが下がったり、人を幸せにするはずの経済が不幸せな人をたくさん生み出していたり、私たちの命が依存している地球の破壊が進んだり、などです。

そのときに、当然ながら、だれでもどんな組織でも、「問題解決」を図ろう、状況を「改善」し、望ましい姿に「変えて」いこうとします。しかし、そのときに、**もともとの問題を生み出している「システム」を理解していなければ、効果的な問題解決や改善、変化を実現することはできません。**

たとえば、体の具合が悪いとき（＝あなたの体というシステムの不具合があるとき）、人体というシステムを理解している医者に診てもらいますよね？　人体のしくみなどまったくわからない人に「問題解決」を頼むことはしないでしょう？（ますます悪化しそうでコワイですよね？）

同じことが、組織や社会、経済、地球といったシステムの不具合にもいえるはずです。しかし、「売上げが低下しているという問題を解決するために、まずは、わが社と顧客を含むシステムそのものを理解しよう」と取り組むことはまれです。多くの場合、「売上げが下がってきたぞ！　もっと営業マンにがんばってもらわなければ！」と檄を飛ばしたり、ノルマを厳しくしたり、営業手当てをアップしたり、という「そこしか見ていない」対応に飛びつくのではないでしょうか？

それでうまくいくかどうか……？　**多くの場合、うまくいかないのです。**その場はうまくいったように見えても、あとで問題が再発したり新しい問題が起こる……。みなさんもご存じのとおりです。

見えないものが見えてくる

システムとは、時間の経過とともにダイナミックに動いていくものです。個別のシステムのダイナミズムを理解するために、システム思考では「時系列変化パターングラフ」や「ループ図」というツールを用います（後章で詳しく説明します）。

人体であれ、自社の組織であれ、競合会社であれ、日本経済であれ、世界経済であれ、地球であれ、あらゆる「システム」が有している特徴があります。この特徴がシステムのダイナミズム（変化し続ける状態）を創り出しているのです。この「システムの特徴」をしっかり理解することができれば、どのような個別システムに対しても、その理解を適用することができます。補論で個別のシステムの理解を助ける「システム」そのものの特徴を説明しましたので、ぜひ参考にしてください。

あらゆるシステムに見られる「システムの特徴」を理解することで、そうでなければ「思いもよらなかった」変化を、必然のものとして予想し、先手を打って対応することができるようになるでしょう。

システムは非常に複雑なものが多く、そのシステムの構造のすべてを理解することは不可能な場合も多いのですが、それでもシステムについての理解を深めることによって、状況や問題をより本質的に把握し、後手に回る対応ではなく、変化を先読みして先手を打ち、場合によっては、望ましい変化を自ら創り出す力を身に付けることができます。

まずは全体のパターン認識から

システムについて理解したところで、自分たちの直面している問題状況や現実を「氷山モデル」にしたがって掘り下げていきましょう。

まずは、いつも自分が無意識のうちに陥っているパターンに気がつくことです。そして別の思考回路をつくっていきましょう。

「考え方」は一つの癖です。意識して考えなければ、これまでの慣れ親しんだ考え方をするものです。これは「思考の自動化」という便利なもので、このおかげで、いろいろな状況をいちいち新しいものとして認識して判断しなくても対応でき、よけいなエネルギーをかけずにすみます。しかし、これまでの「自動化した思考パターン」がすでに有効でなくなっているのなら、もしくはそれ以上に有効な考え方があるとしたら、新しい考え方の癖を付けたほうがよいでしょう。

まず、すぐに最初に見つかった原因や、最初に思いついた解決策に飛びつこうとする、これまでの行動パターンを「ちょっと待てよ」とストップします。そして、現在の状況や課題は、どのような時系列パターンのスナップショットなのだろうか？　と考え、全体のパターンを認識します。そのうえで、そのパターンを生み出している構造を広く深く考えていきます。

システム思考のトレーニングコースの受講者は、「システム思考を学んだことで、どういう働きかけをしていけばいいか、考えるヒントがたくさん出てくる」とよくいいます。これまで想定していなかったことも含めて、いろいろな可能性を広く考えることができるようになるからです。働きかけのポイントをたくさん挙げて絞ったあとは、システムの力を最大限生かすやり方を考えて、働きかけの方法やプロセスをデザインしていきます。

第3章

Systems Thinking

「時系列変化パターングラフ」が望ましい変化を創り出す

ビジョンが幅広く共有され、
しっかりと見えていれば、

「新たなシステムをもたらす」

ことができる。

――――――――――――――ドネラ・メドウズ

何を変えたいのか――望ましい変化を書き出してみる

何かを変えよう、何かの問題を解決しようと働きかけをするまえに、システム思考を使って、「本当に望ましい変化」を考えましょう。変化を創り出すためには、そもそも**「何をどのように変化させたいのか」**、つまり変化のビジョンを明らかにする必要があります。

ここでは、「何をどのように変化させたいか」という変化のビジョンをじっくりと考え、自分にとっても周りの人にとってもわかりやすく表すことのできるシステム思考のツール「時系列変化パターングラフ」を身に付けます。ここで必要な要素は、「変化させたい対象」「時間軸」「望む変化の方向と程度」の三つです。

まず最初にすべきこととは、「何を変えたいのか」を明確にすることです。たとえば、「明るい職場にしよう」「お客様に対して丁寧な対応をさせたい」「もっと幸せになりたい」等はスローガンとして用いることはできても、これだけでは「何をどのように変化させたらよいのか」がわかりません。それでは、取り組みようもないですし、取り組んだ結果を評価することもできません。

現在、自分が変えたいと思っているものを書き出してみましょう。この「変えたいも

図3-1　時系列変化パターングラフ

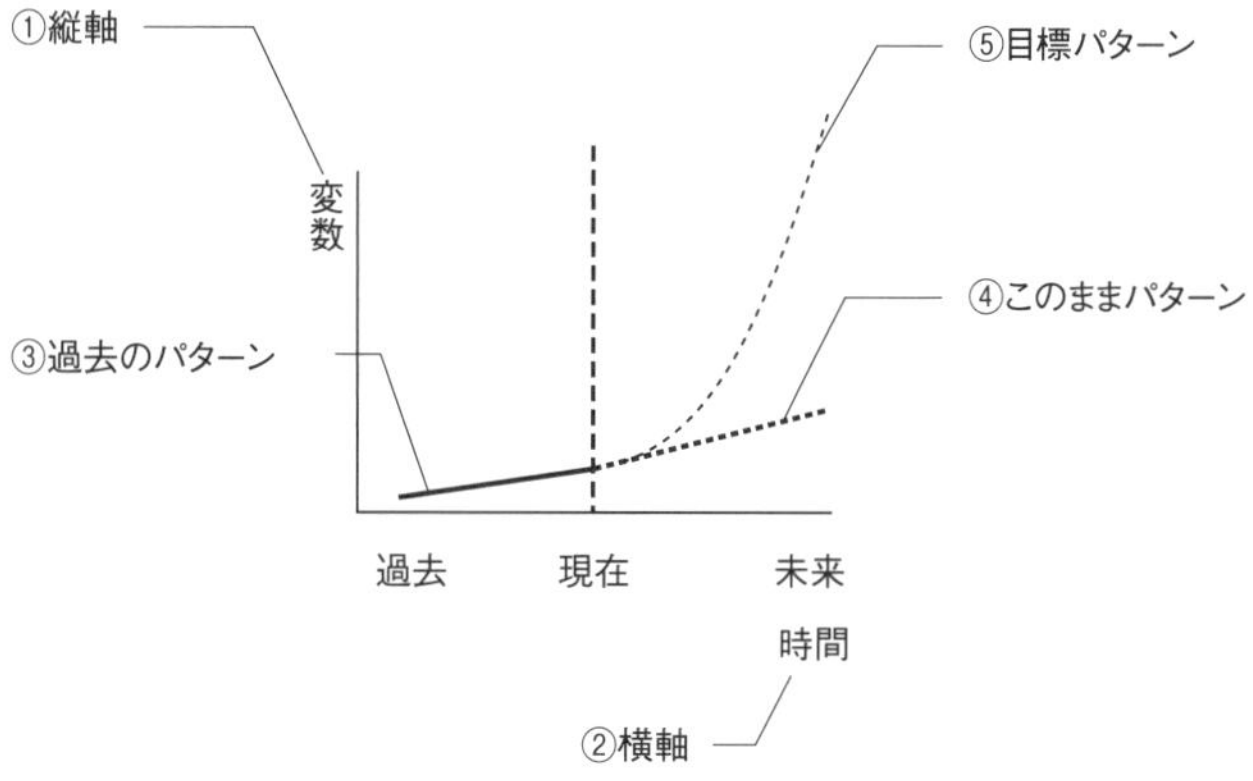

の」を「変数」と呼びます。「現在の状況」と「望ましい状況」を比べたとき、「いつまでに」「何が」「どのくらい」変化しているのでしょうか？　「○○が増える」「○○が減る」という形で、変数の望ましい変化を書き表してみます。

たとえば、「部下からもっと信頼されるようになる」が目標だとしたら、「部下からの信頼」を変数として、「部下からの信頼が増える」と書きます。もっと幸せな気持ちで生きたいと思っているのだとしたら、「一日の終わりに、『今日は幸せだった』と思える日が増える」と書けるかもしれません。

「ストレスが減る」「口に出せる英単語の数が増える」「自分の時間が増える」「無駄な会議の時間が減る」「売上げが増える」「顧客からの苦情が減る」等々、問題解決をするうえでも、新しい変化を創り出すにしても、「変えたいもの（変数）」を「○○が増える（減る）」という形で考えることができます。変数は一つではなく、いくつかあってもかまいません。

変数が決まったら、いよいよシステム思考のツール①「時系列変化パターングラフ」を描きます（図3-1）。このグラフはとてもシンプルですが、パワフルなツールです。五つのポイントを押さえればだれにでもすぐ描けます。方眼紙や定規は必要ありません。メモ用紙にフリーハンドで、気楽な気持ちで描いてみてください。

ポイント①縦軸を描く――主観もグラフ化できる

グラフの縦軸には、先ほど考えた「変数」――増やしたい（または減らしたい）と思っているものを入れます。変数には、「収入」「とれたアポイントメントの数」など、客観的に数値化できる定量的なものもあれば、「社員のやる気」「社会からの信頼」など、客観的な数値としては測定できない定性的なものも出てくるでしょう。たとえ、主観的なものであっても、大事なものであれば、変数として取り上げます。たとえば「やる気」「健康」「信頼」などであれば、一から十までの尺度で評定するなど、主観的なものであってもグラフ化できます。

ポイント②横軸を描く――必要な時間を考える

横軸は「時間軸」です。どのくらい過去にさかのぼり、現在を通過して、どのくらい未来まで見通すかを考えます。時間軸の定め方に決まりはありませんが、その変化を起こすのに必要なだいたいの時間を考えてみます。「だいたい五年ぐらい前から、五年ぐらいあとまで」「現在を中心に過去・未来に三年ずつ」程度の粗さで十分です。プロジェクトや組織にかかわるものであれば、より長い時間軸になるかもしれません。

いつまでにその変化を起こしたいかがはっきりしている場合には、その時点を横軸の未来に描き、同程度かそれ以上の時間を過去にさかのぼるとよいでしょう。現在を示すあたりに「いま」と印をつけておきます。

ポイント③過去から未来を展望する

さて、グラフのX軸とY軸ができたので、いよいよグラフの線を描き込みます。時系列変化パターンには、これまでの変数の動きを示す「過去のパターン」と、二種類の未来のパターンを描き入れます。

まず、過去から現在までの時間軸に、推定される過去の動きを描き入れてみましょう。**全体的なイメージが明らかになればよいので、正確なデータは必要ありませんし、データがあったとしても、細かな変動を表す必要はありません。**だんだん増えてきたのか、ある時期から急に変化したのか、じりじりと減少しているのか、ほとんど変わっていないのか——だいたいどんな感じで移行してきたかを考え、滑らかな線で描きます。これから活動を開始するなど、いままでゼロだった場合は、横軸に重ねて「ゼロ」の線を引くことになります。

ポイント④「このままパターン」——対策をとらなかったら?

次に未来のパターンです。現状のままだとどうなるかという「このままパターン」(BAU:Business As Usualパターンともいいます)と、望ましいパターンである「目標パターン」の二種類の線を描くことになります。

初めに、「このままパターン」を描き込みましょう。何も対策をとらなかった場合、その変数はどのようなパターンをたどると考えられるでしょうか? 計算をしたりシミュレーションをしたりする必要はありません。「きっと、だいたいこのような感じになるのではないか」という線を引きます。

ポイント⑤目標パターン——変数はどう変わるか

最後に、望むパターンである目標パターンを描き込みます。自分の望む変化を起こすことができればその変数はどのように変わるのか、です。

練習問題を解いてみましょう

この五つのポイントを順番に描き込んでいけば、時系列変化パターングラフができます。いくつかの例を挙げるので、それぞれの登場人物になったつもりで、時系列変化パターングラフを描いてみましょう。

営業部長のAさん
「五年前に発売して以来、この商品の売上げは年度ごとにみれば、少しずつだが増えてきている。このままだったら、同じぐらいの割合で少しずつは増えていくだろう。でも、売上げの季節変動が大きいのは参ったな。できるだけその変動幅を小さくしつつ、五年後には現在の二倍ぐらいの売上げにしたい」（図3-2を見てください）

人材開発部のBさん

「なぜだかわからないが、ここ二年ほど社員の定着率がじりじりと下がってきている。せっかく採用して、研修してもすぐにやめてしまうのでは、会社の戦力にならない。このままでは、残った社員への負担が増して、ますます辞める社員が出てしまうだろう。困ったことだ。何とかして、一年ぐらいのあいだに、定着率ダウンに歯止めをかけて、三年後には、三年前ぐらいのレベルに戻したい」（図3-3を見てください）

企画開発部門のCさん

「入社して七年、だんだん仕事を任され、残業やら休日出勤やら仕事時間も長くなってきたが、上司にも認められつつあり、よい感じできていたと思う。が、この一年ほど、前のように斬新な企画が考えられなくなってきたような気がする。企画の質が落ちてきているようだ。ちょっと自信がなくなってきた……。このままでは、自信喪失と同時に、ますます企画の質が落ちてしまうのではないか。すぐとはいわないが、来年か遅くとも二年後には、これまででいちばん調子のよかったレベルに戻したいものだ」（図3-4を見てください）

図3-2　営業部長のAさん

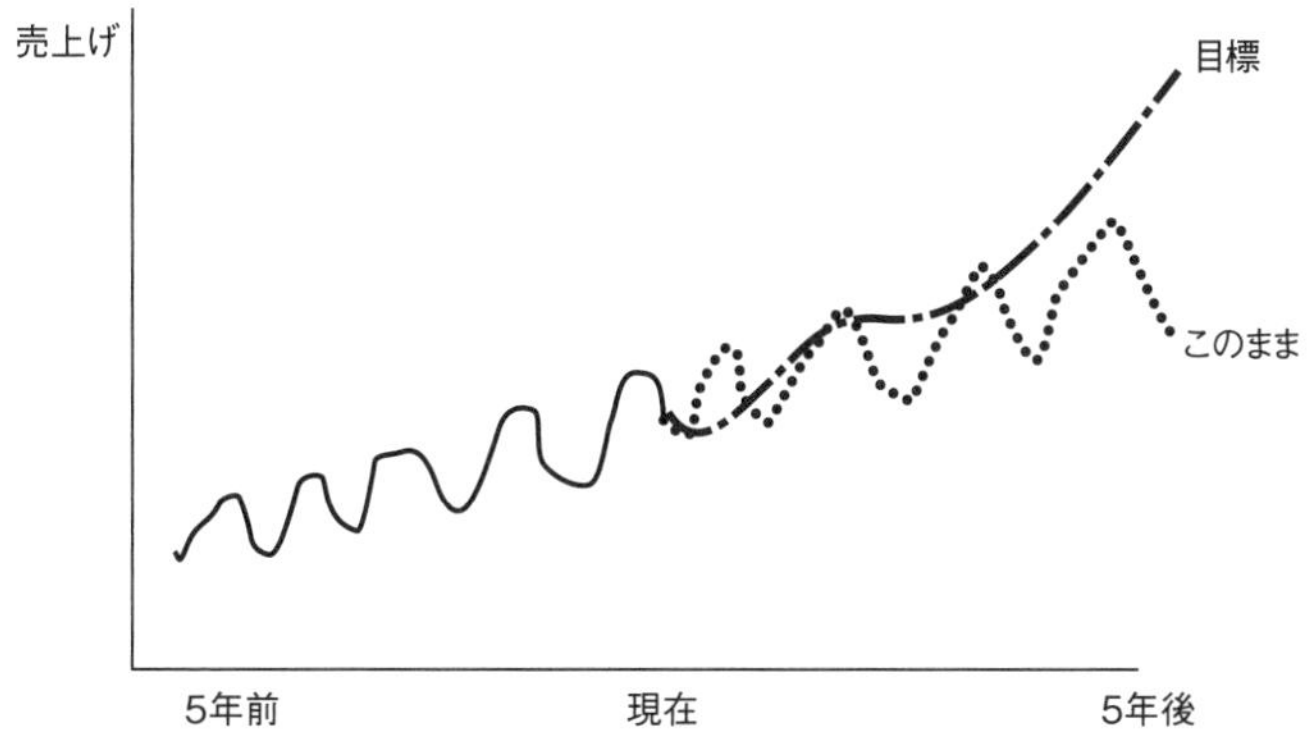

図3-3　人材開発部のBさん

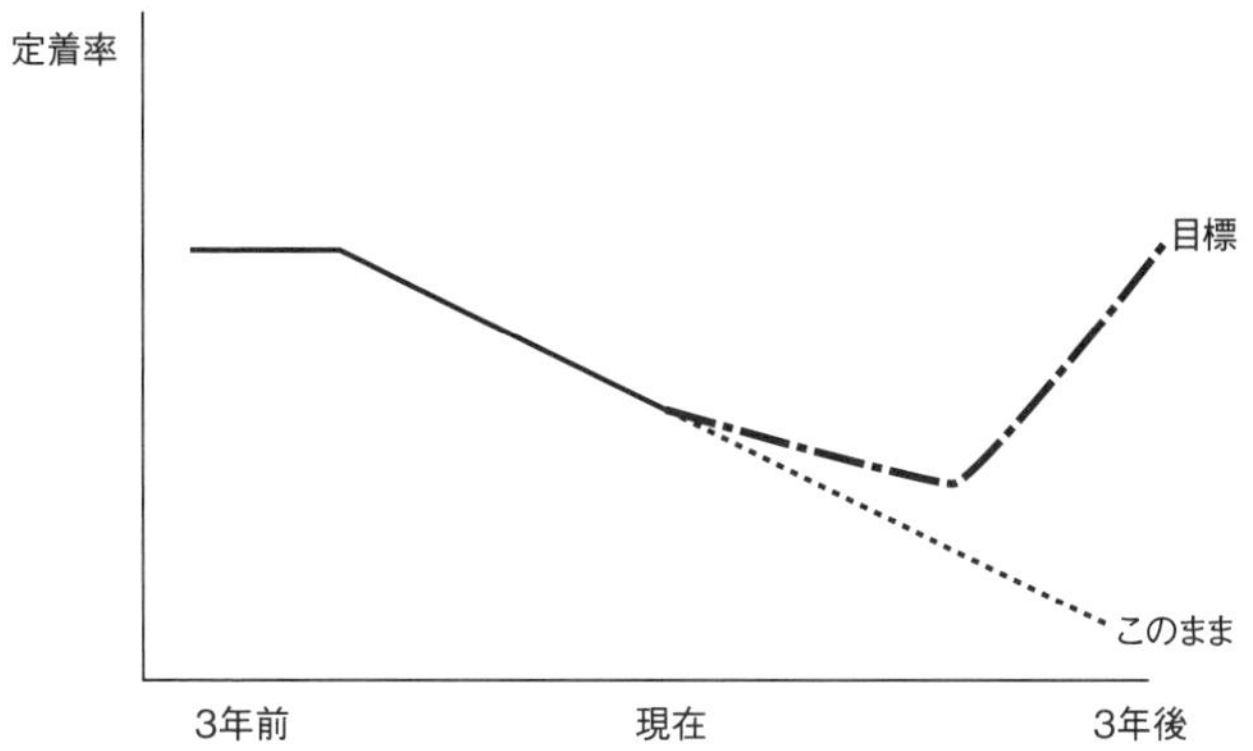

図3-4　企画開発部門のCさん

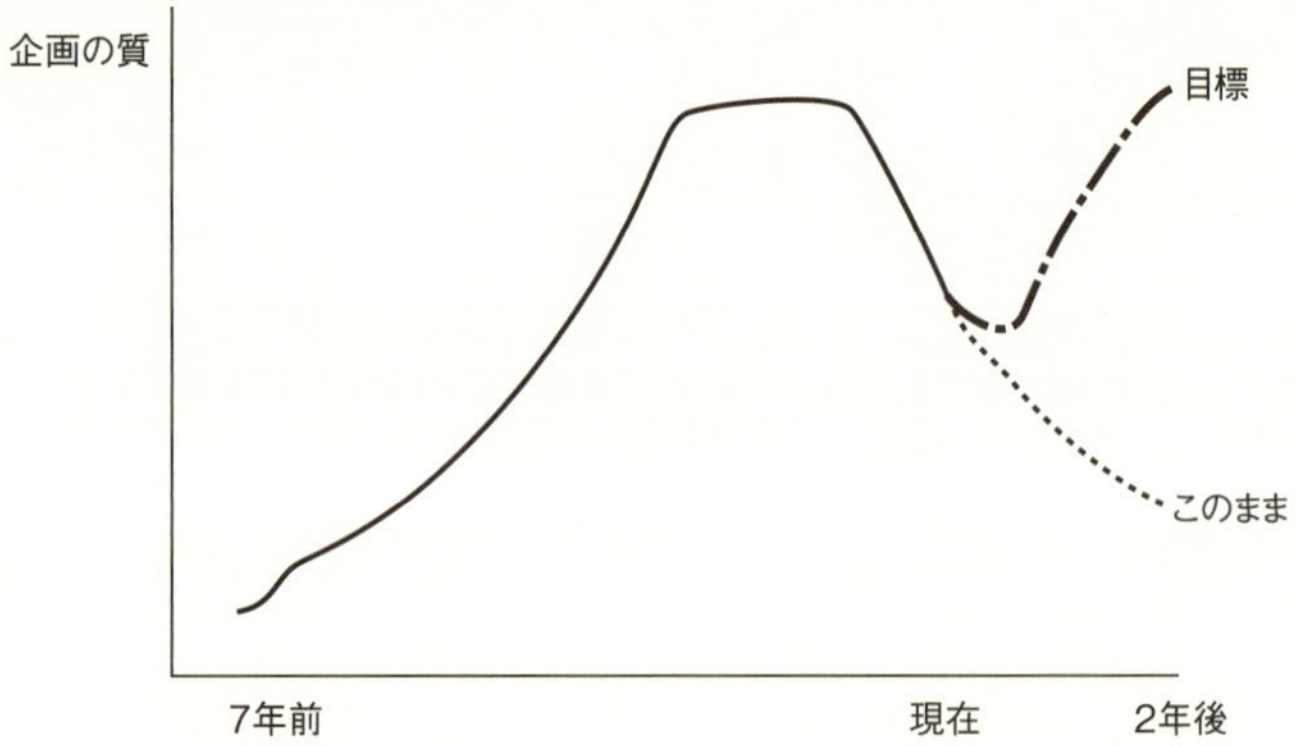

練習が終わったら、自分や自分のグループ・組織の抱えている問題や課題を考え、時系列変化パターングラフを描いてみましょう。

過去は変えられない。未来は変えられる

時系列変化パターングラフの目的は、「単発のできごとではなく、時系列のパターンを見る」ことです。そうすることによって、「なぜ今までのパターンが起きているのか」「このままだとどこへ向かうのか」「どうすれば、望ましいパターンをつくり出せるのか」を考える次の段階へと進んでいけます。

時系列変化パターンを描いてみることに

よって、漠然と考えていた課題や目標が、より明確に、意識的に考えられるようになります。「過去のパターン」だけではなく、「このまま何もしないとどうなるか」というパターンを描くことによって、いつもうすうす感じつつも、意識的には見ないようにしていた部分を、自分にはっきりと突きつけることになる場合もあるでしょう。そして、**「ある日、起きてみたら英語がペラペラになっていた」というような夢物語のような目標ではなく、課題や問題に見合った時間の範囲を考えることができます。**

時系列変化パターングラフはシンプルなツールですが、とてもパワフルです。それは、単に理性に働きかけるだけではなく、情緒にも働きかける力を持っているためです。

自分の描いた時系列変化パターングラフをじっと眺めてみましょう。過去は変えることができません。しかし、未来はどうでしょう？　自分はいまどこに立っているのでしょう。自分はまさに今、「このままだとどうなるか」というこのままパターンの将来の線と、「どうしたいか」という目標地点へ向かって延びている線の分岐点に立っている、どちらの線をたどっていくのかは自分がここでどのような手を打つか、どのように動くかしだいだ、と感じることでしょう。**このままパターンと目標パターンのギャップに焦点を合わせることで、「変えていこう！」「変えていきたい！」という思いと力が湧**

いてきます。

課題や目標を時系列変化パターンとして考えることによって、本質的な課題と時間軸を客観的に冷静に考えることができ、二手に分かれた将来への線を意識することで、自分の未来は自分が創っていくのだという意識を高め、変化への原動力を創り出すことができるのです。

グループのためのツールとしても最適

時系列変化パターングラフは個人の課題や目標について考えるうえでも有効ですが、グループや組織でメンバーがいっしょに時系列変化パターングラフを描くことも大きな効果をもたらします。

同じ課題や同じ状況に直面しているはずのグループや組織であっても、まず「何を変えたいのか」という変数を選ぶところから、意識や認識のずれが明白になる場合も多々あります。変数についてはは合意できていたとしても、その変数のこれまでの推移の認識や、「どれぐらいの時間軸でどの程度変えたいのか」という変化のビジョンの想定がずれたまま、各自が具体的な取組みに走り回っていることもよくあります。

その変数を「いつごろまでにどうしたいのか」という目標パターンは、グループや組織のビジョンそのものともなる重要なポイントです。グループや組織で、このグラフを描きながら、**「自分たちはいったい何をどのように変化させたいと思っているのか」を考えてみることは、建設的なコミュニケーションとしても、大いに役に立ちます。**

メンバーの心や頭のなかには、それぞれの「現状認識」や「目標」のイメージがあっても、それを出し合って皆で話し合うことはあまりないでしょう。現状や目標の認識がずれているがために、それぞれの取組みや活動がぶつかったり、干渉し合ったり、同期しなかったり、うまく相乗効果をもたらすことができずにいる、ということもよくあるのです。

グループや組織で時系列変化パターンを描くことによって、過去と現状と未来への認識をすり合わせ、時間軸を含めた意識をそろえることができます。そして、時間軸に即した要因や構造を考えることができます。

また、たとえば、「顧客からの苦情を何とかしたい」と一見同じ目標を持っているとしても、毎日顧客からの苦情受け付け電話に対応しているカスタマーサービス担当者と、経営企画部で会社の五～一〇年後を考える立場の人では、何に注目しているかが違うことでしょう。「苦情を減らすにはどうしたらよいか」を考えるときにも、数週間の幅で考える場合と一〇年の幅で考える場合では、異なるシステムの構造があるため、取組みの対象も方法も異なってくるはずです。

このように、立場の違う人々がいっしょに時系列変化パターングラフを描くことで、少なくとも、おたがいの立場や見ているものを理解し合うことができます。システム思考は「学習する組織」に役立つ有効なコミュニケーション・ツールですが、この時系列変化パターングラフはとくに、現状認識とビジョンの共有に大変有効です。

第4章

Systems Thinking

最強ツール「ループ図」を使えば構造が見えてくる！

１と１の合計は２ではない。
「と」の部分が大事なのである。
――――――――――――ドネラ・メドウズ

まず構造を考えよう

時系列変化パターングラフを描き、望ましい変化のパターンを形にしてみました。では、なぜこれまでは、その望ましいパターンが実現していないのでしょうか。ここでは、過去のパターンとこのままパターンを生み出している構造を考えていきます。

第1章でも述べたように、問題や状況を生み出している構造そのものが変わらない限り、人を変えたり、基準値や金額といった個々の要素を入れ替えたとしても、問題や状況を大きく変えることは期待できません。

氷山の絵を思い出してください。個々のできごとは、あるパターンのスナップショットです。時系列変化パターンで明らかにしたそのパターンは、何らかの構造が生み出しています。その構造を、ループ図というシステム思考のツールを用いて考えていきます。構造を考えることによって、人や自分を責めるのではなく、真の解決策に向かっての建設的な話し合いができます。

つながり方に着目しよう

世の中は、さまざまな要素のつながりでできています。日が照れば気温が上がります。借りているお金が増えれば、払うべき利子も増えます。チームメンバーのやる気がなくなれば、新しいアイディアも出てこなくなるでしょう。世の中のさまざまなシステムは多くの因果関係が複雑に絡み合ってできている、と考えることができます。

要素と要素のつながりである因果関係には、二つの種類があります。一つは、貯蓄口座の残高と利子の関係のように、「Aが増えればBも増える」「Aが減ればBも減る」という、**「変化の方向が同じである」**場合です。もう一つは、価格と需要の関係のように、「Aが上がればBは下がる」「Aが下がればBは上がる」という、**「変化の方向が逆である」**場合です。

「同」と「逆」で整理する

システム思考では、このような因果関係のある要素と要素のつながりを矢印で表し、その因果関係が「同じ方向への変化」なのか、「変化の方向が逆である変化」なのかを区別します。「同じ方向への変化」なら「同」、「変化の方向が逆である変化」なら「逆」と印を付けます。（英語のシステム思考では、「同」は「S」(same)または「+」の記号を用います。「逆」は、「O」(opposite)または「−」です）

「同」「逆」を判断するうえで、少し注意が必要です。たとえば、新規会員数が増える

（↑）と、総会員数は増えます（↑）（「同」です）。一方、新規会員数が減ると（↓）、総会員数そのものは減少するわけではないですが、総会員数の増加数は減ります（↓）。この場合も「同」になります。つまり、原因となる変数の増減が、結果の変数に対してどの方向に影響を与えるかを見て、「同」「逆」で表すのです。

図4-1　因果関係とは?

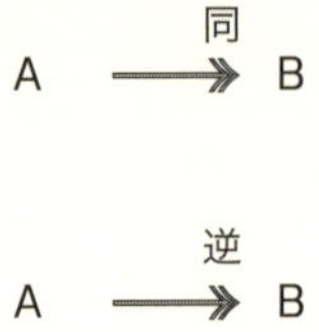

要素間の因果関係は、「同」か「逆」のどちらかです（図4-1）。もっとも、同じ「同」という矢印で結ばれていても、その矢印の結びつきがとても強い場合もあれば、弱い場合もあります。これはとても大事なことで、実際のループ図を見ていく際には気をつけるポイントの一つとなってきますが、「因果関係の強度」が違っても、矢印の描き方は同じです。

少し練習をしてみましょう。次の文から、要素を二つ抜き出して、因果関係の矢印でつなぎ、「同」か「逆」のどちらかの記号を入れてみてください。

「よい評判が高まると、優秀な人材が集まる」

「信頼が下がると、売上げも下がる」
「資源生産性が上がると、廃棄物は減る」
「価格が下がると、販売量は増える」

解答
「よい評判↓優秀な人材が集まる」（同）
「信頼低下↓売上げも下がる」（同）
「資源生産性向上↓廃棄物は減る」（逆）
「価格低下↓販売量は増える」（逆）

ループ図を活用しよう

もっとも、すべての要素が因果関係でつながっているわけではありません。一見ある要素がある要素に影響を与えているように見えても、**本当に因果関係がある場合のみ、「つながり」として考えます。**

たとえば、天気予報を聞いて降水確率が高ければ高いほど、外出時に傘を持っていく

図4-2　雨の予報と傘の関係

図4-3　フィードバック・ループ

確率が高くなるでしょう。つまり、「雨の予報」から「傘を持って出ること」への因果関係があります。

そうして傘を持って出たところ、雨が降ったとしましょう。この場合、「傘を持って出たから雨が降った」わけではありません。傘を持っていてもいなくても、雨は降ったのです。したがって、話の流れとしては、「雨の天気予報だから傘を持って出た。傘を持って出たら雨が降った」とつながって見えますが、「傘を持って出ること」と「雨が降ること」への因果関係はありません。この二つの要素を「つながり」として結ぶことはできないのです（図4-2）。

では「ストレスがたまると、イライラが高じる。イライラが高じると、小さなことも気になって、ますますストレスがたまる」という状況はどうでしょうか？　この場合は、「ストレス度」と「イライラ度」が次ページのようにたがいに影響を与え合う関係になっています（図4-3）。

このように、Aの影響が回り回ってAに戻ってきて、輪になります。このように輪になって閉じている因果関係のつながりを、「フィードバック・ループ」（または「ループ」）と呼びます。ここでは二つの要素しかありませんが、多くの場合は、いくつもの変数がループを構成しています。

システム思考では、このループを図式化することで、システムの構造をとらえます。このループを図式化した「ループ図」は、システム思考の基本的なツールです。英語ではcausal loop diagramといいます。causalとは因果関係のことで、因果関係で結ばれたループを図にしたもの、という意味です。

「どんどん」「ますます」の自己強化型ループ

フィードバック・ループには「自己強化型ループ」と「バランス型ループ」とがあります。まず「自己強化型ループ」から見ていきましょう。

図4-4　睡眠時間が短くなると……

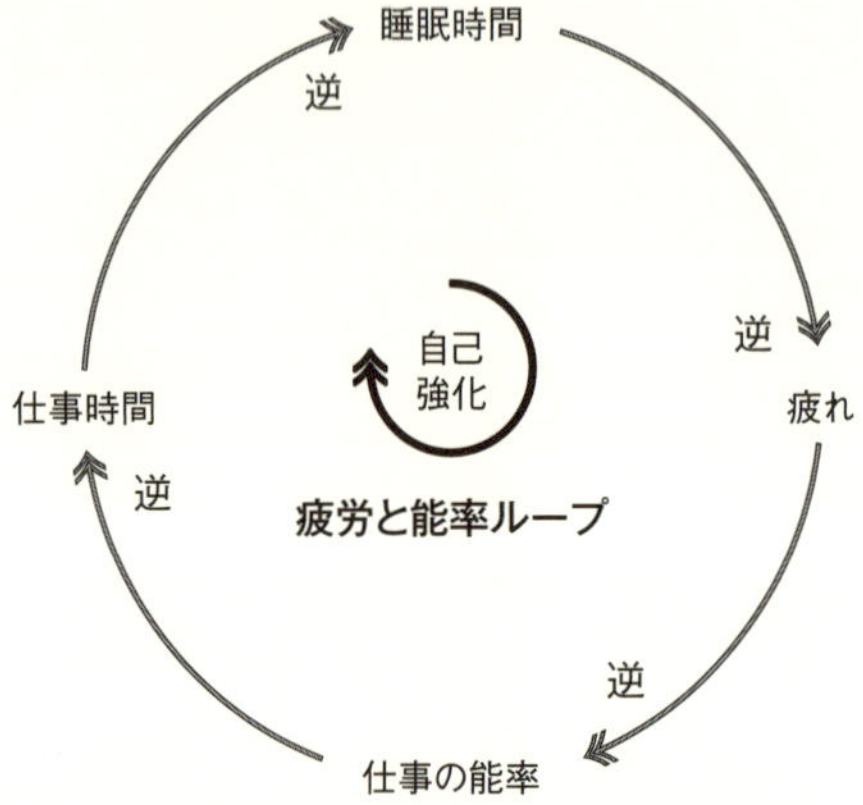

「睡眠時間」が短くなると、「疲れ」が蓄積してしまう。すると「仕事の能率」が下がるので、同じ仕事をこなすためにかかる「仕事時間」が長くなる。するとますます「睡眠時間」が減ってしまう。

身に覚えがある人もいるでしょう？　このような状況になってしまう構造をループ図で表したのが図4-4です。このように、「どんどん」「ますます」という言葉で表されるような、ある方向へ向かって増えたり減ったりするフィードバック・ループを「自己強化型ループ」（reinforcing loop）と呼びます。

「これって悪循環のことじゃない？」と思われるかもしれません。悪循環になっている場合もありますが、もしこのループ図の構造を「睡眠時間が長くなると」で読み始めると、どうでしょうか？

「睡眠時間」が長くなると、「疲れ」がたまらない。すると「仕事の能率」が上がるので、同じ仕事をこなすためにかかる「仕事時間」が短くなる。するとますます「睡眠時間」が長くとれるようになる。

このような状況なら「好循環」と呼べるかもしれません！　このように、ループ図で表す構造そのものは「良い」「悪い」「望ましい」「望ましくない」という評価の対象にはなりません。その構造が現在、どのように回っているかどの立場から見ているかで、「好循環」にもなり「悪循環」にもなるからです。

安定を生み出すバランス型ループ

ある方向にどんどん進んでいく「自己強化型ループ」のほかに、世の中にはもう一種類のループがあります。ある幅のなかで安定する「バランス型ループ」（balancing loop）と呼ばれるフィードバック・ループです。

営業社員には、しばしば年間の売上げ予算がノルマとして課される。実績ゼロで始まる年初は、ノルマと実績とのギャップが大きいため、ノルマの達成に向けて、「がんば

図4-5　ノルマ達成のバランス型ループ

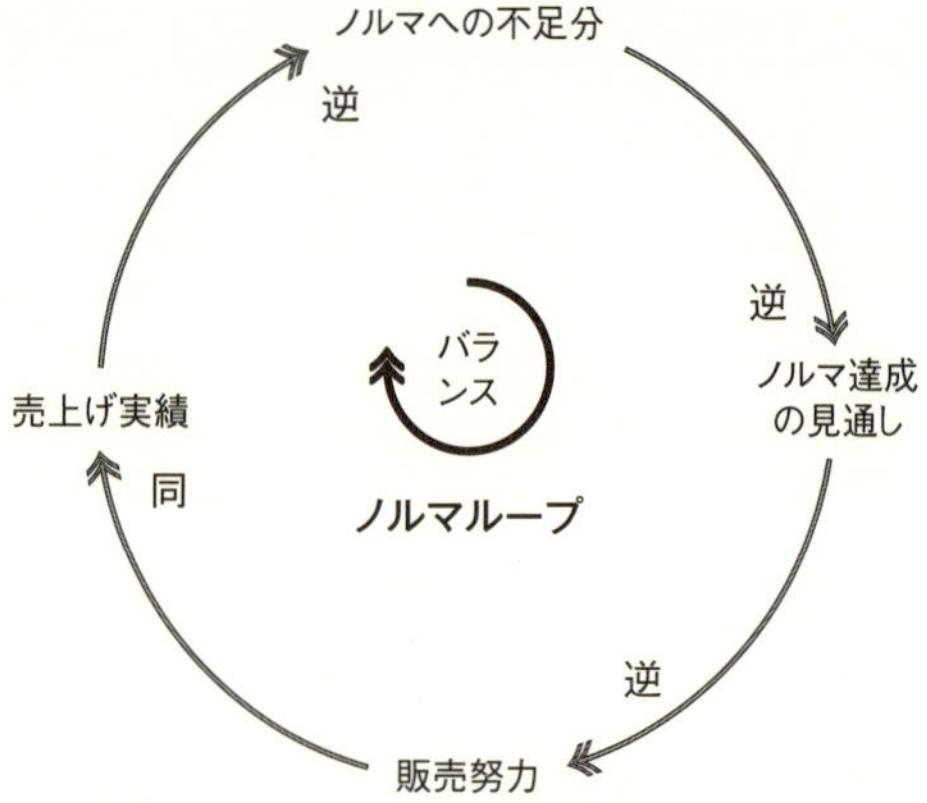

らなくては！」と発憤して、がんがん営業活動を行い、成績をあげる。売上げの実績が上がれば上がるほど、ノルマへの不足分が小さくなるので、「がんばらなくては！」という気持ちはやわらいでくる。とくに、年間のノルマ達成の見通しが立ってくると、来年に向けての種まきを考えたり、あるいは来年のノルマが増えるのをおそれるなどの理由から、営業努力はスローダウンしてくる。スローダウンしながら、ノルマと実績とのギャップは少しずつ縮まり、年末にはちょうどノルマを達成することができる。

この状況の構造をループ図で表したものが、図4-5です。「どんどん」「ますます」とある方向に加速度的に進んでいくのではなく、ある目標値（この場合はノルマ）に向かってバランスをとろうとする（安定していく）変化を創り出す構造であることがわかります。

自己強化型ループは、ある方向にどんどん進むパターンを示しますが、バランス型ループは、ある目標に向かって収束したり、ある幅で安定を保つというパターンを示します。世の中にはこの二種類のフィードバック・ループしか存在していないのです。

つくったループ図を読んでみよう

では、ループ図を用いて状況や課題の構造を理解していくために、ループ図の読み描きを身に付けていきましょう。最終的には、自分でループ図を描けるようになることを目指しますが、その前にまずループ図を「読んで」みます。

次ページのループ図には四つの要素があります。矢印は、その二つの変数が因果関係にあることを示しています。矢印の根元から矢印の矢先に向けて、因果関係がありますどの要素から始めてもかまいませんから、矢印を順番にたどりながら、ループ図を「読んで」、そこに表されている状況を説明してみてください（図4-6）。

「英語をしゃべる時間」から読み始めると、「英語をしゃべる時間が長ければ長いほど、英語力が高まる。英語力が高まるほど、楽しさが増える。楽しさが増せば増すほど、やる気が出てくる。やる気が出てくれば出てくるほど、英語をしゃべる時間がます

図4-6　英語をしゃべる時間

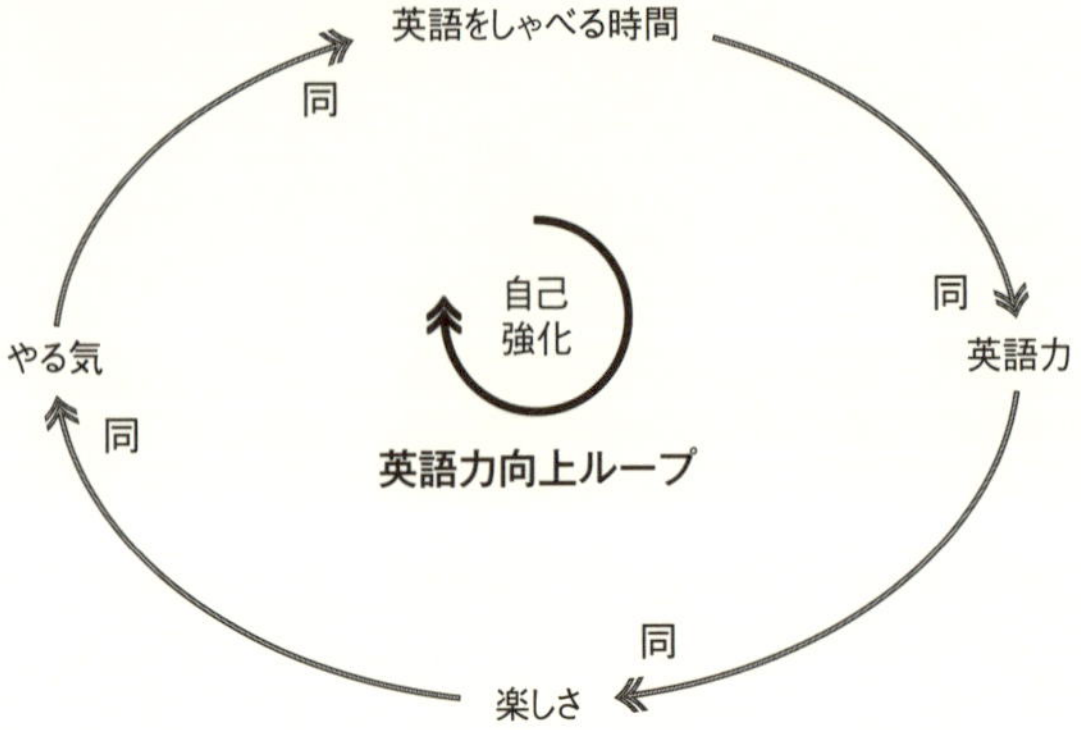

ます増える」。これでループがつながりました。「ますます」という言葉でわかるように、このループ図は自己強化型ループです。今のような読み方をすれば、どんどんやる気が出てきて、どんどん英語力がアップするという「好循環」を表します。

もっとも、同じ自己強化型ループの構造が「悪循環」になることもあります。「英語をしゃべる時間が短くなれば、英語力が低下する。英語力が低下すると、楽しくなくなる。楽しくなくなると、やる気がなくなる。やる気がなくなると、ますます英語をしゃべる時間が減る」。構造はまったく同じなのですが、悪循環を示すループになることがわかります。

ループ図自体は、要素の間の因果関係を表したものであり、ループ上の要素（変数）が増える方向に働くのか、減る方向に働くのかは、状況によって変わってきます。このループ図は、（増えるか減るかは別として）「ある方向にどんどん進む」という構造を表していると考えます。

ループ図を描いてみよう——構成要素をおさえればだれでも描ける！

ループ図を描くために必要な構成要素は五つしかありません。この五つをおさえればだれでも描くことができます（図4-7）。

ポイント①変数——最低二つ

システムの重要な要素で、大きくなったり小さくなったりするものです。変数が最低二つあればループ図をつくることができます。一つのループ図に変数がいくつ入るかは、その状況やループ図を描く目的しだいです。

ポイント②矢印——原因と結果

矢印は、変数の間の因果関係を示し、矢元が「原因」で、矢先が「結果」です。矢印の向きは、時計回りでも反時計回りでも、どちらでもかまいません。

図4-7　5つの構成要素

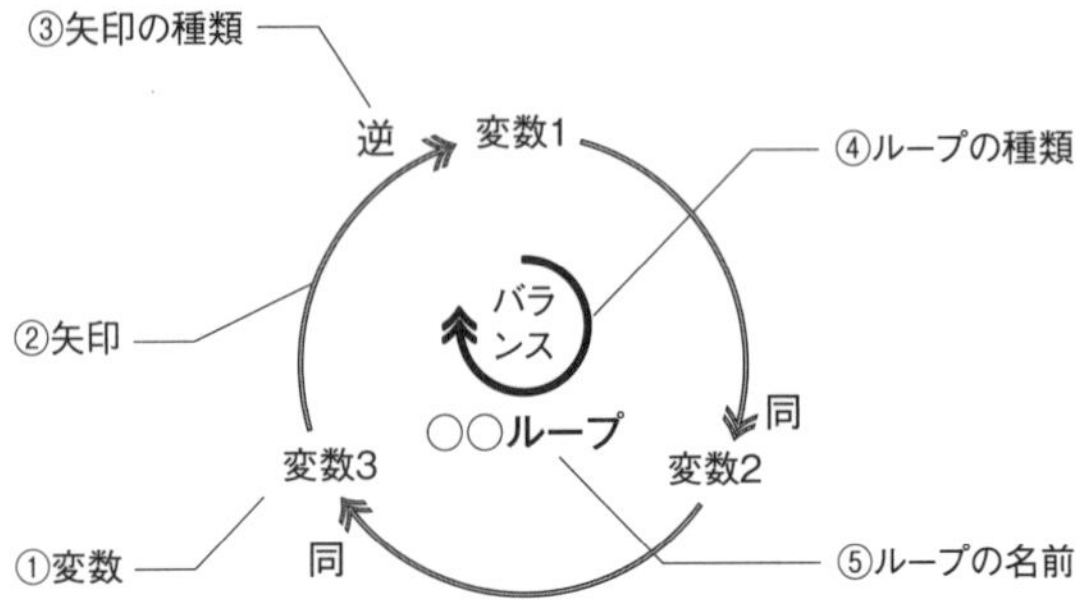

ポイント③矢印の種類――「同」と「逆」

矢印の矢先の近くに、その矢印の因果関係の種類を「同」または「逆」の記号で描き入れます。その他の条件がすべて同じとして、矢印の元の変数の増減が、矢印の先の変数の増減に同じ方向に影響を与える場合は「同」、逆の方向に影響を与える場合は「逆」です。

ポイント④ループの種類――「自己強化型」か「バランス型」か

そのループが「自己強化型ループ」なのか「バランス型ループ」なのかを書き込みます。

ポイント⑤ループの名前――区別しやすいように

最後に、ループの名前を入れます。これは複数のループがある場合に、区別しやすいように付けるものです。ループの名前の付け方にとくに決まりはありませんから、自分があとで見たときに、「そのループは何のループか」がわかるよう、性質や特徴を示す名前を付けます。

以上が、ループ図の構成要素です。わかりやすく使いやすいループ図を描くためのヒントがいくつかありますので、留意して描くようにしましょう。

ルール①　変数は名詞で書く

変数は名詞形で書くようにします。たとえば、「人々の商品に対する関心が高まる」ではなく、「商品への関心」とします。「関心」が増えたり減ったり、というのはわかりますが、「関心が高まる」のが増えたり減ったり、となってくると混乱してしまうからです。変数は大きくなったり小さくなったりするものです。**「変数の名前は動詞でなく名詞に」してください。**

また、その変数が増えたり減ったりした場合、それが望ましいのか望ましくないのかがわかるような表現を選びます。たとえば、ある変数に「上司の機嫌」という名を付けると、その変数が増えたり減ったりした場合、それが望ましいか望ましくないかがわかりません。そこで、たとえば、「機嫌の良さ」「機嫌の悪さ」などと名づけます。

その変数にだれもが「同」や「逆」の記号を正しく付けられれば、よい変数名が付けられていると考えられます。変数の名付け方は、練習で体得していけますから、最初は留意しながらも数多くつくってみましょう。

ルール② 矢印は相関関係ではなく、因果関係

ある統計で「アイスクリームの売れ行きが大きい日は、殺人事件が多い」ということがわかったそうです。その場合、左上の図のような矢印が付くのでしょうか？（図4-8）
そうではありませんね。「アイスクリームが売れれば売れるほど殺人事件が増える」というのは、統計上正しかったとしても、これは相関関係を表しているだけで、因果関係ではありません。
この場合、「気温」という別の変数があり、「気温が高ければ高いほど、アイスクリームが売れる」そして、「気温が高ければ高いほど、殺人事件が増える」（暑いとイライラしたり気が短くなる人が増えるのでしょうか？）ということかもしれません。「気温」→「アイスクリームの売上げ」、「気温」→「殺人事件の件数」には、因果関係があるか

もしれませんが、「アイスクリームの売上げ」と「殺人事件の件数」は、因果関係の矢印で結ぶことはできません（図4‐9）。

このように、変数をつなぐ矢印は、相関関係ではなく因果関係を示すことに注意してください。

ループ図作成のステップ

ではいよいよループ図を描いてみましょう。以下のステップにしたがって進めてください。

ステップ①

まずシステムのなかで重要な変数を探します。「変えたい」と思っている変化の対象となる変数はもちろん、その変数に影響を与える変数や、その変数の影響を受ける変数などを出していきます。次の練習でやるように、状況を説明する文章からループ図を描くときには、システ

図4-8　因果関係ではない

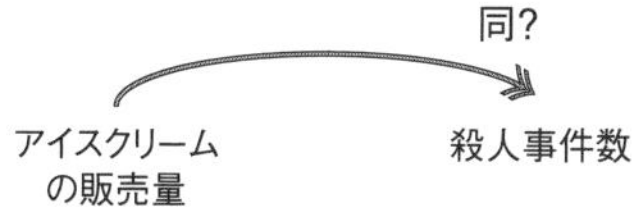

図4-9　気温という変数が別にある

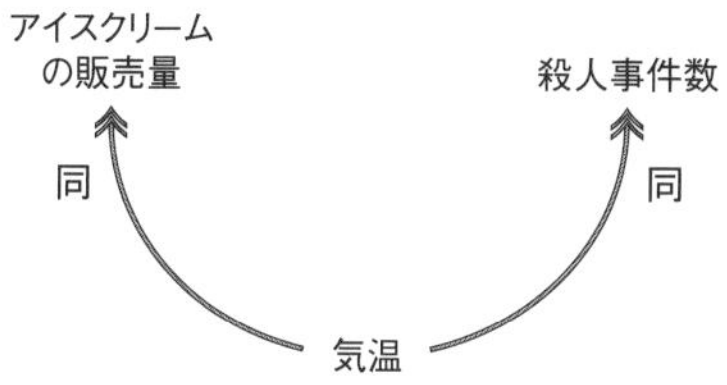

ムのなかで増えたり減ったりするもの＝変数にアンダーラインを引いたり、〇で囲むとわかりやすいでしょう。

ステップ②

次に、どの変数がどの変数に影響を与えているかを考え、矢印でつなぎます。

ステップ③

ある変数が矢印でつながった次の変数に与えている因果関係が「同」か「逆」かを考えて、その記号を描き入れます。

ステップ④

ぐるりと最初の変数に戻れば、フィードバック・ループができたことになります。ループの動きをたどって、そのループはどんどんある方向へ進む「自己強化型ループ」なのか、ある目標に向かって収束したり、ある幅で安定しようとする「バランス型ループ」なのかを確認して描き入れます。

ステップ⑤

最後に、そのループの性質や特徴を表すループ名を付けて、ループの種類の下に描き込みます。

ループはしばしばつながる

次の状況の説明文からループ図を描いてみましょう。

「やりたい」という気持ちが強ければ強いほど、たくさんのプロジェクトにかかわるようになる。たくさんのプロジェクトにかかわればかかわるほど、成果が出る。成果が出れば出るほど、満足感が得られる。満足感が大きくなると、ますますやりたい気持ちが大きくなる。

この状況を表すループ図の例が、図4-10です。

プロジェクトにたくさんかかわればかかわるほど、プロジェクト一つあたりにかける時間が減ってくる。プロジェクト一つあたりにかけられる時間が減ってくると、仕事の質が下がってくる。仕事の質が下がってくると、プロジェクトの依頼が減ってくる。プロジェクトの依頼が減ってくると、かかわっているプロジェクトの数は減る。すると、プロジェクト一つあたりにかける時間は増えるので、仕事の質が上がる。するとプロジ

図4-10　やる気とプロジェクト数

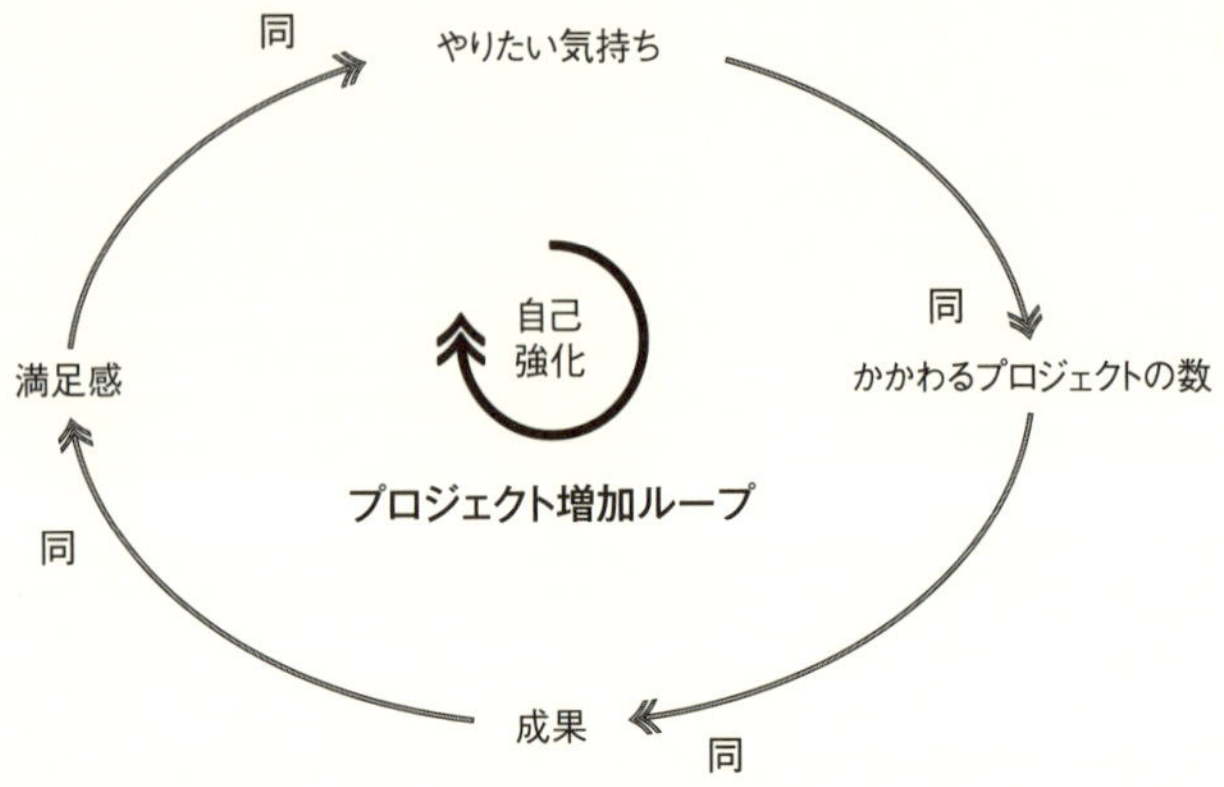

図4-11　プロジェクト数と仕事の質

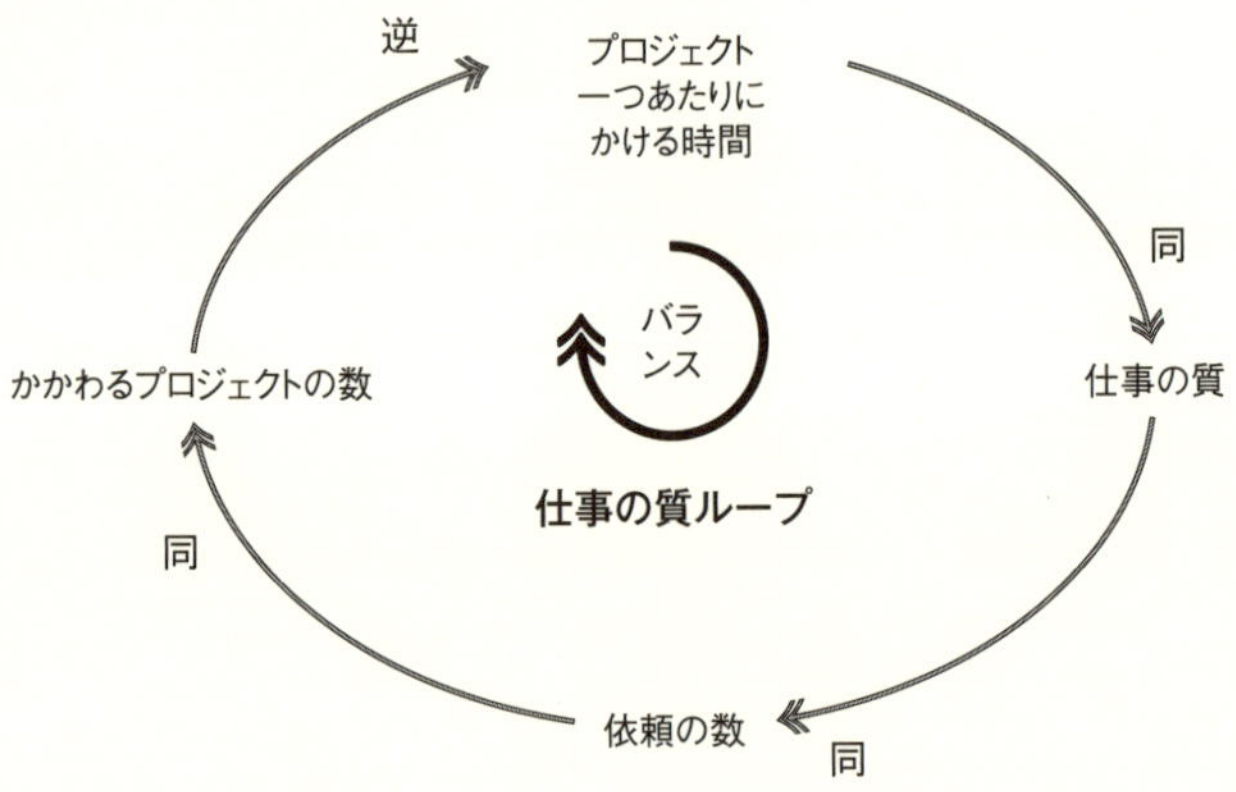

図4-12　二つのループのつながり

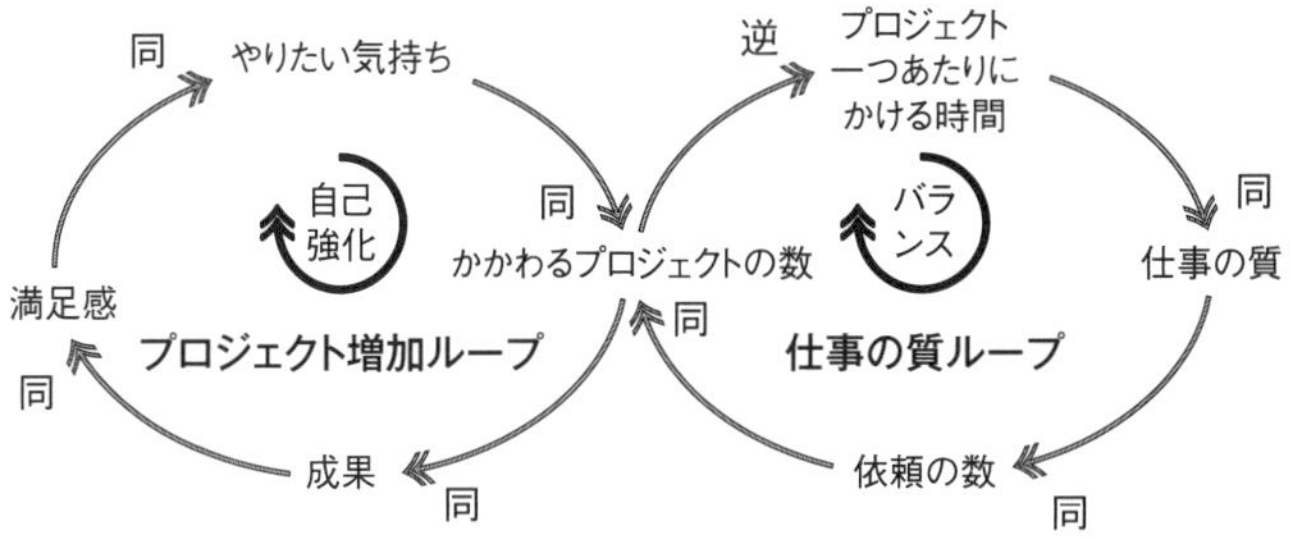

ェクトの依頼が増えるので、プロジェクトの数は増える。

この状況を表すループ図の例が、図4-11です。

いまはこの二つのループ図を別々に描いてみましたが、実際の状況では両方存在しており、しかもたがいに影響を与えているのではないか、と思われたのではないでしょうか？　そのとおりです！

世の中の状況や問題は、数多くのループが複雑にからみ合ってできているといえます。「プロジェクト」の数や質をめぐる状況も同じです。少なくとも、ここで描いてみた二つのループがつながって、たがいに影響を与え合っている状況なのでしょう（図4-12）。

すべてのつながりがループになるとは限りません。ループがあったとしても、すべての要素がループ上に並ぶとはかぎりません。どのようなループがどのようにつながっているか、ループになっていないつながりがどのようにかかわっているか、ループ図とはその全体像を表すものですからさまざまな形がありえます。

スポーツジムの待ち時間

ではもう一つ、今度は長めの文章で、あるスポーツジムの状況の変化を紹介しましょう。前半と後半に二つの変化が見受けられますが、このそれぞれの変化が起こった構造をループ図に表してみましょう。

スポーツジムでは、チラシをまいたり広告をしたり、お友だち紹介キャンペーンをやるなどして、一生懸命に新規入会者を勧誘します。新規の会員が入会すると、会員数が増えます。スポーツジムの収入は、基本的に会費×会員数となりますから、会員数が多ければ多いほど、売上げが増えます。そして、経費を引いた後の利益も増えます。利益が増えれば増えるほど、それだけ販促活動に資金を投入することができるので、さらにチラシをつくったり、地元のテレビでコマーシャルを流したりすることができるようになります。そうすると、「こういうスポーツジムがあったのね。じゃあ、私もやろうかしら」と、新規に入会する人が増え、会員数も増え、売上げも利益も増え……とスポーツジムのビジネスは成長していきました。

ところが、スポーツジムの会員数が多くなると、マシンやスタジオの利用者が増えます。すると、前だったら行けばすぐにマシンが使えたのに、待たなきゃいけないという状況が出てきます。エアロビクスの教室に出ても大混雑で、人にぶつかりそうで、気持ちよく思い切って体を動かせなくなってしまいます。そこで、クラスの定員を決めることにしたのですが、するとやはり待ち時間が長くなってしまいます。

待ち時間が長くなると、会員から苦情や不満が出てきます。「こんなに待つんだったら、もうやめよう」「隣町にある新しいスポーツジムのほうが空いているって」と退会する人が増え、会員数は減り始めてしまいました。

二つのループは綱引きする

まず、前半を見てみましょう。図4-13を見てください。構造を示すループ図と、その結果を示す時系列変化パターンがあります。「新規入会者が増えると……」と始まったストーリーは、このようにぐるりと回り回って「新規入会者がますます増える」とつながり、ループをつくります。成長のループですね。

図4-13　成長のループ

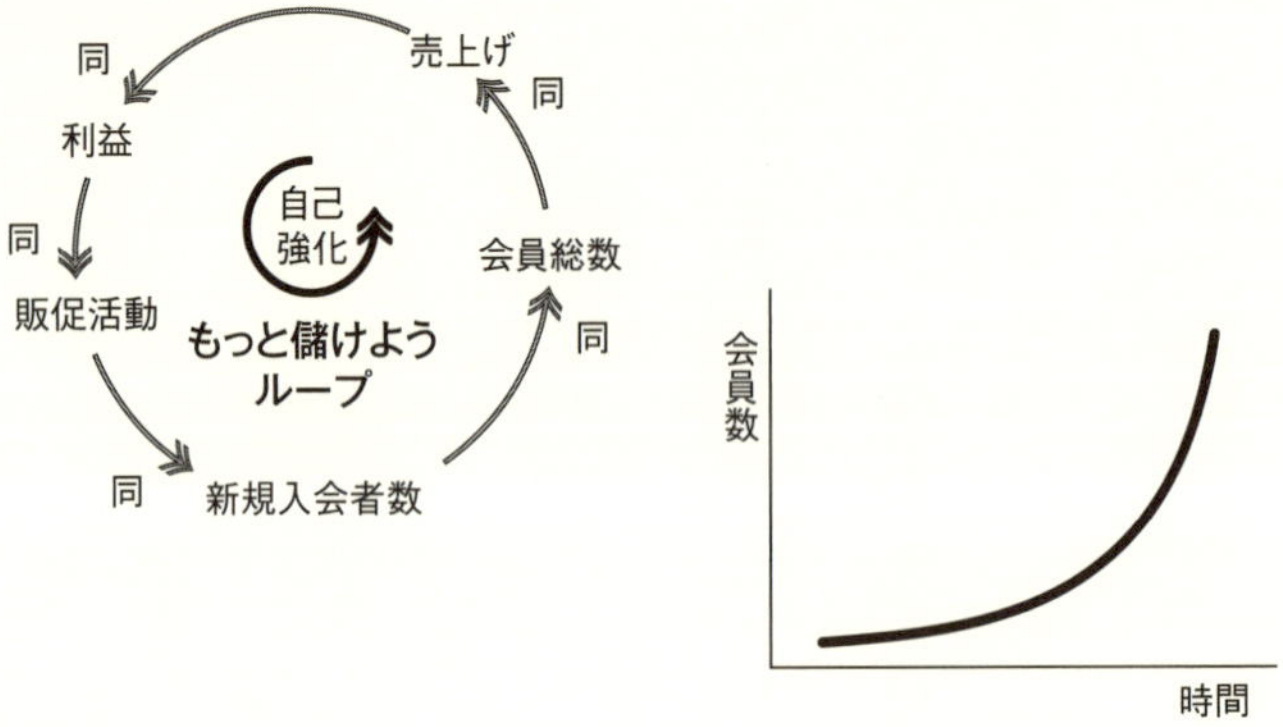

図4-14　バランス型ループ

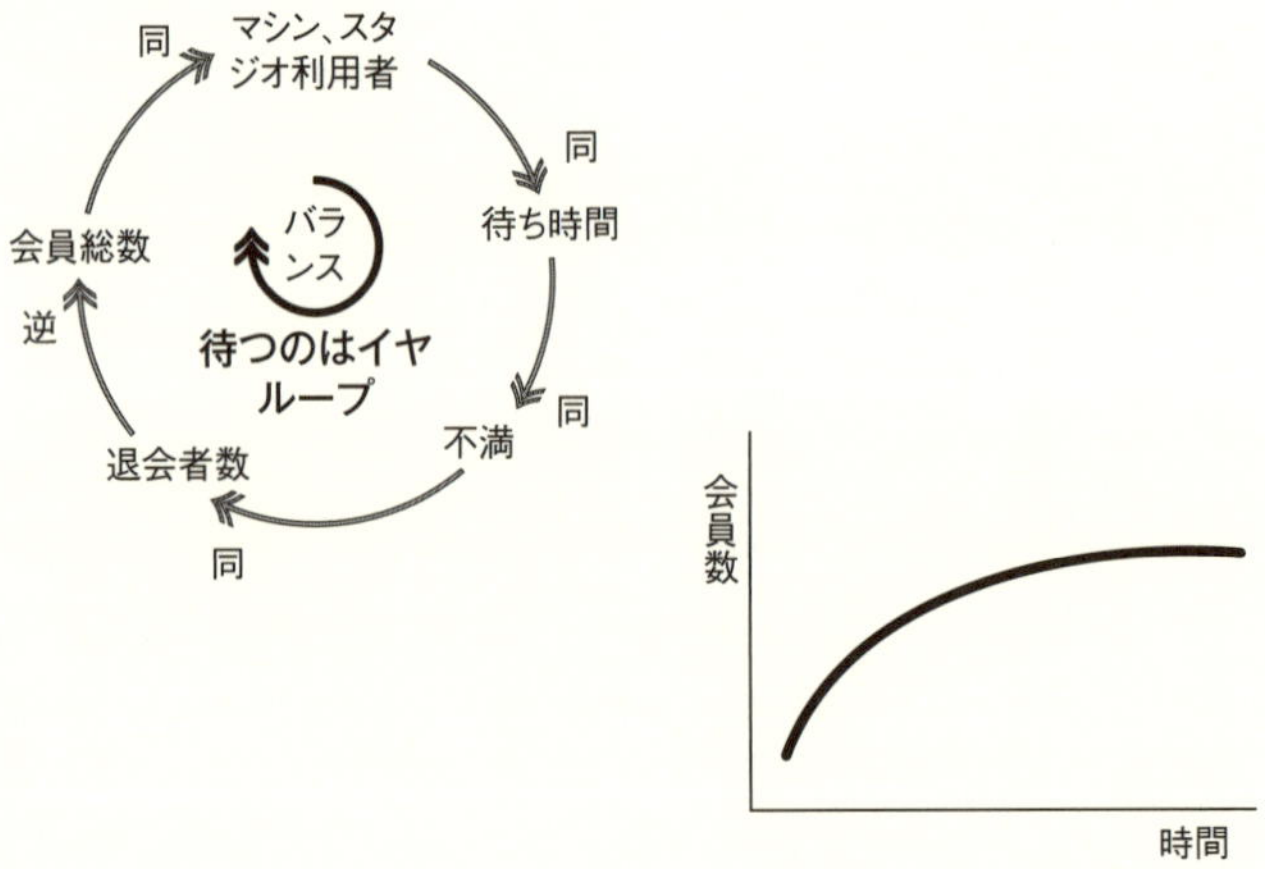

図4-15　スポーツジムの二つのループ

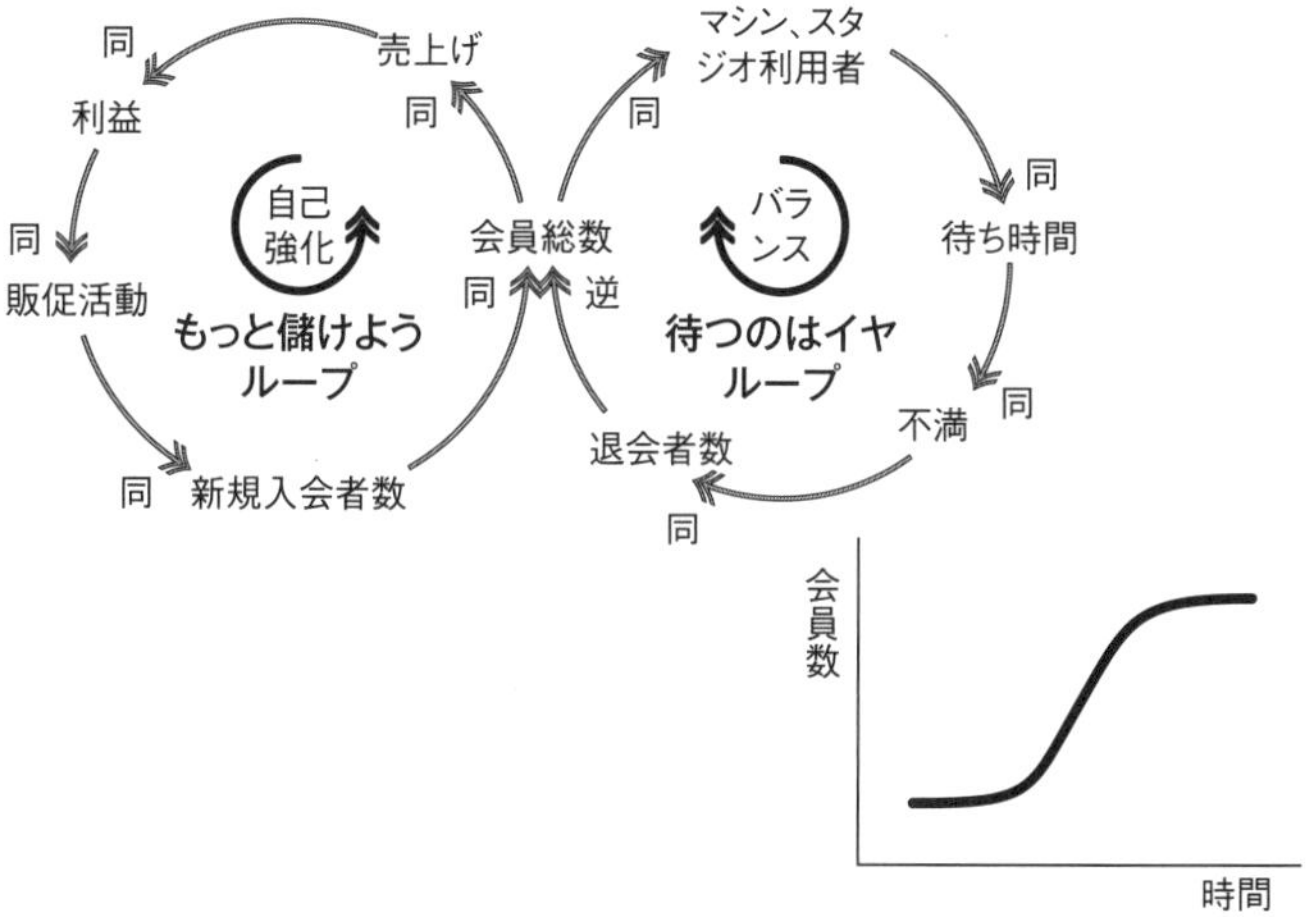

そして、後半の構造をループ図にしたものが図4-14です。こちらは、ある方向にどんどん進んでいくのではなく、ある幅のなかで安定する「バランス型ループ」です。

そして、スポーツジムの会員数をめぐる実際の状況は、この二つのループが組み合わさったものとなります（それ以外にもいろいろな要素やループがあるはずですが、ここではこの二つのループに焦点を当てています）（図4-15）。

実際の会員数は、ほかの条件が全部同じだとしたら、この二つのループのどちらが強いのかによって決まってきます。しかし実際には、不満や退会者の声が強くなると、「あそこに行ったってしょうがないよ」「一時間も待たされてさ」などと、今後は望ましくない口コミループが新たにできてしまったりします。そうすると、販促活動をしても会員数アップにつながらなくなってきます。すると新規会員数にも影響が出て、会員数がますます減っていくこともあるでしょう。

自分のループ図を描くコツ――変数をできる限り書き出す

さて、与えられた状況説明文からループ図が描けるようになったら、今度は自分が直面している実際の状況や課題をループ図に表してみましょう。

自分や自分の組織などが直面している状況や問題をループ図で描くとき、大きく分けて二通りの描き方があります。

一つの描き方は、まず自分が変えたいと思っている状況や課題に関する重要な変数を、考え得る限りすべて挙げてみる方法です（といっても、複雑な問題であっても、およそ一五～二五個ぐらい挙げればよいでしょう）。まずは「どうつながっているか」と考えずに、関係しそうな要素をたくさん挙げて、それからつながりを考えながら、出た変数を並べてみるのです。

この方法でループ図を描くと、「つながりがあるかないかわからないけど大事だと思

う」変数ももらさずに出すことができます。この場合、出した変数をすべて使わなくてはならない気がしてくるかもしれませんが、全部の変数がループ上に並ぶ必要はありません。因果関係があると思うものだけをつなげて並べてください。つながりがなくても大事な要素もありますから、「つながりはわからないけど気になる」という変数も書き出して、横に置いておくとよいでしょう。

つながりからつながりへ

もう一つの描き方は、自分が変えたいと思っている重要な変数を中心に置いて、「それに影響を与えるものは?」「それが影響を与えるものは?」と、そこからつながりを広げて見ていく方法です。

この方法は最初からつながりを意識したやり方です。つながりからつながりへと、どんどん広げていくことができます。ただし、つながりが見えていないけれど気になる要素や、直接つながらないけれど大事な変数などもきっとありますから、気がついたらつながらなくても書き出しておいてください。あとでつながってくるかもしれませんし、つながらないということ自体が問題構造の大きなポイントだという場合もあります。

どちらの方法でもよいですから、自分のやりやすいやり方で描いてみてください。可

図4-16　プロジェクトの制約条件

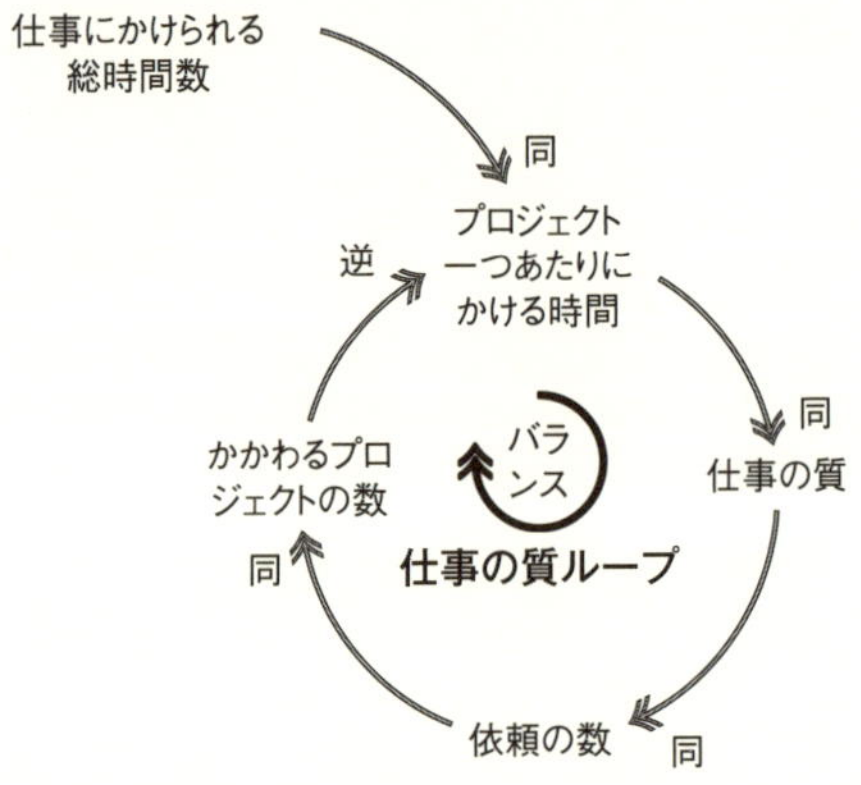

能であれば、両方のやり方を組み合わせると、それぞれのよさを生かして、構造を広く見ることができるでしょう。

外からの影響に要注意

ループ図を描いていると、ループ上には位置付けられなくても、ループ上の変数に影響を与えたり、その変数に対する条件となる要素が出てくる場合があります。

たとえば、先ほどの例で、「プロジェクトの数が増えれば増えるほど、プロジェクト一つあたりの時間が減る」のは、「仕事にかけられる総時間数」が決まっているからです。仕事にかけられる時間が無限に増やせるのであれば、いくらプロジェクトの数が増えても、プロジェクト一つあたりの時間は減らさずにすむでしょう。

そこで、プロジェクトの数からプロジェクト一つあたりの時間につながっている矢印の横に、プロジェクト全体にかけられる時間からプロジェクト一つあたりの時間に矢印をつなぐと、その制約条件が明白になります（図4-16）。

このように、限界が決まっているものや、割合を決める条件がある場合、ループの外側にその要素を書き入れ、ヒゲのようにループにつなげることができます。こうすると、何が制約要因になっているのか、どのような強さで因果関係がつながっているかなど、さらに一歩踏み込んでループ図を描き込むことができます。

迷ったときは分けてみる

たとえば、「勉強時間」と「勉強の成果」という二つの要素を因果関係でつなごうと思ったとき、「同」を付ければよいか、「逆」を付ければよいかと、迷うかもしれません（図4-17）。確かに勉強時間が長くなれば成果は上がるとも考えられますが、勉強時間が長くなればなるほど、疲れがたまってきて成果が落ちてしまうとも考えられるからです。

このように、因果関係がはっきりしない場合は、図4-18のように、二本の矢印に分けることで、「同」と「逆」の関係をそれぞれ明確に出すことができます。「勉強時間が増えれば増えるほど成果が上がる」（同）の矢印と、「勉強時間が増えれば増えるほど、

図4-17　同?　それとも逆?

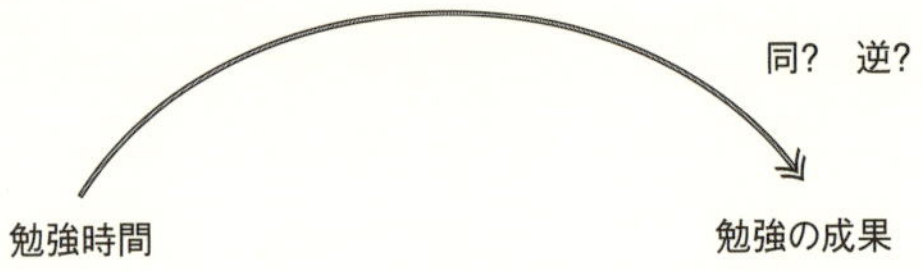

図4-18　二本の矢印に分けてみる

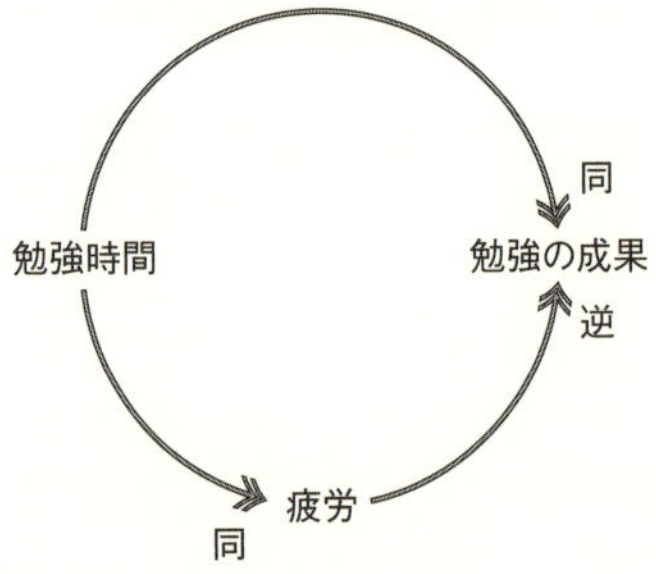

図4-19　時間的遅れを考慮する

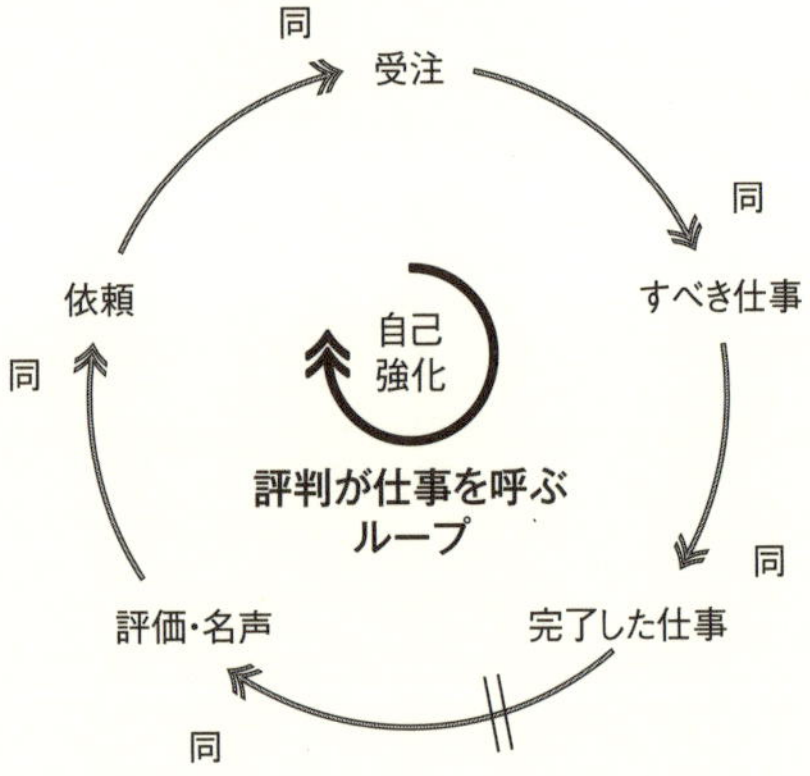

疲労が蓄積される」（同）「そして、疲労が蓄積されればされるほど、成果は下がる」（逆）となります。こうして、「勉強時間」という変数が、成果に対してプラスに働く場合とマイナスに働く場合の両方を示すことができます。このように分岐して表すことによって、「勉強時間が成果に対してプラスに働く矢印を強くするにはどうしたらよい

か?」「マイナスに働くつながりを弱めるにはどうしたらよいか?」と考えることができます。

時間的遅れがある場合は明記する

因果関係によって、原因から結果がすぐに生じる場合と、結果が生じるまでに長い時間がかかる場合があります。たとえば、「仕事を受注する」と「すべき仕事」はすぐに増えますが、「仕事を完了したこと」が「評判や名声」につながるには、相対的に長い時間がかかります(図4-19)。

このように、ループのほかのつながりに比べて相対的に長い時間がかかるつながりには、「//」を入れて、その因果関係には時間的な遅れがあることを示します。

範囲は狭過ぎず、広過ぎず

ループ図を描くときに、変数をどこまで細かく取り出せばよいのか? と迷うかもしれません。先ほどの例では、「プロジェクト一つあたりの時間」が「仕事の質」に影響を与えるというように、二つの要素を因果関係でつないでいますが、ここをもっと細かく挙げることもできます。「プロジェクト一つあたりの時間」が減れば、「プロジェクトに必要な調査の時間」が減るから「事前の情報」が十分に得られないために「仕事の質」が落ちる、と描くこともできるでしょう。このように、要素はまとめて描くこともできれば、一つの要素を細かく分けて描くこともできます。

また、現実のどこからどこまでを切りとってループ図に含めるかも考える必要があります。私たちを取り巻く状況のすべて、世の中すべてをループ図に表すことはできません（意味もありません）。**自分が変えたいと思っているシステムの構造を、狭過ぎないよう、広過ぎないように切りとってループ図に描くことになります。**

含める範囲が狭過ぎると、その構造に影響を与えている重要な変数や要因がループ図の外に置かれてしまい、「全体像の一部」として考えることができなくなってしまいます。しかし逆に、範囲をあまりに広くし過ぎると、変数や要素が多過ぎて、状況がわかりにくくなります。構造を変えるうえで重要ではないところまでループを描き込もうとすると、不必要なエネルギーや時間をかけることにもなります。

どこまで細かく見ればいいか

ループ図に含める範囲も、ループ図のなかの要素をどこまで細かく描くかも、あくまでループ図を描く目的に照らし合わせて判断することになります。ループ図を描く目的は、状況や問題の構造を明らかにすることで、望ましい変化を創り出すために働きかけるポイントを見つける手助けとなることです。すなわち、「どこまで細かく見るか」は、のちに具体的な働きかけを考えやすいレベルで、ということになります。変数や要素があまりに粗くまとめられていると、具体的な行動を考えにくくなります。かといって、細かく出し過ぎると「木を見て森を見ず」のように、構造をシンプルに見ることができなくなってしまいます。

また、ループ図とはコミュニケーションの手段でもありますから、グループや組織のなかで、かかわっている人々にとって重要な要素は、落とすことなく入れていくようにします。

ループ図に含める範囲や、要素の細かさについて、公式やきまりがあるわけではありません。実際には、いくつもループ図を描き、そして使うなかで、自分なりの勘どころが身に付いていきます。

ループ図に「正解」なし

ループ図には「正解」はありません。まったく同じ状況にいる二人の人が、その状況についてループ図を描いたとしても、おそらく「まったく同じ」ものはできないでしょう。それどころか、あまりに違うものができあがって、びっくりすることもあるでしょう。

ループ図とは、その人の「世界観」を表すものです。ある人がその状況をどう見ているのか、どう理解しているのか――これがループ図に表されるのです。したがって、人が違えば、同じ状況でも見方や理解が違うところがありますから、同じループ図にはならないのです。

自分の課題や自分のかかわる状況について、自分一人でその構造を考えるとき、ループ図は「自分との対話」を促進してくれます。「○○が増えると、何がどうなるのだろう?」「そうすると、次にはどういうことが起こるのだろう?」と、つながりを追いながら、考えていくことができます。

カウンセリングや精神療法では、「どうして自分はそう感じるのだろう?」と深く内面を掘り下げていきますが、それに対して、ループ図では「自分はそう感じたら、次にどのように考えるのだろう。どのように行動するのだろう」と広く全体像を考えていくことができます。

また、グループや組織でループ図を描くと、状況（とくにその構造）に関する理解や認識の違いが明らかになります。「だれが正しい」「だれが違っている」ではなく、「○

○さんの立ち位置からはここがこうなっているんだ」「△△さんのかかわっている部分はこういうつながりになっているのか」と、かかわっている全員の認識や理解を集めて、集合的な理解や認識をつくり出し、みんなで共有することができます。「三人寄れば文殊の知恵」のことわざどおり、それぞれ一人や二人では見えなかった全体像が、ジグソーパズルのピースを寄せ集めて全体の絵がくっきりと現れてくるかのごとく、みんなに見えてくるのです。

人の意見を聞いてみよう

すでにわかっていることをただ並べるだけでは、システム思考の強みを生かしたとはいえません。システム思考の強みは、ものの見方を広げ、新しい視点や視野を得ることですから、自分たちが理解している範囲でループ図を描いたあと、さらに視野や思考を広げられないかを考えてみましょう。ループ図に完成形はなく、手元のループ図はつねに対話と改善のための「仕掛かり品」なのです。ループ図を用いて、視野を広げるためのヒントがいくつかあります。

まず、ループ図に描き出されたそれぞれの要素や変数に「影響を与えるもの」「影響を受けるもの」がほかにもないか考え、重要なものを思いついたら描き込んでいきます。

また、外部要因だと見なして、自分たちには変えられない、影響が与えられないと思っているものは、ループ図に描き込まれていないことが多いのですが、それは本当に外部要因なのか、自分たちとのつながりはないのか、影響は与えられないのかと考えてみることも広げる手助けとなります。

さらに、自分たちだけで描いているのではなく、人の意見を聞いてみることが大いに役に立ちます。そのループ図に出てくる現場に行って、ループ図を見せ、現場の人の意見やコメントをもらうと、机上で考えていた変数やつながりとは違う姿や構造が明らかになってきます。

ループ図は、自分との対話も含め、コミュニケーションのツールであり、「正しいループ図」という完成形はありません。描いては確かめ、意見や情報を得るたびに、また状況が変化するたびに、描き直していくものです。そうすることで、自分やグループ・組織の思考や視野を広げ、構造を理解し、望ましい変化を創り出すための働きかけを考えていくことができます。

第5章

Systems Thinking

強力な助っ人「システム原型」で現実の構造を見破る

穴の中にいるときは
掘るのをやめろ。
――――――――米国テネシー州のことわざ

「よくある」パターンをおさえておこう

実際の世の中や問題はいくつものループが複雑にからみあってできています。しかし、その構造をよく見ると、経済、社会、組織など、そのシステムの種類にかかわらず、共通してよく見られるパターンがいくつもあります。**これを「システム原型」といいます。**「共通の型」「よくあるパターン」をループ図にしたものです。

システム原型はいくつか知っておくと、いろいろな点で役立ちます。「あ、これって、あの原型のパターンかも」と気づくと、表面的な細事にまどわされずに、問題の構造を見抜くことができるようになります。

また、目の前の状況や問題のループ図を描いたときにも、原型をヒントに見方を広げることができます。「もしかしたら、あの原型のパターンがあるのではないだろうか？その原型だとしたら、ここにこういうループがある可能性があるが」と、**まだ見えていない構造を探す問いかけを発し、視野を広げたり深めたりする一助となります。**

そして、どんな分野や問題にも共通しているパターンである原型には、「この原型に陥ったら、どうしたらよいか」「この原型に陥りそうだったら、何に気をつければ問題構造を避けられるか」という、「原型の理解が提供してくれる」対応の鉄則がすでに存在していますから、ひとたび問題構造を原型として理解すると、システムの種類にかかわらず適用できる根本的な問題解決のヒントが得られます。これもシステム原型を知るメリットです。

システム思考の研究者たちによると、システム原型は十数種類ぐらい存在しているといわれます。そのうちビジネスや身の回りでよく見られる六つのシステム原型を紹介しましょう。自分の回りや見聞きしたことのある状況や問題に、同じようなパターンがないかな？　と探してみるとよいでしょう。

成長の頭打ち

九三ページで取り上げたスポーツジムのループ図を思い出してください。「入会キャンペーンで、どんどん新規会員が増え、結果的に会員総数がどんどん増えてきた。でもそのせいで、スタジオの面積やマシンの数に比べて、利用したい会員数が増えたため、待ち時間が長くなって、苦情や退会につながっていった」という展開でした。

これは「成長の限界」と呼ばれるシステム原型です。増やしたいものがあって、努力することでどんどん増やすのですが、絶対的な限界があるので、どこかで制約が出てきて、限界のループが回りはじめ、増えなくなってしまう、というものです。

図5-1　自己強化とバランスのループ

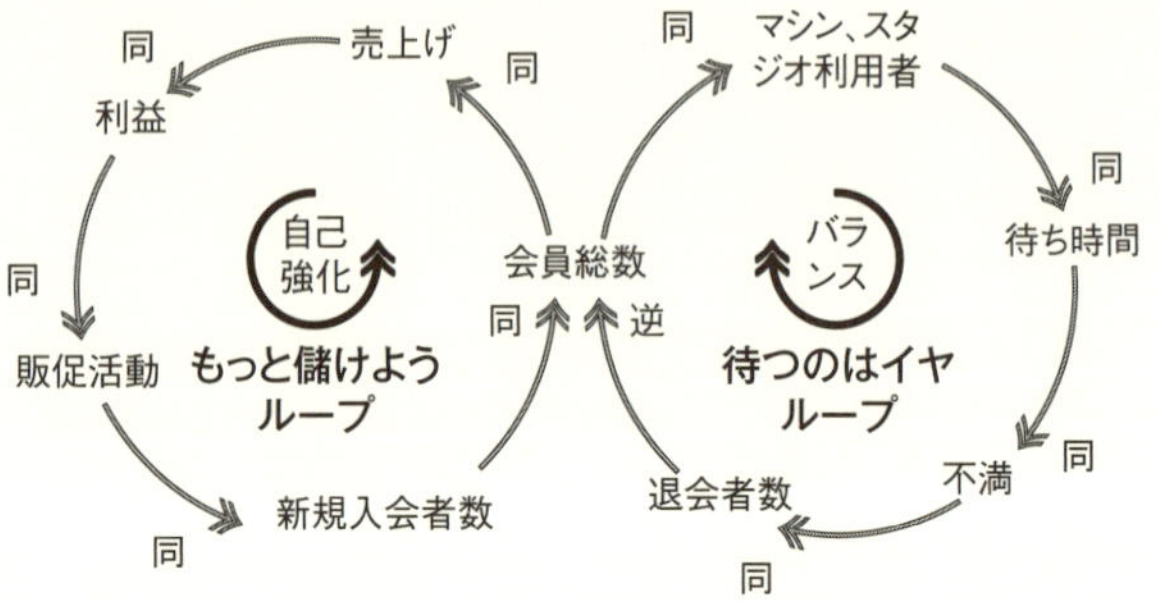

ループ図で見ると、「成長」をもたらす自己強化型ループと、その成長を抑制しようとするバランス型ループからなっていることがわかります（図5-1）。

最初は、成長をもたらす自己強化型ループが回りますから、どんどん増えていきます。そして、どんどん増えたがために、制約要因による絶対的な限界から抑制しようとするバランス型ループが回り始め、成長が止まるか、場合によっては減退を始める、という二段階の展開です。実際には他のさまざまな条件や要素の影響もありますが、二つのループのどちらがより強いのか、展開のどの段階にいるのかによって、たとえば会員の数や増加率などが決まってきます。

この展開をパターンで見てみましょう。「成長の限界」という原型の時系列変化パターングラフを描くと、図5-2のようになります。典型的には、どんどん伸びていくが、ブレーキがかかると、それ以上伸びなくなるというS字カーブとなります。ブレーキがかかっているのを無視して、さらにどんどんと増やしていくと、最初は一時的に増えますが、そのあと急激に崩壊するというパターン（行き過ぎて崩壊するパターン）や、崩壊はしないが、乱高下を繰り返すパターンになることもあります。

いわゆる「バブル」も、この「急激に成長し、行き過ぎて急激に崩壊する」現象です。

図5-2　成長は頭打ちに

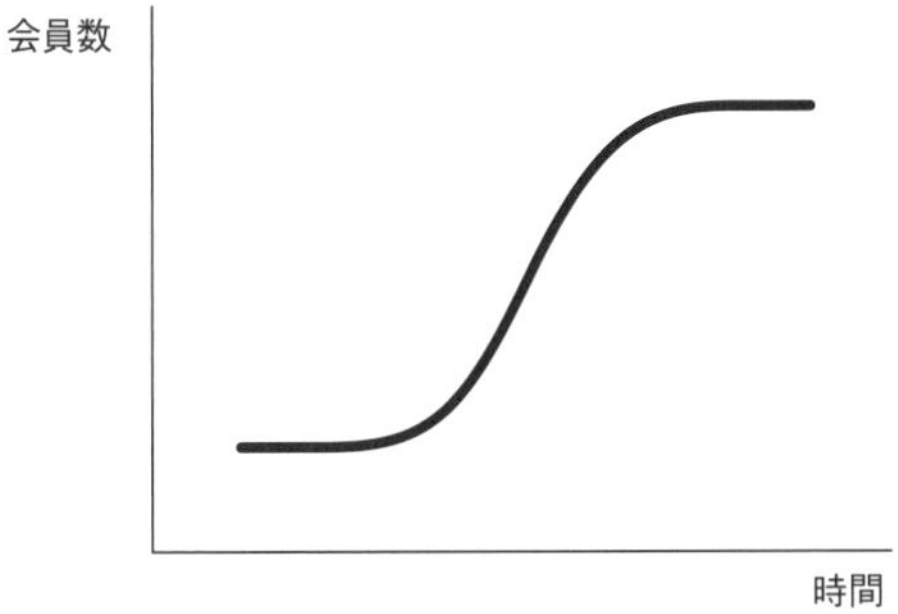

モーレツ社員の憂鬱

ビジネスでよく見られる別の例を挙げましょう。ループ図や時系列変化パターングラフを描きながら、原型を感じてみてください（図5-3）。

「新商品をつくると、注文がたくさん来て、売上げが増える。そうすると、次の新商品の開発にお金が回せるから、ますます新商品をつくることができる。ますます儲かるので、どんどん開発をする」「ところが、受注がど

図5-3　新製品の二つのループ

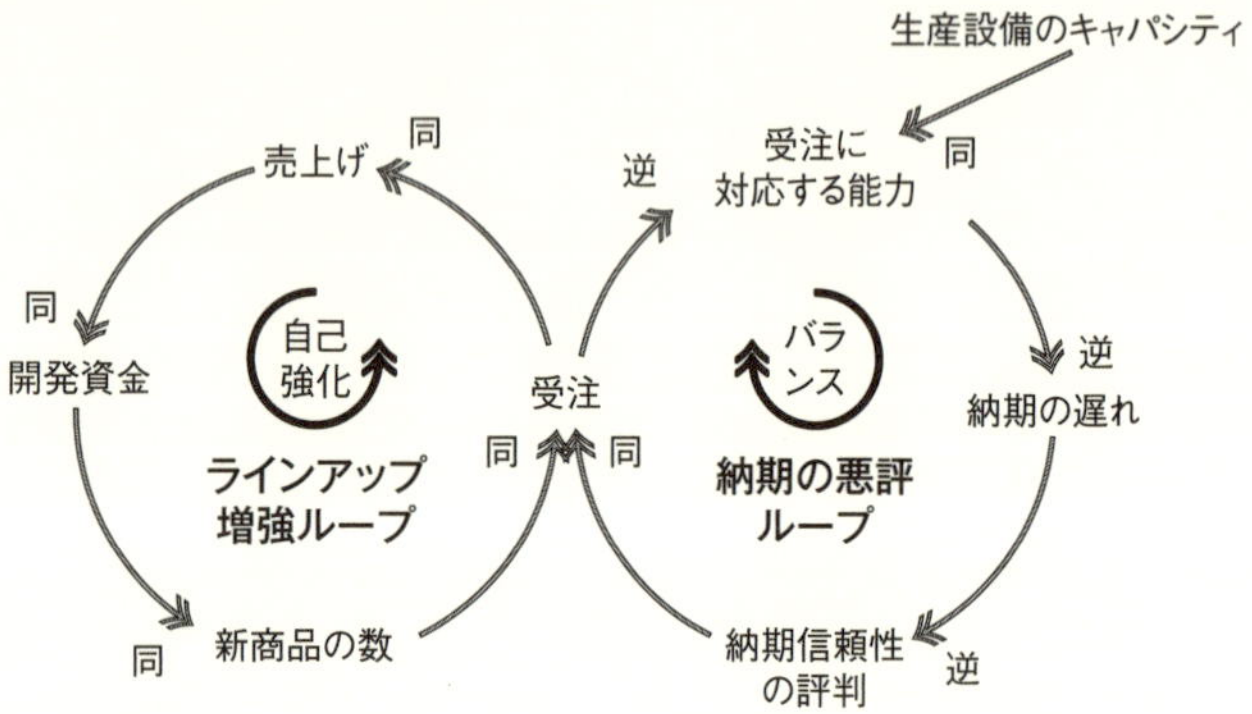

んどん増えるようになると、生産すべき量が生産設備のキャパシティを超えるようになってくる。すると、納期に間に合わなくなり、しだいに納期の遅れが長くなってくる。そうすると、あそこはすぐに納品してくれないという評判がたって、他の顧客は注文を控えるようになり、受注量は減ってくる」。

ここでも成長の自己強化型ループと、それがどんどん回ることによって出てくる、抑制するバランス型ループがあります。「成長の限界」の原型です。

身の回りにもこのような「成長するが、頭打ちになってしまう」パターンはよくあることでしょうし、**おそらくご自分でも「成長の限界」の原型は経験されたことがあるでしょう。**

たとえば、「やる気マンマンなので、いろい

図5-4　プロジェクト活動の「成長の限界」

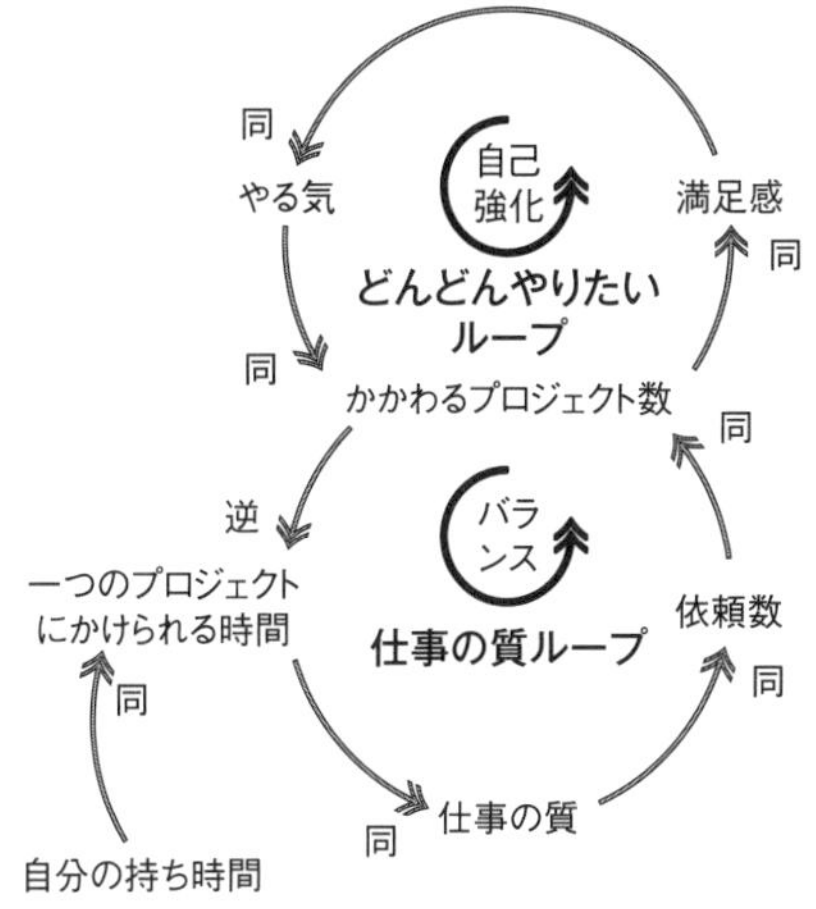

図5-5　成長を加速するな

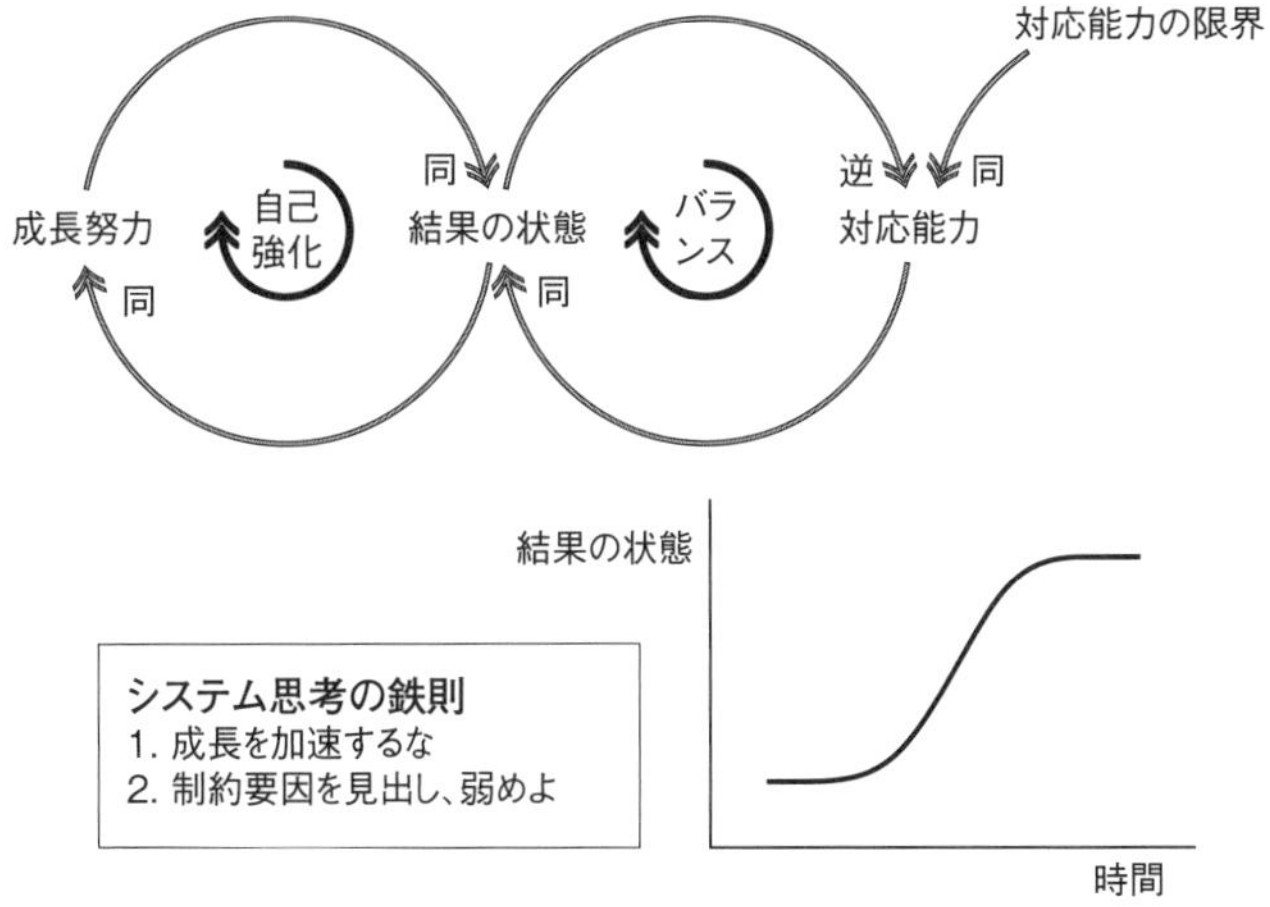

ろなプロジェクトに積極的にかかわるようになった。あちこちの部門や社外とのプロジェクトはやりがいもあり、満足感がふくらんでくるので、ますますやる気が出てきてあれもこれもと手を挙げるようになる」。「ところが、自分の時間には限りがある。逆立ちしても一日の時間を二四時間以上にはできないので、かかわっているプロジェクト数が増えると、どうしても、一つあたりにかける時間を減らさざるをえない。すると、仕事の質が落ちてしまうので、いっしょにプロジェクトをやろうと声をかけてくれる人が減ってくる」（図5-4）。これも、「成長の限界」の原型です。ループ図を描くと、要素の名前は違っても、ループ図の構造は同じになります。原型を表したループ図が図5-5です。

成長を加速しようとするな

では、このような「成長の限界」パターンがあることがわかったら、どうしたらよいのでしょうか？　「システム思考の鉄則」その一は、「成長を加速するな」です。成長を抑制しようとするバランス型ループが足を引っ張っている状態で、必死になって成長の自己強化型ループを回そうとするな、ということです。

システムのなかにいる私たちは、ブレーキをかけているバランス型ループに気づかないことがよくあります。成長の自己強化型ループがこれまでうまくいっていたのでよけいに、足を引っ張る構造になってきたことに気がつかず、「努力が足りないからうまくいかないのだ」「もっと魅力的な入会キャンペーンをやらなくては」「もっと新商品を出せ」「もっとがんばって仕事をしよう」と、成長の自己強化型ループを一生懸命加速しようとしがちです。**しかしこれは、システム思考の知恵からいうと、やってはいけないことなのです。**必要なことは、立ち止まって、一歩引いて、全体を見ることです。

制約要因を見出し弱めよ

そして、鉄則二は「制約要因を見出し（できれば予期し）弱めよ」です。**サイドブレーキがかかっていてうまくいかない場合には、懸命にアクセルを踏み込むのではなく、サイドブレーキを見出して、はずすことです。**つまり、これまでずっとうまくいっていた成長が減速したり減退し始めたら、これまでの成長をそのまま続けようと加速するのではなく、成長したがゆえに出現した、足を引っ張る制約ループを見つけ、そのループを弱めるよう対処することが大切なのです。

「解決策」はなぜうまくいかないのか？

次の原型は「うまくいかない解決策」です。第1章で見た「道路渋滞」の状況は、この原型の一つの例です（図5-6）。ループ図をたどりながら、状況を確認してみてください。道路が「渋滞」すると、苦情が殺到します。この「渋滞解消への圧力」に対して、「道路拡張」を考えます。道路を拡張すれば、「道路容量」が増えて「渋滞」が解消し、「渋滞解消への圧力」も減るだろう、と考えるのです（図の上の部分です）。

図5-6　うまくいかない解決策の原型

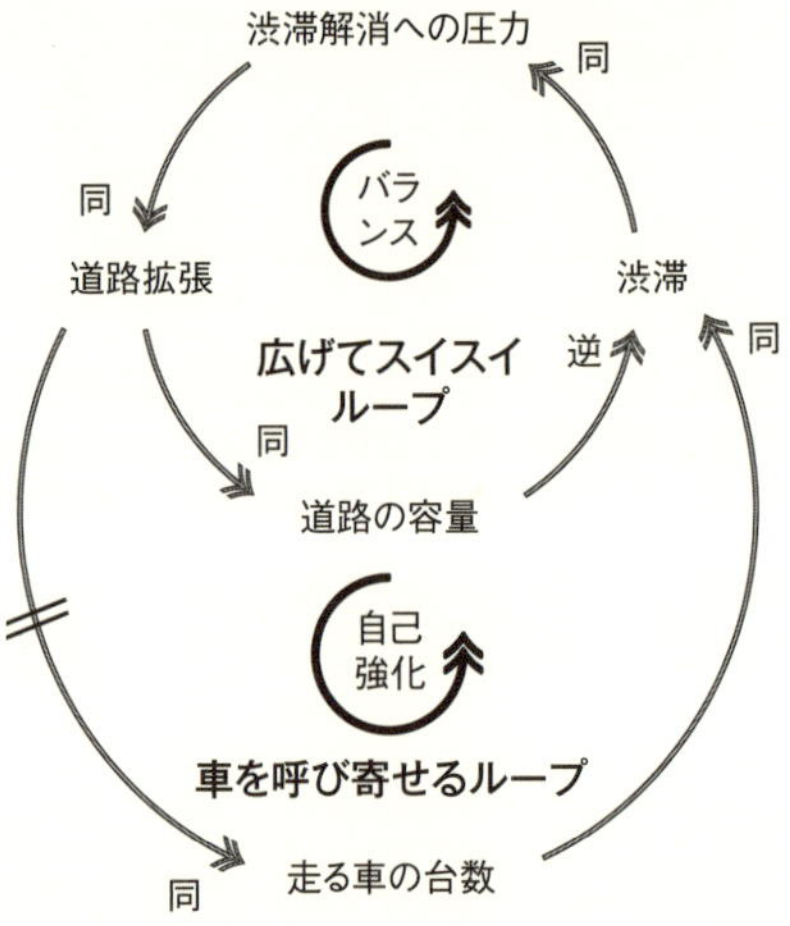

ところが、「道路容量」がアップすれば、その道路を「走る車の台数」が増えるのです。それまで別の道を走っていた車も「車線が増えて走りやすい」とその道を走るようになるでしょうし、道路網を拡張するためのバイパスができると、新しい住宅が開発さ

れ、人々が引っ越してきて、自動車の数はさらに増えるでしょう（図の下の部分です）。

住宅開発には時間がかかるので、時間的な遅れを示す「//」が入っていることに注意して下さい。つまり、事を起こしてから、他の要素の因果関係に比べて相対的に長い時間を経て、その影響が出てくる、ということです（ここでは数年でしょうか）。「事を起こした」ことを忘れていたり、その関係が見えないほど時間がたっていると、「予期せぬ結果」「どうしてこうなるのかわからない」という事態になります。

図5-7　押し込み販売の例

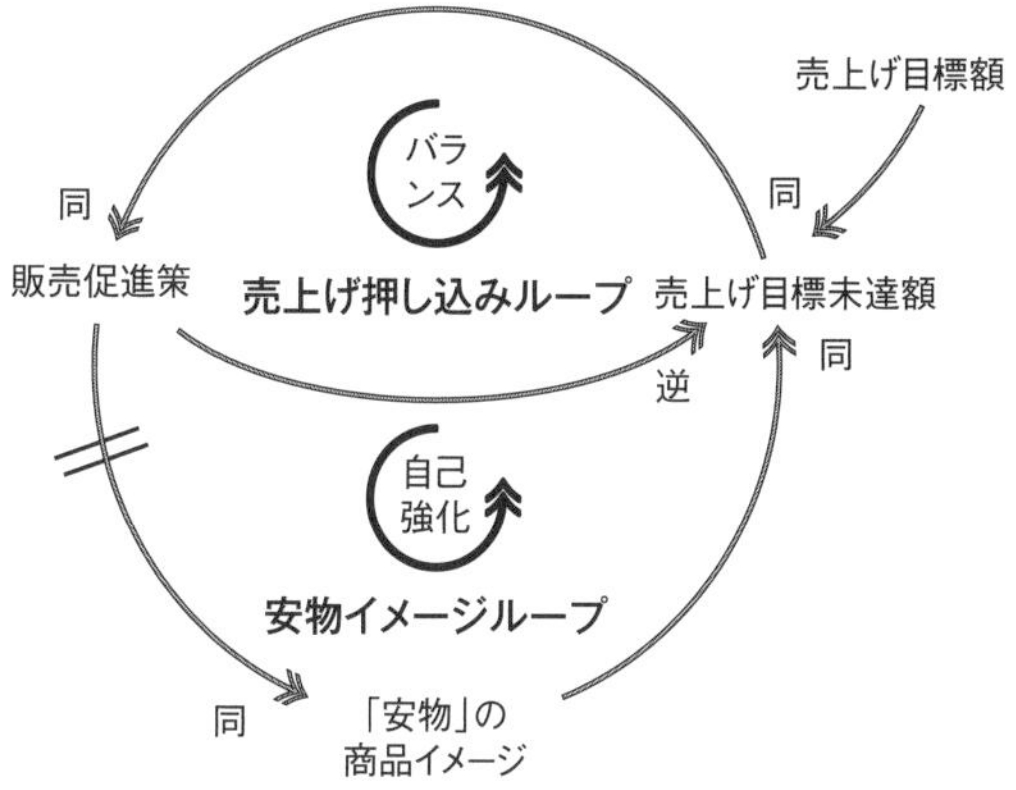

短期と長期のアンバランス

別の例を見てみましょう（図5-7）。ある販売会社の話です。期末を迎えるのに売上げ目標が未達なので、何とか売上げ目標に達したいと、販売促進を重ねて積極的に行おうとすることはよくありますね。何とか押し込んででも売ろうとするのです。

こうすることで、短期的には売上げ目標を達成できるかもしれません（ループ図の上の部分）。しかし、これはとても危険なことです。というのは、販売促進というのはえてして、明日の需要を今日の売上げに引っ張ってくるだけ、つまり需要の時間的なシフトに過ぎない場合が多いうえ、長期に悪い影響を及ぼす危険性があるからです。

たとえば、何度も値下げをしたり、いつも販促をかけたりしていると、だんだんとその商品に安物のイメージが付くようになってきます。そうすると、商品のイメージが悪化して、ますます売れなくなり、売上げ目標に対する未達額が増します。そこでどうしてでも売ろうとすると、ますます価格を下げざるをえなくなり、長期的にますます売上げ目標の達成が難しくなってきます（ループ図の下の部分です）。

急がば回れ！

二つの事例は場面も分野も異なるものですが、問題の構造は同じであることが感じられたでしょうか？　どちらの事例にも、図5-8に示す「うまくいかない解決策」の原型があるのです。

「うまくいかない解決策」では、問題状況を解決しようと策を打つのですが、意図しな

図5-8　急がば回れ

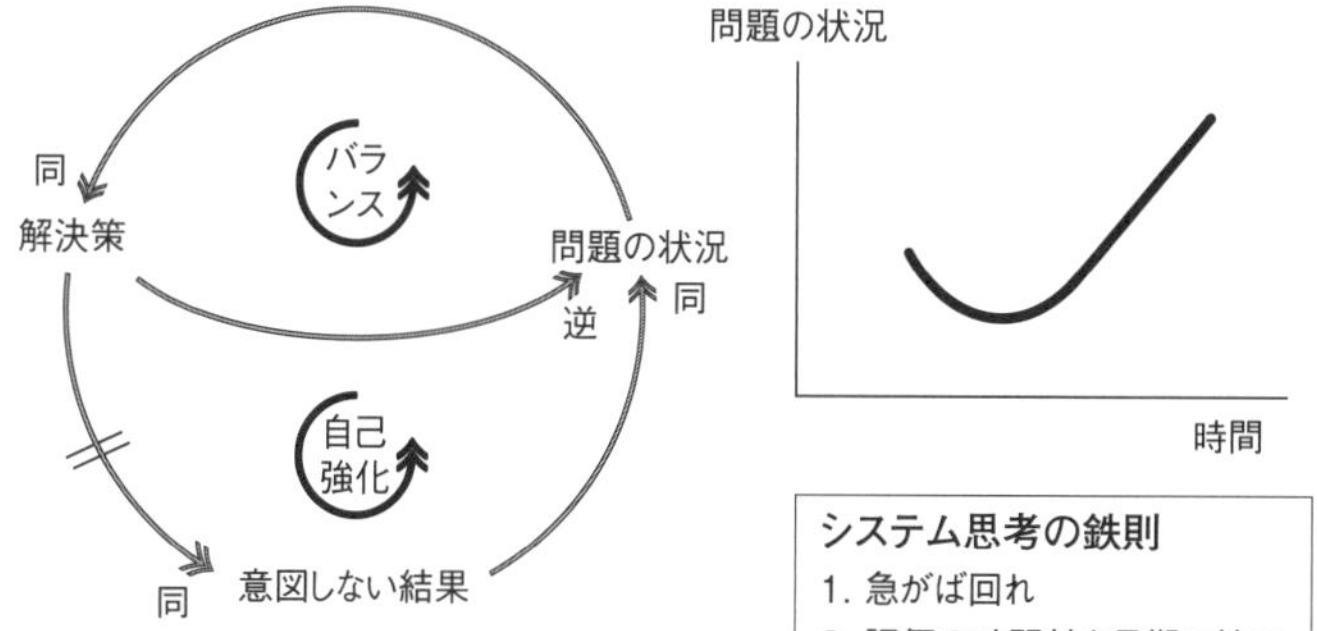

システム思考の鉄則
1. 急がば回れ
2. 評価の時間軸を長期に持て

い結果をともなうため、問題状況がかえって悪化することになります。

「うまくいかない解決策」の原型に陥っていることがわかったとき、または陥りそうなとき、どのような鉄則が私たちを救ってくれるでしょうか？

この原型の**鉄則一**は、**「急がば回れ」**です（余談ですが、昔から言い伝えられている格言には、システム原型への対応の仕方を教えてくれるものも多く、昔の人たちも原型のパターンを認識して、それに陥らないよう、陥っても悪化させずに解決するような知恵をつくり上げてきたのだなあと感心します）。**急いで、目の前の「すぐに解決してくれる（と思われる）解決策」に飛びついてはいけない、ということです。**

そのためには**鉄則二「評価の時間軸を長期に持て」**です。結果の評価を短時間で下してしまうと、時間的な遅れをともなう影響を考慮に入れることができなくなります。長期的に「本当はどうなのか」がわからないまま、評価することは危険です。売上げの評価をするなら、売上げ目標が課せられている「月」や「四半期」だけで見ないで、通年や数年間の結果を見るようにしないといけないでしょう。

短期的な結果を求められがちなせわしい世の中ですが、「いまはいいけど、実際には……」とならないよう、**しっかりと長期的な評価軸を持つことです。**

「問題のすり替わり」――対症療法に注意

この「うまくいかない解決策」は、当事者が「これこそが解決策だ！」と信じて手を打つものの、実際にはうまくいかないという原型でした。同じようによく見られるパターンに、「本当はこちらが根本的な解決策だとわかってはいるのだが、対症療法的な策に走ってしまう」というものがあります。これが「問題のすり替わり」の原型です。

今回はまず原型のループ図を見ていただきましょう（図5-9）。「問題のすり替わり」の構造には、問題に対する「対症療法的な解決策」と「根本的な解決策」の二つがあります。問題に対する根本的な解決策は、手を打つまでも時間がかかることが多く、また手を打った後、その効果が出るまでにも時間がかかることがよくあります（前者の場合として、ループ図には時間的な遅れを示す「//」を入れています）。
　そして、大事なポイントは、短期的な対症療法の解決策が、副作用として根本的な解決策の能力を損なってしまう、ということです。対症療法より根治策のほうがよいことはだれでもわかると思いますが、対症療法をとることで根治策をとる力が弱ってしまう、ということはなかなか気づかないものなのです。

図5-9　問題のすり替わり

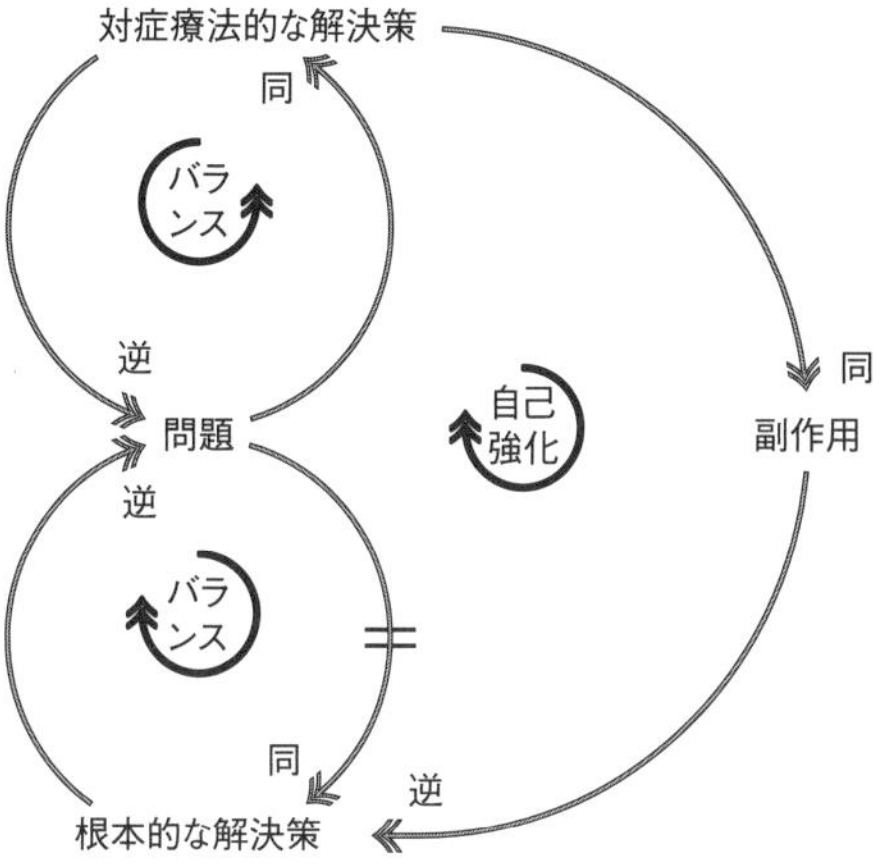

「わかってはいるけど」をどう正す？

　わかりやすい身近な例で説明しましょう（図5-10）。疲労が蓄積しているときには、ゆっくり睡眠をとって体を休ませることが必要です（根本的な解決策のループ）。しかし、「それどころではない！」場合には、コーヒーを飲んで、カフェインの力で疲労を感じないようにして、仕事を続けることがあります（対症療法的な解決策

図5-10　コーヒーと睡眠の副作用ループ

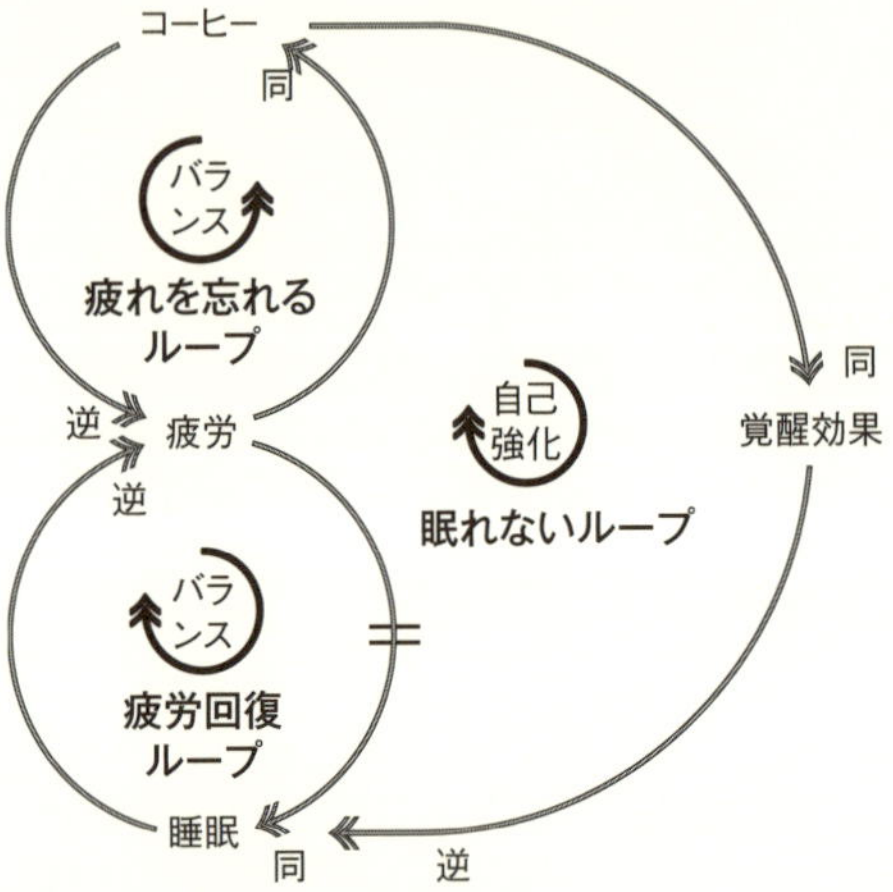

図5-11　借金で首が回らない

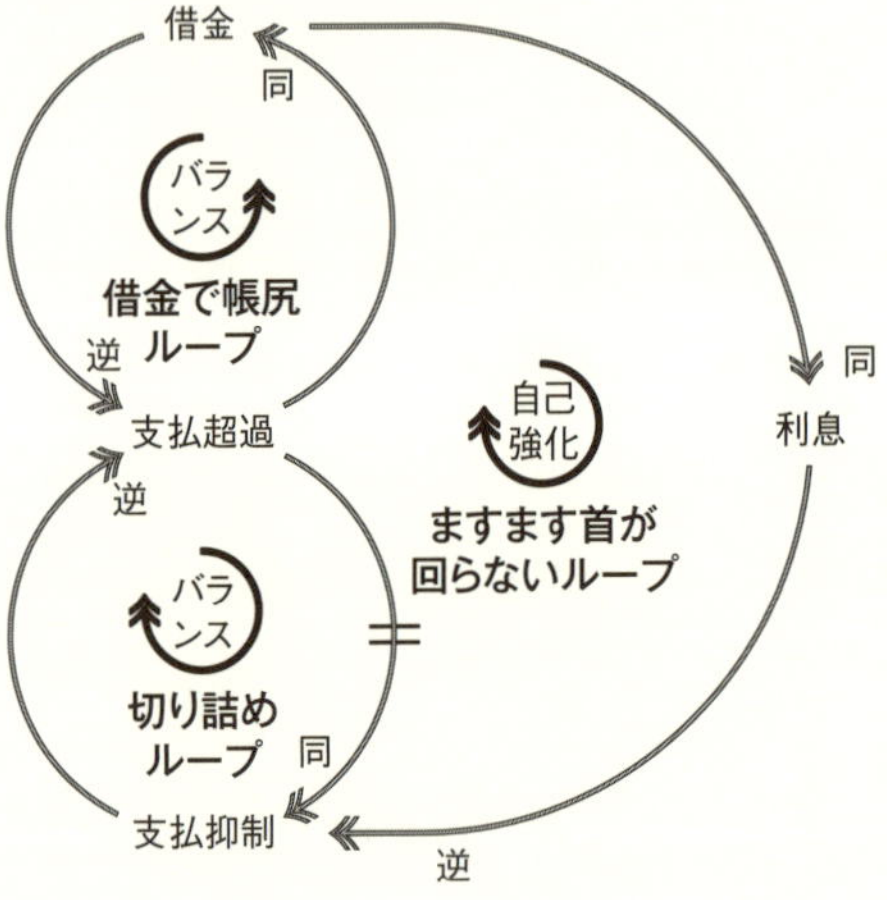

のループ)。そうすると、いざ寝るときになっても、カフェインの覚醒効果が効いていて寝つけず、睡眠時間が短くなり、思うように疲労が回復しなくなってしまったりします(副作用のループ)。

　同じ原型の例を四つ、ループ図で挙げておきます。それぞれ「根本的な解決策のループ」「対症療法的な解決策のループ」そして「副作用のループ」をたどって読んでみてください。状況や場面が違っても、**「対症療法をやっても、根本的な解決に役に立たないばかりか、本質的な問題解決を行う能力を損なってしまう」**というまったく同じ構造があることがわかるでしょう。

図5-12　農作物の収穫

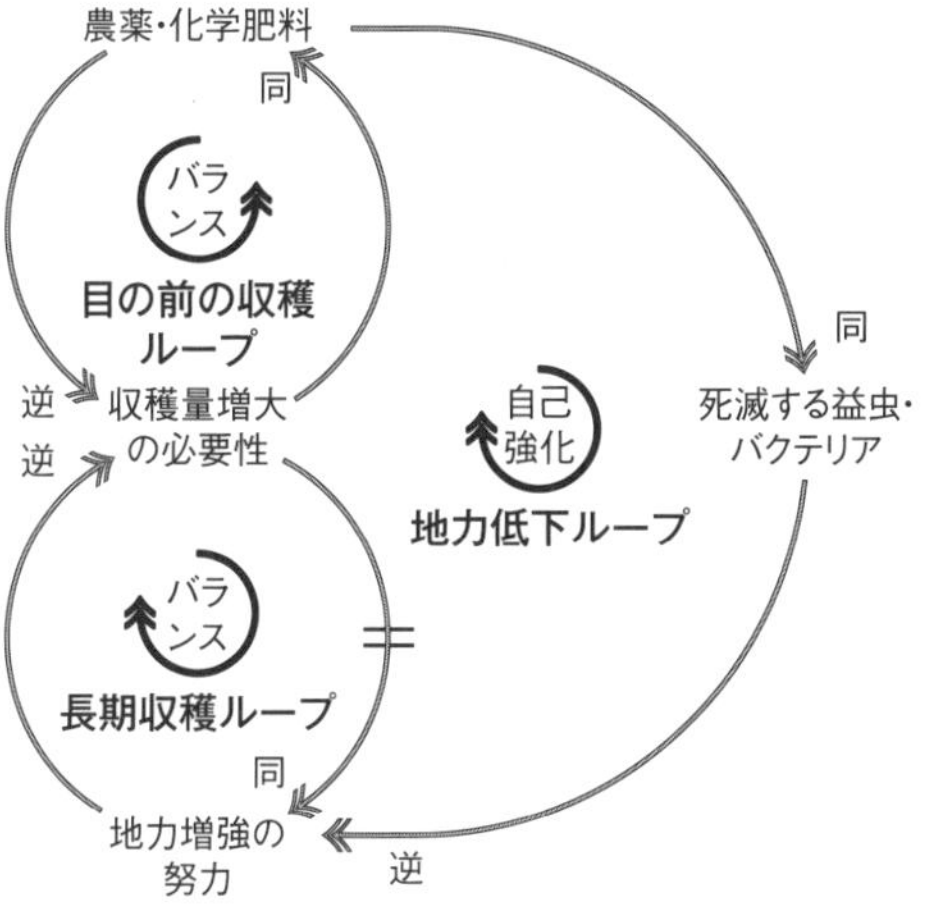

図5-13　コンサルタントを雇っても……

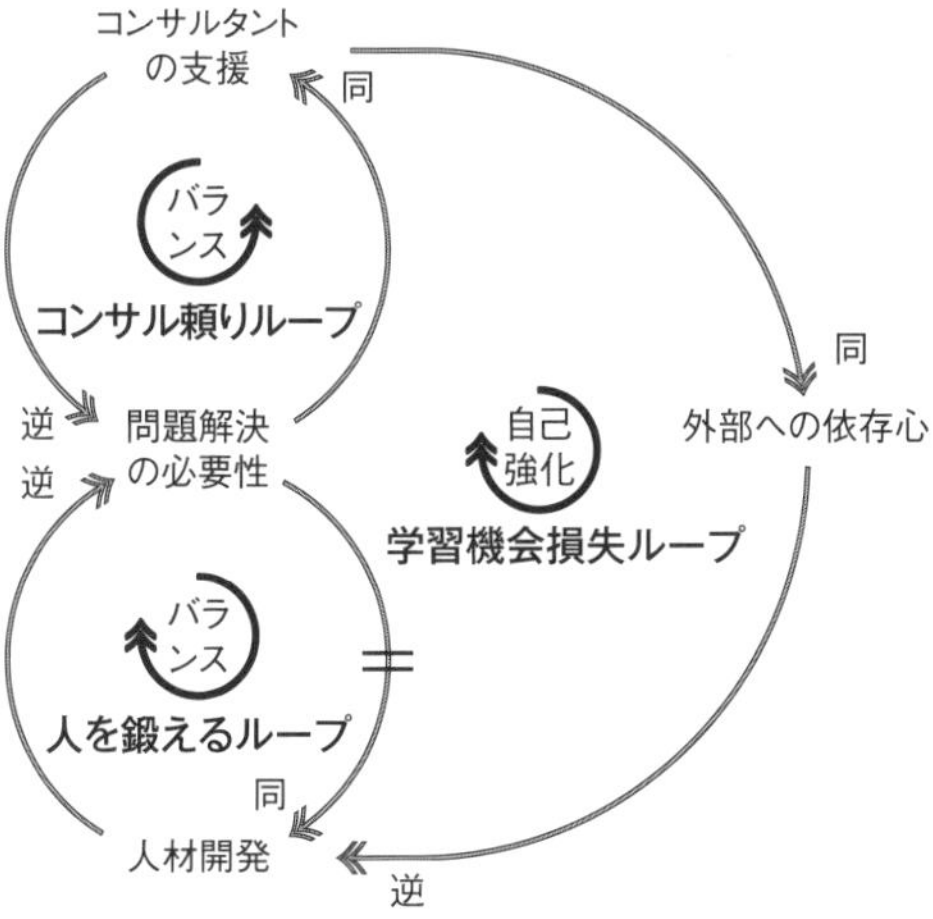

図5-14　外部援助と経済開発

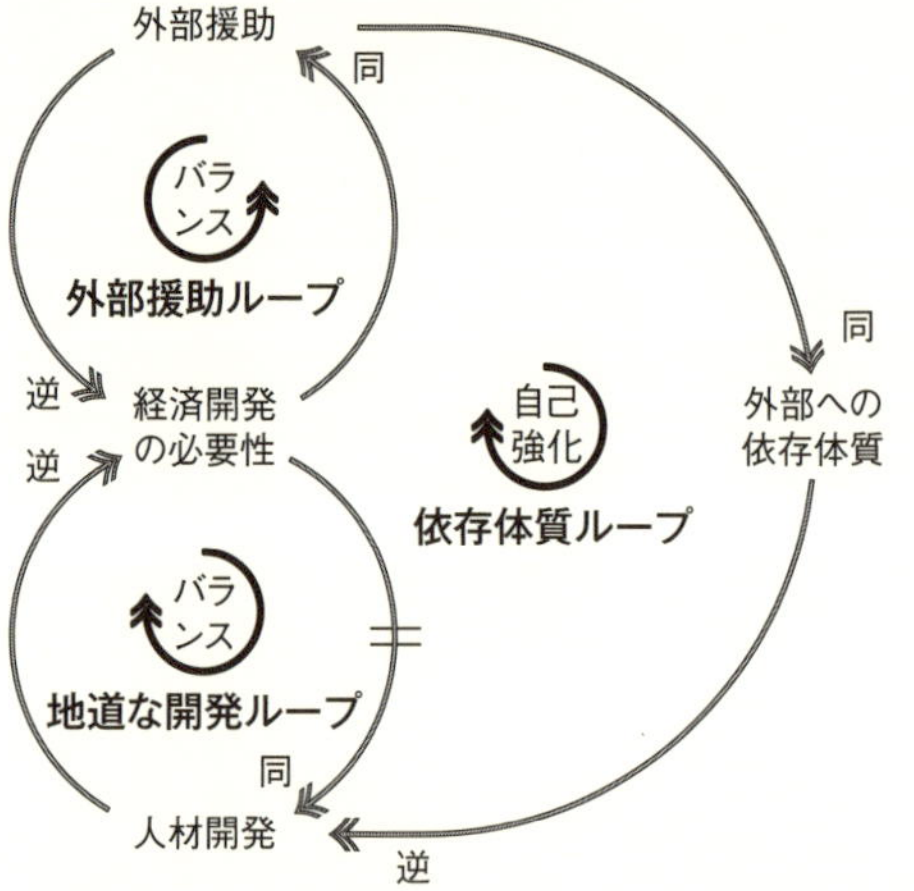

この「問題のすり替わり」に対するシステム思考の鉄則その一は、**「対症療法を避け、根治策に徹せよ」です。**理由は説明する必要はありませんし、この正しさを疑う人もいないと思います。大事なのは「わかってはいるけど」という状況をどうやって正すのか、具体的で効果的な策を考えることです。

「ちょっと待てよ。本当の問題は何なんだ?」

そのときに、対症療法的な解決策が気づかずに引き起こしている「副作用」を意識することが大事なポイントになります。どのような副作用が起こっているかを理解し、その副作用を抑える（起こさないようにする）ことで、根本的な解決策がとれるようになるでしょう。

この「問題のすり替わり」という原型は、さきほどのいくつかの例からおわかりのよ

図5-15　本当の問題を直視せよ

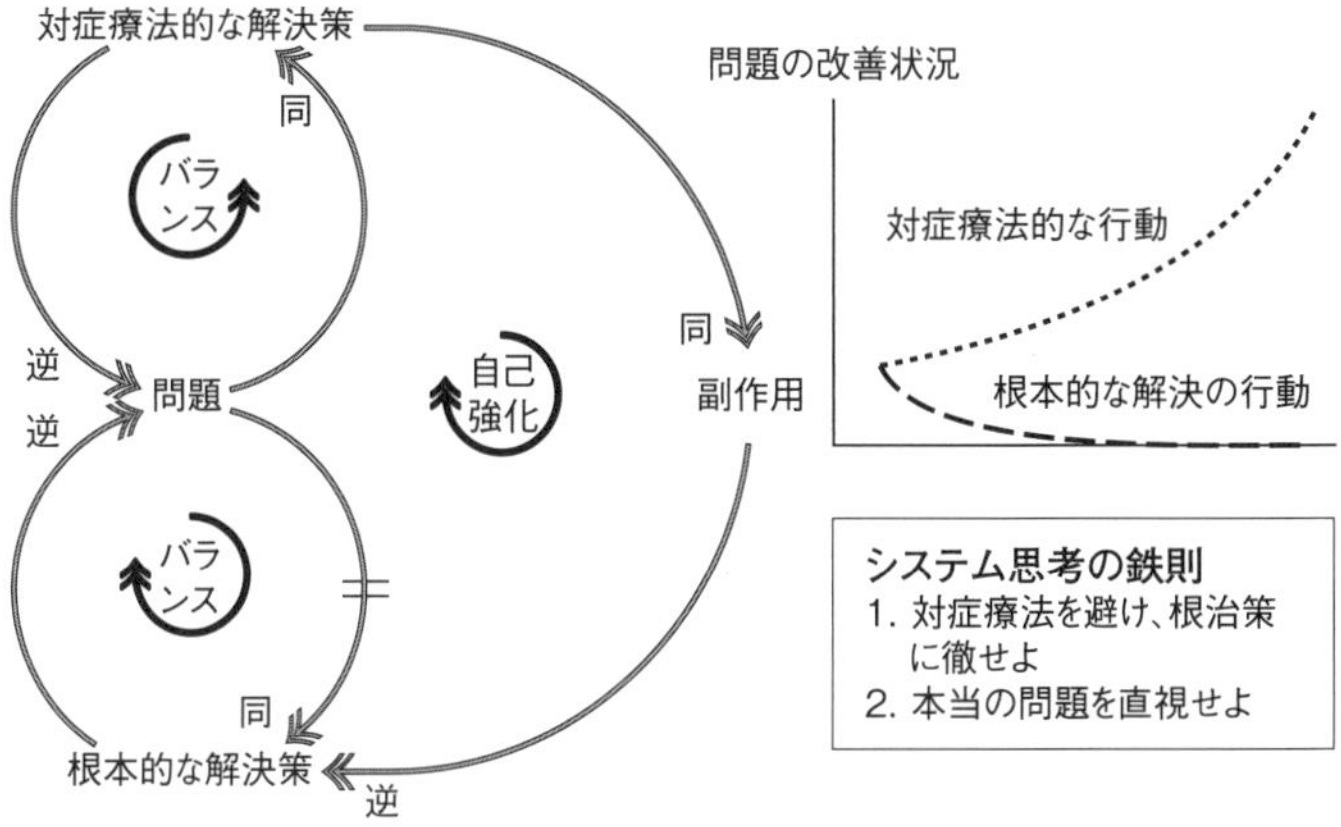

うに、いわゆる「中毒症」といわれる問題の構造でもあります。このような場合に、**対症療法を避けるために役立つのが、鉄則二「本当の問題を直視せよ」**です。

ついつい対症療法をとりたくなったときに、「ちょっと待てよ。本当の問題は何なんだ？」と立ち止まって考えることです。コーヒーについつい手が伸びそうになったとき、「ちょっと待てよ」と考えます。コーヒーを飲んでも、脳では疲れがとれたと思うかもしれませんが、実際の体の疲れはとれていません。現実の問題には全然役に立っていないのです。でも、気持ちのうえでは問題が軽減しているような気がするので、ますますコーヒー（対症療法）への依存が強くなってしまうわけです。ここで、「本当の問題」を直視することが、安易な対症療法へ

図5-16　ある優良企業の悲劇

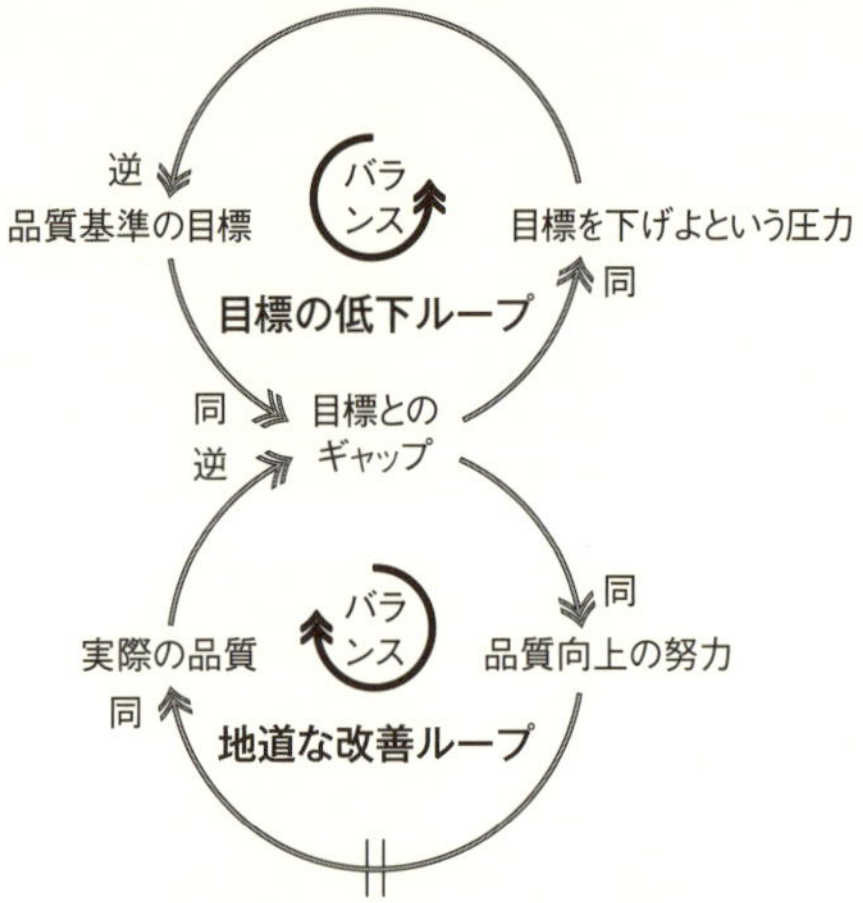

走らずにすむコツです。この原型と鉄則をまとめたものが図5-15です。

ある優良企業の悲劇

ある企業の話で、次の原型を説明しましょう（図5-16）。この企業は厳格なる品質基準を誇りにしていました。他社に比べて、かなり高い品質基準を定めていたため、その製品は不良率もゼロに近く、顧客に大変喜ばれていました。

高い品質基準を設定したものの、工程内の不良は依然として発生していました。基準に満たないためやり直し作業や最終検査での不合格品も少なからずありました。品質を維持するためのコストは高めでしたが、やがて改善努力によってコストも減ることが期待されていました。

ユニークな製品を売り出してダントツのシェアでトップを走っていたあいだはよかっ

たのですが、競合他社が類似品を安く売り出して肉薄するようになると、コストを削減しなくては勝ち残れないという圧力が強くなってきました。

本社からの「コスト削減命令」に頭を抱えた工場の担当者は、品質基準を少しだけ下げることにしました。「そうすれば、やり直し作業や不合格製品が減って、コストが削減できる。基準をこれぐらい下げてもお客様にはわからないはずだ。もともと基準が高いのだから、これでも十分他社よりは高い基準だ」と思ったのです。

こうして、コスト削減要求が来るたびに、少しずつ品質基準を下げることになり、そのうち他社製品と変わらないレベルになってしまいました。高い品質基準を誇っていた製品の優位性を失い、顧客からの苦情対応に追われることになった社員のモラルも下がり、この製品のシェア低下にとどまらない悪影響が全社に広がっていったのでした。

ゆでガエル症候群――「じわじわ」の恐怖

このように、目標と現実のギャップが大きいときに、多くの組織や個人がギャップの圧力に耐えかねて、「目標を下げる」ことをしています。「目標と現実」のギャップが問題であり、圧力がかかる場面で、ギャップを解消するには、本来は「現実を目標に近づける」べきなのですが、「目標を現実に近づける」こともギャップの解消につながるか

図5-17　「じわじわ」と悪化するループ

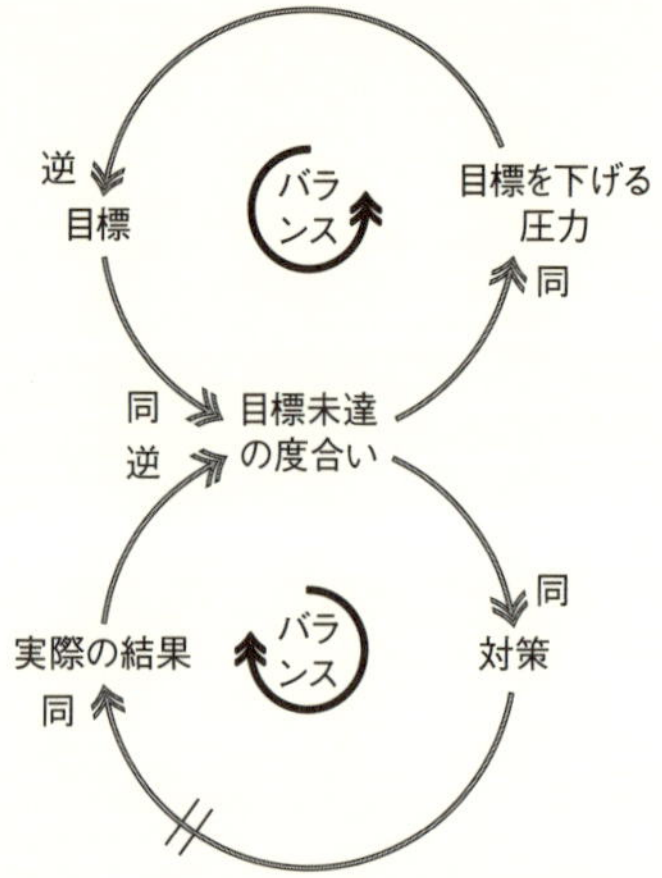

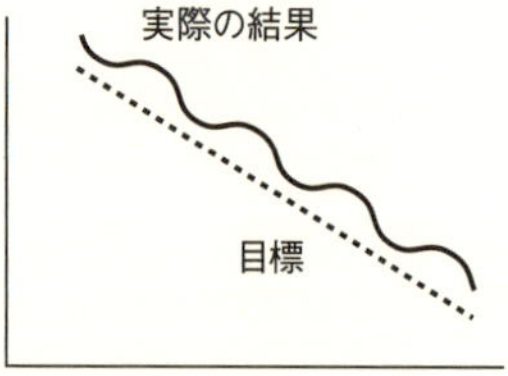

システム思考の鉄則

1. 絶対的な目標を持て
2. 評価基準を外に持て

らです（図5-17）。**これが「目標のなし崩し」の原型です。**

この原型の恐いところは、「少しぐらい」という思いから、「じわじわ」と悪化してしまうことが多いことです。たとえば、現在の日本の失業率は、かつての政府の基準では考えられない高さです。かつては失業率が三％に増えただけでも、「大変だ、何とかしなくては！」と大騒ぎしていたのです。でも知らず知らずのうちに、人々や政府の許容する失業率がじわじわと高まっています。これも「目標のなし崩し」です。

この「じわじわ」の恐さは、「ゆでガエル症候群」ともいわれます。カエルを熱いお湯に放り込んだら、「熱いっ！」とびっくりして跳び出します。しかし、冷たい水にカエルを入れておいて、その水を「じわじわ」と温めていくと、「少しぐらいだいじょうぶ」と思うのでしょう、カエルはそのままじっとしています。そして、いつの間にかゆでガエルになってしまう、というのです。

絶対的な目標を持とう!

この原型パターンへのシステム思考の鉄則は、まず「絶対的な目標を持て」です。目標の基準やレベルを恣意的に動かせるものにするのではなく、絶対的な目標を持つことです。歯を食いしばってでも、ギャップの圧力が苦しくても、絶対的な目標をしっかり持って、こだわること。そして絶対的な目標は、絶対的なビジョンがあってこそ、揺らぎのないものとなります。究極的に何を成し遂げたくて、この目標を設定しているのか?――迷ったとき、揺れそうになったとき、この問いに繰り返し立ち戻ってくることは重要な助けとなります。

鉄則二は、目標を安易に下げないために、「評価基準を外に持て」。たとえば、品質基準を顧客の要求事項に合わせたり、業界内外トップ企業の基準をベンチマークするなどです。

図5-18　勝ち組ループと負け組ループ

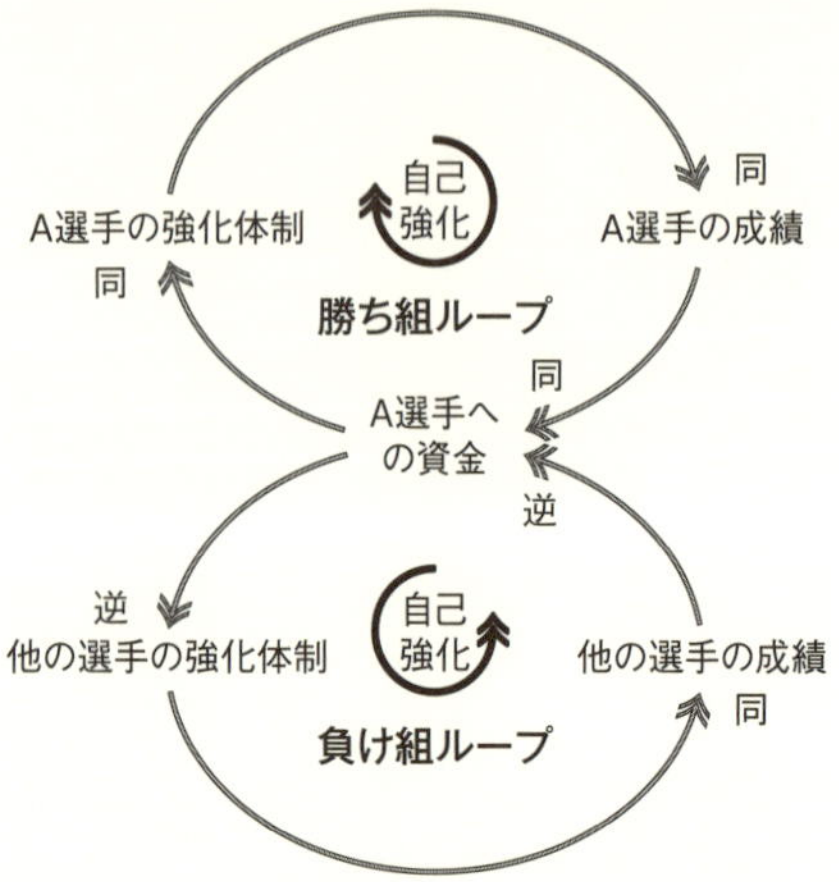

「勝ち組」はますます強くなる

最近、「勝ち組」や「下流社会」など、二極分化の状況を表す言葉をよく見聞きします。次の原型**「強者はさらに強くなる」**は、このような二極分化がなぜ起こるのかをシステムの構造として示す原型です。

スポーツの世界では、「勝者はますます勝てるようになる」とよくいわれます。たとえば、A選手がマラソンで優勝したとしましょう。優勝者の広告価値は高いですから、多くの資金がA選手に集まります。A選手はその資金を使って、専門のトレーナーや栄養士を雇ったり、海外遠征に出かけてトレーニングを積むなど、強化体制を整えることができます。**そうすると、A選手はますます強くなり、ますます成績を上げるようになります。**すると、ますます資金が集まり……と、「どんどん強くなっていく」ループに入ります。

一方、マラソン選手に対する広告資金は無限ではなく、ある限度があります。そのなかでA選手に資金が集まるということは、A選手以外の選手が強化体制を整える資金が回ってこない、ということになります。資金がなく、強化体制が整えられない他の選手は、ますます成績を上げることが難しくなってきます（図5-18）。

男性のほうが昇進しやすいのはなぜ？

同じようなことが、組織のなかの「男性・女性」をめぐって起こることもよくあります。図5-19がその一例です。経営幹部や部長などの役職に男性が多いある企業では、男性がさまざまな方針や基準を定めることが多くなるため、とくにその意識があったわけではないのですが、男性に有利な職場環境ができてしまいました。転勤可でないと昇進ができないとか、夜遅くまで仕事してはじめて認められるなどといっ

図5-19　男女の昇進ループ

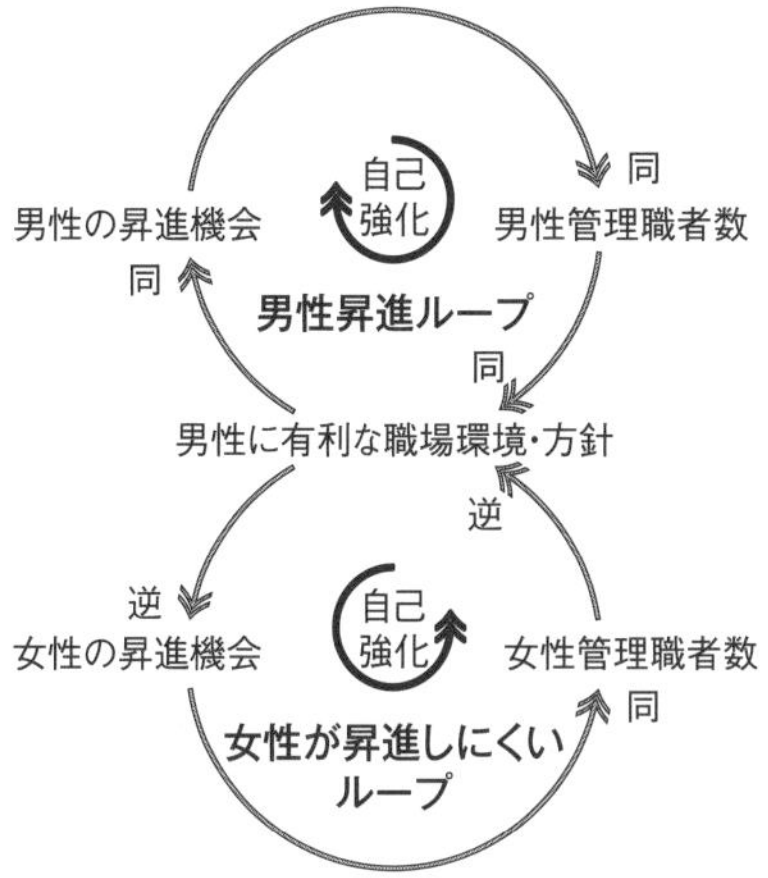

図5-20　強者はさらに強くなる

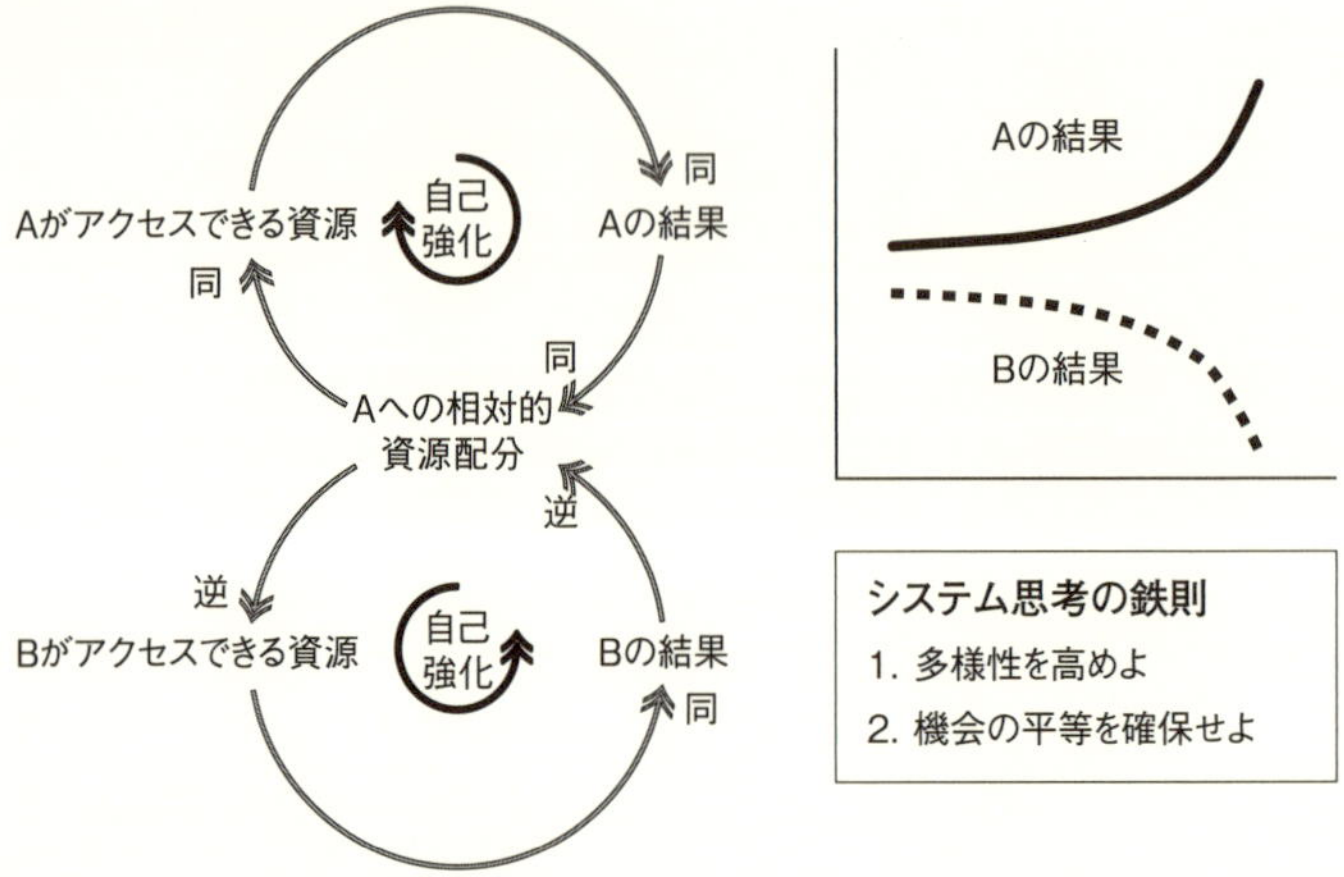

た、明文化されていないものも含めての職場文化が男性に有利に形成されたのです。

そうすると、男性のほうが昇進しやすいので、ますます男性の役職者が増えます。すると、ますます男性に有利な職場風土となってきます。そのような風土のなかでは、女性はなかなか昇進しにくいので、女性の役職者が増えません。すると、男性優位の職場風土を改める動きもなかなか出てこない、という状況です。本質的に優秀かどうかではなく、土俵自体が男性優位になってしまったのです。

この「強者はさらに強くなる」というシステム原型をループ図で表したものが図5-20です。A選手とその他の選手、男性と女性というように、相対的な資源配分の差異が構造をつくっています。**「エリートの家系はますますエリートになる」「貧富の差はなかなか縮まらない」などの状況も、この「強者はさらに強くなる」原型の構造がつくり出しているといえましょう。**

機会の平等を確保せよ

組織であれ、社会であれ、システムには多様性が重要です。システムそのものの力や、何かの衝撃を受けたときに耐え、はね返す力（しなやかな強さ）をつくり出している一つの鍵は多様性だからです。ですから、どのようなシステムでも、「強者はさらに強くなる」原型構造に陥りがちであることに気をつけ、**多様性を確保するさまざまなしくみを持っておくことが重要です。**これがシステム思考の鉄則一です。

そのために必要なのが、システム思考の鉄則二「機会の平等を確保せよ」です。現在の構造では不利な状況に置かれている側を、現在の強者と同じ土俵に立たせるくふうをすることです。機会を平等に提供するしくみをつくっていく必要があります。

社会は、昔からこの鉄則をわかっていたのでしょう。勝ち組がどんどん勝ち、負け組がどんどん負けて抜け出せなくなると、せっぱつまって革命が起きたりしますから、社会としてもあまり好ましくありません。そこで、そうならないためのしくみを、社会はいろいろとくふうしてつくってきました。

たとえば、累進課税もその一つです。また、強いプロ野球の球団がどんどん強くならないように、「機会は平等に提供する」ためにドラフト制があります。北欧の国々には「片方の性別が政府や企業の役職者に占める最低限の割合」を定めることで、女性に不利な方向に偏らないよう、けん制するしくみがあります（もっとも「そのおかげでそのうち男性も助かるはずよ」という声もあります！）。

このように、機会の平等を確保して同じ土俵に立たせるしくみやくふうを組織でもつくっておくことで、勝ち組がどんどん勝ち、多様性の強さや創造力を失うことを防ぐことができます。

居酒屋のしゃべり声はなぜ大きい？——ものごとはエスカレートする

最後に、「エスカレート」と呼ばれるシステム原型を紹介しましょう。だれでもきっと、陥ったことのある原型です。夕刻の居酒屋をのぞいてみましょう。

三々五々、会社帰りのグループが居酒屋にやってきます。それぞれ、最初はふつうの声でおしゃべりをしているのですが、そのうち、どうなるか？　ご存じですね？

アルコールのせいで「雑踏のなかでも選択的に相手の声を聞き分ける」力が弱まるの

でしょうか、何となくまわりのテーブルの声が大きく聞こえてきます。すると、自分たちのグループで話が聞こえにくくなるような気がしてくるので、気がつかないうちに、いつもよりも大きめの声を出して話すようになります。

図5-21　居酒屋の声の大きさ

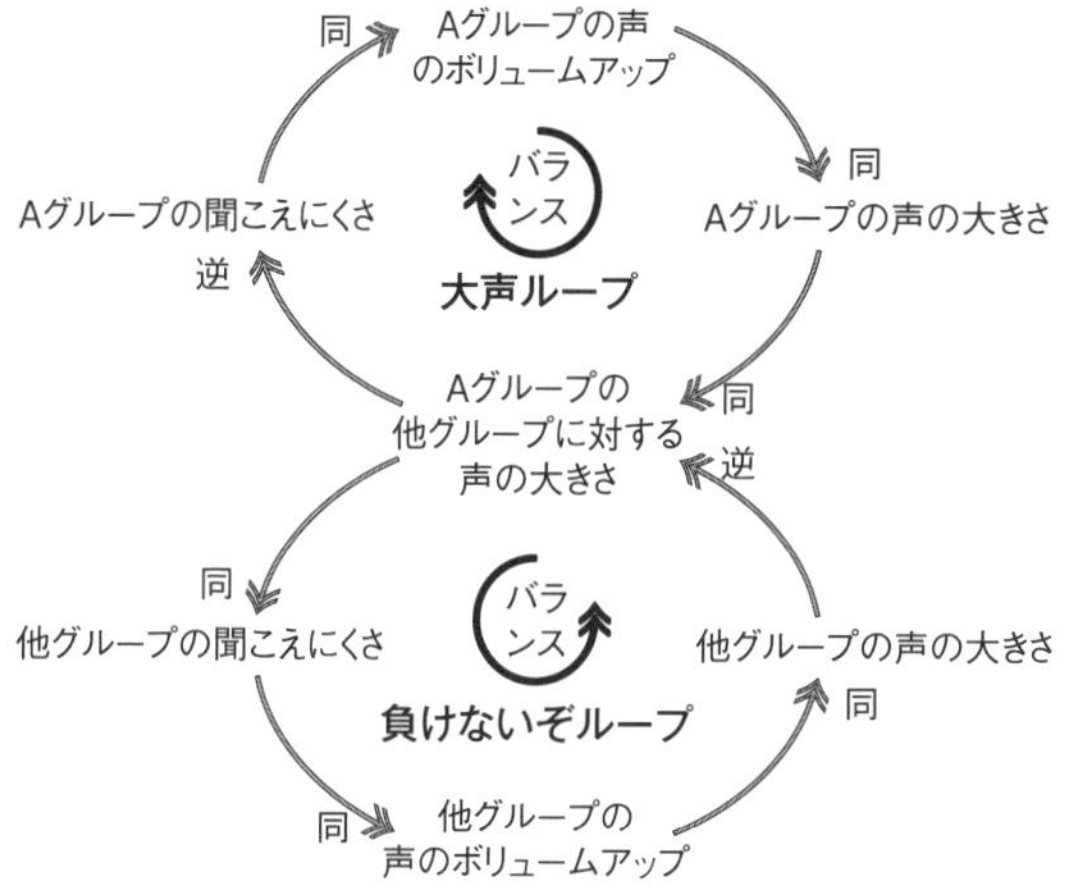

となりのテーブルでは別のグループが生ビールを飲みながら、話し込んでいます。ところが、となりのテーブルの声が大きくなったため、さきほどまでの声では聞きとれず、「え？　何？」なんて聞き返すようになってきました。つい声が大きくなってきます。

すると、そのまわりのグループも同じように、自分たちの会話がしにくくなるので、つい意識しないうちに、大声になってきます。どこかのグループの声が大きくなると、まわりのグループもつい（競っているわけではないのですが）声が大きくなってきます。そうしないと、自分たちの会話ができなくなるからです。

かくして、居酒屋を出るころにはなぜだかみんなしてのどがかれてしまった……こんな状況を経験したことがあったら、「エスカレート」の原型を身をもって経験したことがあるといえましょう（図5-21）。

一〇〇円バーガー戦略の無謀

ビジネスの世界でよく知られている例は、ハンバーガー業界での価格戦略です（図5-22）。A社がマーケットシェアを増やしたいと思っているときに、ライバル会社のB社がシェアを増やしてくると、それはA社にとっての脅威になります。その脅威に対して、何とかマーケットシェアを維持しよう、あるいは高めようとして、価格を下げます。低価格戦略でマーケットシェアをとろうとして、一〇〇円バーガーや九九円バーガーが登場していたことを覚えているでしょう。

こうすることによって、A社はB社に対して相対的にシェアを伸ばすことができます。ところがB社の側はまったく同じ構造なのです。A社がシェアを伸ばしたことがB社にとっての脅威になり、B社も同じように価格を下げることで、シェアを増やそうとします。そうしてB社のシェアが上がると、今度はそれがまたA社にとっては脅威にな

図5-22　ハンバーガーの価格

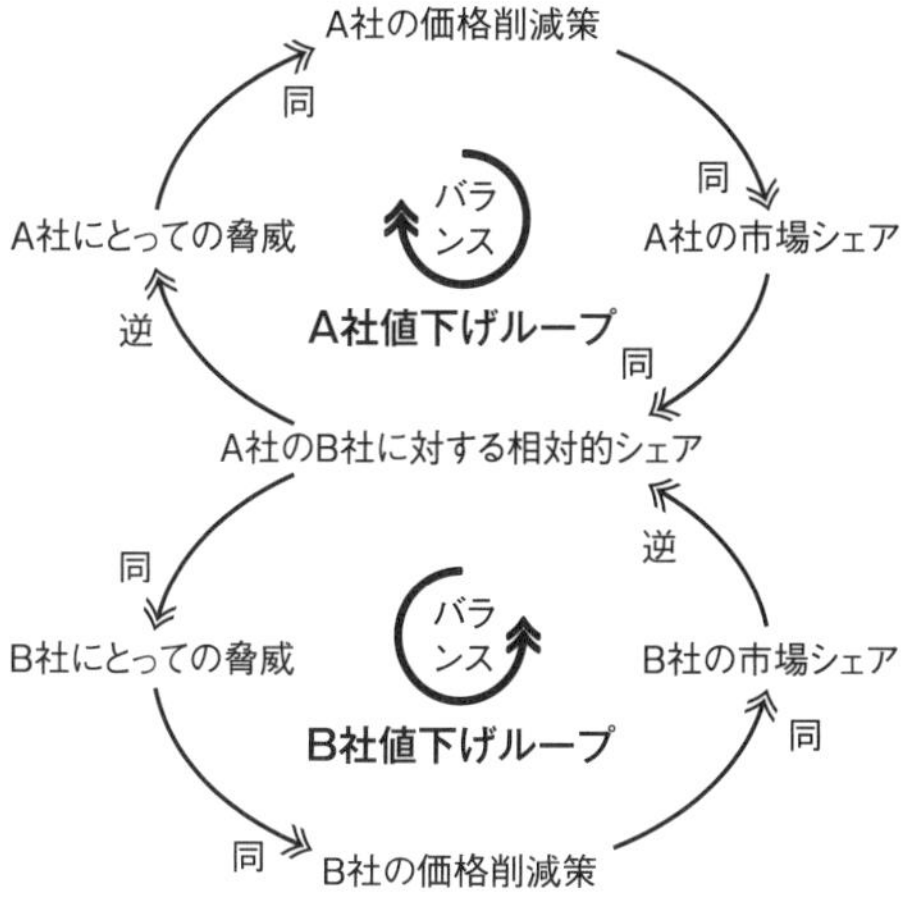

図5-23　エスカレートの構造

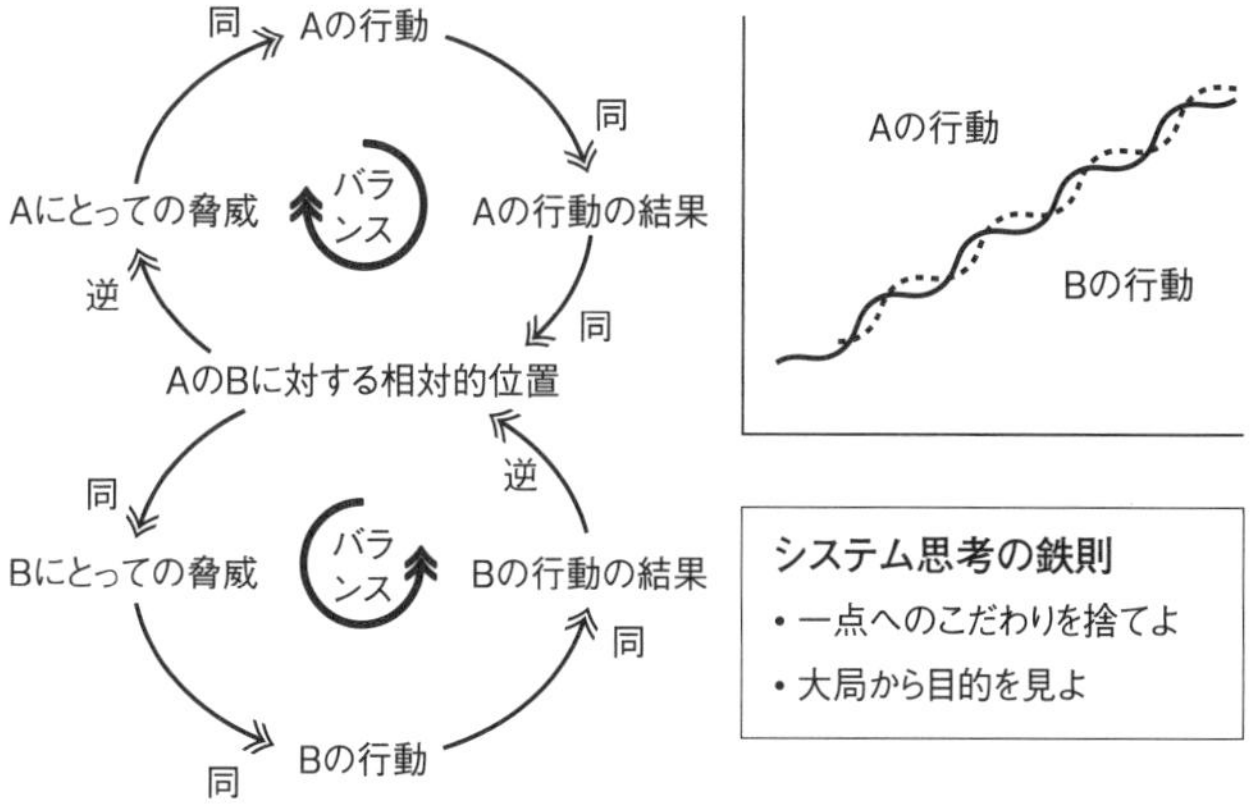

システム思考の鉄則

- 一点へのこだわりを捨てよ
- 大局から目的を見よ

ります。

このように、それぞれが状況に対して問題解決をしようとバランス型ループを働かせるのですが、**二つのバランス型ループがこのようにかみ合うと、結局全体としては自己強化の構造になってしまうのです。**低価格競争で勝者はいなかったといわれますから、まさにすべての当事者にとっての悪循環です。わかっているのだけど抜け出せない場合も多いのですが、このような構造が「エスカレート」です（図5-23）。

一点へのこだわりを捨てよ

この構造であることがわかっているのであれば、そもそも入らないのがいちばんよいのです。そのために役立つシステム思考の鉄則は「**一点へのこだわりを捨てよ**」です。先ほどのA社もB社も、価格戦略でマーケットシェアを維持し、あるいは伸ばそうと、「価格」という一つのポイントだけに集中して、競争しました。このような状況ではエスカレートを起こしやすくなります。

たとえば、ハンバーガー業界の例でいえば、他社が価格を下げてもけっして価格を下げようとせず、むしろおいしい商品を品ぞろえすることでマーケットシェアを維持しようとした会社もありました。このように、相手の行動に合わせて同じポイントで競争するのではなくて、異なったポイントで競争するのは、エスカレートを避ける一つの方法です。

一点へのこだわりを捨てるために役立つのが、**鉄則二「大局から目的を見よ」です。**いま必死にやっていることは、そもそも何を達成したいと思ってやっているのか？　その目的は、その方法（その一点）でしか達成できないのか？　あくまでその目的にこだわるのか、それとも、もっと上位のビジョンに立ち戻れば、その目的へのこだわりを捨てた方がよいのか？　このように、つい必死になってしまっているその一点から、目を広く転じ、本質的な目的を再確認することによって、エスカレートの状況を避けることができるでしょう。

仮説として利用しよう

以上、六つのシステム原型をざっと見てきました。自分の身のまわりでも思い当たるものがあったのではないでしょうか？　システム原型を知っていると、システムの構造を見抜く力とセンスを養うことができます。システム構造の理解にとって、とても強力な助っ人だといえましょう。

ただし、システム原型を用いる際には、注意すべき点もあります。**システム原型を実**

際の状況に当てはめてみるとき、「これは仮説に過ぎない」ことを忘れないということです。「この状況はエスカレートじゃないかな」「この問題は、成長の限界の原型と同じじゃないかな」と思ったとしても、すぐにそうだと結論を下して行動をとるのではなく、必ず検証することです。現場に行って因果関係を確認したり、多くの関係者を巻き込んでループ図をもとに議論することが大事です。そして、その際に、自分の「この原型だ」という思い込みで、誘導することがないように注意をすることが重要です。

システム原型は現実の構造を見破る強力な助っ人ですが、**なまじシステム原型を知っているがために、現実を見る目にバイアスがかかってしまっては百害あって一利なしです。**自分の仮説や思い込み、目的を正当化するために原型を用いるような使い方は絶対にしないよう注意して、有効に活用してください。

第6章

Systems Thinking

絶妙のツボ「レバレッジ・ポイント」を探せ！

小さな力で大きく変える

解決策は問題の
近くにあるとは
限らない。

——————————J・フォレスター

どこに働きかけるか——レバレッジ・ポイントの妙味

問題状況を引き起こしている構造をループ図で描くことによって、その構造のどこに働きかけることができるかを考えることができます。**ループ図を描く目的は、あくまでも望ましい変化を起こすために、構造のどこにどう働きかけたらよいのかを考えることなのです。**

前章で見た「システム原型」は、問題構造を見抜き、働きかけを考えるうえで気をつけるべき鉄則を提供してくれます。ループ図や原型などを活用しながら、その構造のどこに働きかけることが効果的なのかを考えていきましょう。

問題構造はいくつものループがからみあってできていますが、そのなかのさまざまなループに働きかけたり、新しいループをつくり出すことができます。また、あるループに働きかけるとしても、そのループ上のさまざまな要素に働きかける可能性があります。

どんなに一生懸命押してもびくともしない箇所に懸命に働きかけてもあまり効果はありません。せっかく時間やエネルギーや資金を投入して働きかけるのなら、「てこ」のように「小さな力で大きくシステムを動かせる働きかけのポイント」を見つけたいものです。**そのようなもっとも効果的でもっとも効率的な介入点を、システム思考では「レバレッジ・ポイント」といいます**（レバレッジとは、「てこ」のことです。レバレッジ・ポイントとは「てこの力点」の意味です）。

ニューヨーク市の治安改善はいかにしてなされたか？

実際の問題状況からレバレッジ・ポイントを見出し、効果的に働きかけることで、大きく状況を好転させた実例を、マルコム・グラッドウェルの『なぜあの商品は急に売れ出したのか』から紹介しましょう。

一九八〇年代から九〇年代にかけて、ニューヨーク市は犯罪が伝染病のように広がっていました。貧しい地区ではとくに、麻薬取引やギャングの抗争が日常茶飯事となっていたため、夕暮れどきになるとだれも外を歩かず、街路がゴーストタウンのようになっていました。そして地下鉄はとくにひどく、無秩序としかいいようのない状況に陥っていました。

一九九二年、ニューヨーク市では二〇〇〇件を超える殺人事件が起こり、約六三万件もの重罪事件が起こったそうです。ところがその五年後、殺人事件の発生件数は六四・三％も減り、重罪事件もほぼ半分に激減していたのでした。

地下鉄では、一九九〇年代の初めと終わりでは、重罪事件の発生は七五%も減りました。

街路にはふたたび人があふれ、自転車が戻り、玄関前の階段で立ち話をする住民の姿が見られるようになりました。

何が起こったのでしょうか？　大規模な人口移動があって、犯罪に走りやすい人々が出て行ったわけではありません。急にみんなが善悪の区別を意識するようになったとも考えにくいでしょう。犯罪を起こしやすい人々は前と同じようにニューヨーク市に暮らしていたにもかかわらず、何らかの理由で、それら数万、数十万の人々が突然犯罪を起こさなくなったのです。どういうことなのでしょう？

地下鉄の落書きを清掃せよ！

犯罪の多発するニューヨーク地下鉄の再建計画を監督した新しい公団総裁のデビッド・ガンは、数十億ドルの予算を費やして、まず地下鉄の落書き清掃作戦をはじめたのでした。当時多くの人が、もっと大きな犯罪問題に対処すべきだ、地下鉄全体が崩壊寸前になっているときに、落書きにかまけるなんて、まさに沈みかけているタイタニック号の甲板をゴシゴシこするのと同じぐらい的はずれだ、と批判しました。

しかし、ガンは頑として譲らず、路線ごと、車両ごとに計画を立てて清掃していきました。折り返し駅では、清掃基地を設け、もし一台でも車両に落書きがあれば、その場で消すか、その車両を外すようにしました。徹底的に清掃したのです。

この落書き清掃作戦は一九八四年から九〇年まで続けられました。次に地下鉄警察の指揮官ブラットンは、地下鉄内で頻繁に起こる重罪事件への対処として、同じく、一見見当違いに思える作戦をとりました。無賃乗車の撲滅に取り組んだのです。それまでは見過ごされていた軽犯罪のたぐいで逮捕された人の数は、一九九〇年から九四年にかけて五倍に跳ね上がりました。そして、重罪事件は減っていったのです。

一九九三年にルドルフ・ジュリアーニがニューヨーク市長に当選すると、ブラットンはニューヨーク市警の長官に任命され、同じ戦略を全市に展開しました。市内の交差点に停まっている車の窓を拭いて金を要求する行為や公共の場所での泥酔、ゴミのポイ捨てなどの「生活環境犯罪」を厳しく取り締まるようになりました。そして、市内の犯罪は、地下鉄の場合と同じようにみるみる激減したのです。

意外なところに答えが……——割れた窓理論

この劇的な成功を支えたのは、犯罪学者のジェームズ・ウィルソンとジョージ・ケリ

図6-1　割れた窓ガラス

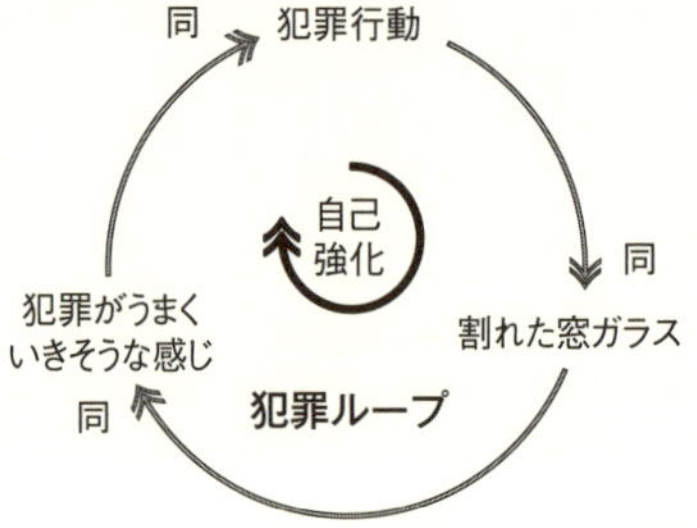

ングが発案した「割れた窓理論」でした。——割れたまま修理されていない窓のそばを通りかかった人は、だれも気にしていないし、だれも責任をとっていないと思うだろう。まもなくほかの窓も割れる。すると無法状態の雰囲気がたちまちそのビルから向かいの通りへと伝わり、ここでは何でも許されるという信号を発しはじめる。都市においては、たとえば落書きや風紀の乱れなど、比較的些細な問題のすべてが「割れた窓」と等しく、より深刻な犯罪の呼び水になる。ホームレスが通行人に迷惑をかけていても許されているような地区なら、強盗事件が起こってもその場に警察を呼んだり、あるいはその後に警察に訴え出る可能性は少ないだろうと犯罪者は考える——（図6-1）。

これが二人の犯罪学者の考えたことでした。**これは「直感に反するようなところにある」効果的な介入ポイントの一例と考えることができます。**重罪犯罪そのものに取り組むのではなく、軽微な犯罪を取り締まることで、「犯罪がうまくいきそうだというサイン」を減らし、そのことによって、町や地下鉄に秩序の感覚が出てきます。そうすると、犯罪行動に走りにくくなり、ますます、犯罪がうまくいきそうな兆候が町や地下鉄から減ってきます。すると、ますます秩序感がまして、犯罪が減る……という好循環の自己強化型ループをつくることができたのです（図6-2）。

さらに、犯罪が減ってくると、近隣地域の安心感が高まります。すると、恐がらずに戸外で過ごす人の数が増えます。すると、大人の監視の目が増えることになりますか

図6-2　割れた窓ガラスをすぐに修復する

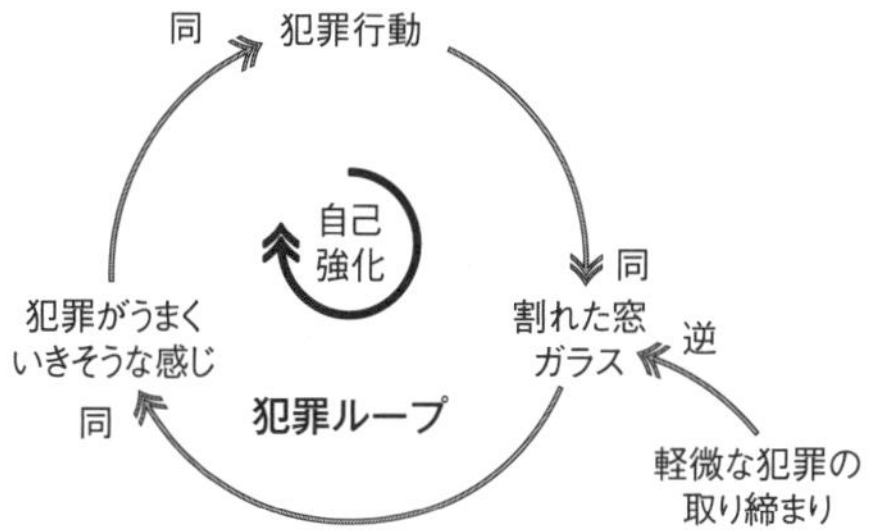

図6-3　安心ループと犯罪ループ

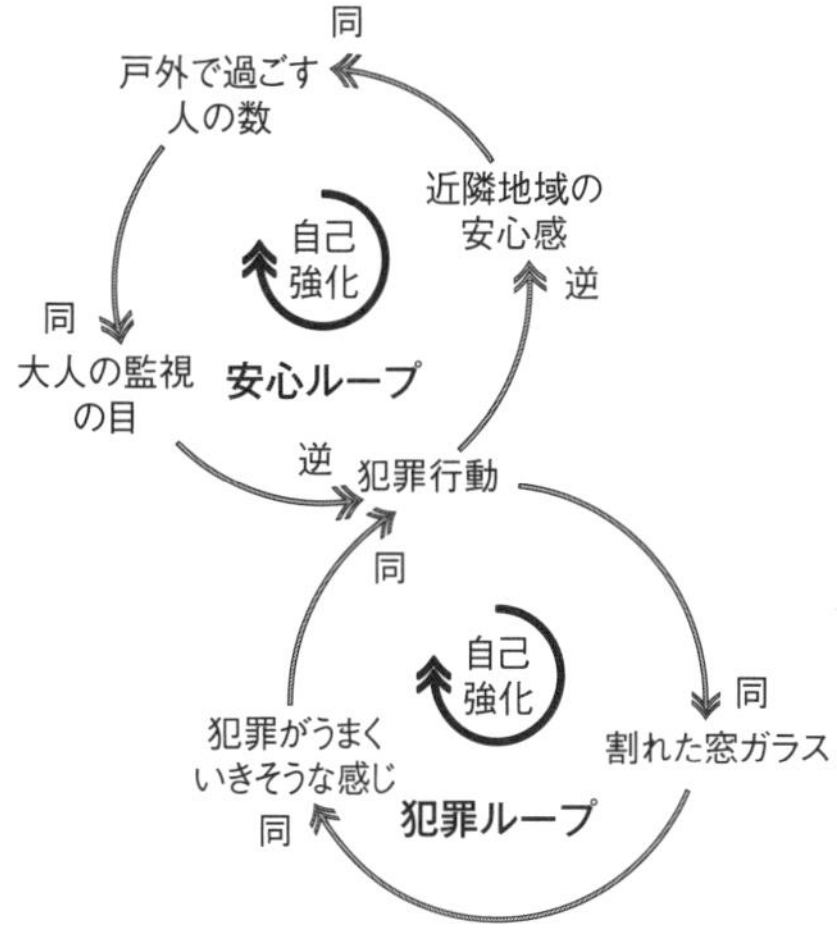

ら、ますます犯罪行動が減る、という好循環の自己強化型ループがもう一つ生まれ、その相乗効果で、犯罪が激減していったのです（図6-3）。

この事例は、「一見無関係に思える働きかけが、要素のつながりをたどって解決したい問題構造を大きく動かすことができる」レバレッジ・ポイントの効果をよく表しています。

レバレッジ・ポイントは多種多様

ドネラ・メドウズがレバレッジ・ポイントとして挙げているものをもとに、いくつか紹介していきましょう。システムへ介入するためのポイントには、補助金や税金、基準値といった「変数（パラメータ）」や、道路や鉄道といった「物理的なフローとストックの構造」のほか、どのような情報にだれがアクセスでき、だれができないのかといった「情報のフローの構造」、優遇策、罰則、強制事項などのシステムの「ルール」や「インセンティブ（奨励策）」、システムの「目的」や「パラダイム（みんなのものの見方や考え方）」など、さまざまな次元のものがあります。次元によって、介入しやすさとその効果はさまざまです。効果の低いものから高いものへ、説明していきます。

①変数（パラメータ）――数値を定める

数値のなかには、物理的に固定されて変えられないものもありますが、多くの変数は私たちが介入できるポイントです。たとえば政府は、さまざまな基準値という数値を定めることで、物事をコントロールしようとしています。企業は、自社の純利益をにらみながら、賃金や製品の価格といったパラメータを調整します。

変数は数値としてわかりやすいこと、上下することから、私たちの注意を惹きつけます。ＧＤＰが実際には何を測っているかを知らなくても、その上下に一喜一憂したりします。「私たちの注意のおそらく九〇％、いや九九％は、パラメータへと向けられていて、予算や基準値等の数値をめぐる議論や綱引きがそこここで展開されている」とメドウズはいっています。

しかし、パラメータは、あまり効果の大きくない介入点だといわれています。たとえば、選挙献金の上限額を上下させたところで、政治腐敗をなくすことにはならないでしょう。問題の根本的な原因や構造に働きかけるのではなく、その表層を変えるだけの「小手先」の取組みでは効果があまりないのです。

ただし、パラメータが効果を発揮することもあります。たとえば、そのシステム自体の「目標値」というパラメータに働きかける場合です。この場合には、システム構造を大きく変える可能性があります。システムの目的自体を変えることになるためです（⑤の目的を参照）。

②物理的なフローとストックの構造——計画段階が決め手

たとえば、工場に敷設するパイプや設備の位置関係を変えることでエネルギー損失を大きく抑えることができます。これは「物理的なフローとストックの構造」を変えるというレバレッジ・ポイントです。国や都市の交通輸送網をどのようにデザインするかも、同様に重要なレバレッジ・ポイントとなります。

「物理的なフローとストックの構造」は、一度つくってしまうと変更することが難しいという難点があります。望ましいのは、設計の段階で望ましい構造を入れた形にすることです。

ブラジルのクリチバ市は、一九五〇年には一五万人だった人口が二〇〇〇年には一五〇万人にふくれあがるという見通しをもとに、一九六五年に都市計画に着手しました。「自動車中心の社会になっては大変だ」と思った当時の市長レーナー氏は、市内をクモの巣のようにバス路線で覆い、一～二回乗り換えれば、どこからどこへでもバスで移動できる交通網を整備しました。バス・レーンは分離帯で自動車道から独立させました。この物理的な構造のため、渋滞している自動車道を尻目に、バスはスイスイと走ることができ、人々も好んでバスを使います。「そうでなかった場合」に比べて、自動車の台数も走行量も大きく減らすことができているのです。

このように、望ましい姿を念頭に物理的なフローとストックの構造を設計することは、システムの構造を変える大きなポイントとなります。

③情報のフローの構造――現実を「見える形に」する

アムステルダムに同じ形の家が立ち並ぶ一画がありました。唯一違うのは、何らかの理由で電気メータが地下に設置されている家と、玄関に設置されている家があるということでした。メータが玄関に設置されている家の住人たちには、電気を使っていれば電気メータが速く回るようすが見えますが、地下に設置されている家の住人たちには、電気消費量に応じたメータの動きは見えません。

そのほかには何の違いもなく、電力料金もまったく同じ設定であったにもかかわらず、**玄関に電気メータのついている家のほうが、そうでない家より電気消費が三〇%も少なかったそうです。**

この事例は、システムの「情報のフローの構造」のレバレッジ・ポイントの大きな効果を示しています。今、自分たちが電力を使っていること、それが自分たちの払うべき電力料金を押し上げていることを「目のあたり」に見ることができるようになったとき、行動が変わったのです。このように、新しいフィードバック・ループをつなぐことによって、以前は到達しなかったところに情報を伝えられるようになると、その情報のフローにもとづいて、人々は違う行動をとるようになるのです。この例もそうですが、わざわざ新しい情報をつくり出さなくても、ある場所にすでに存在する情報をシステムの別の場所でも使えるようにすることによって、効果的な介入ができることがよくあります。

伝わっていない重要な情報のフローを構造に盛り込む際には、ただ情報を伝えるのではなく、その情報伝達が望ましい行動につながるよう、気を付ける必要があります。たとえば、現在世界の各地で、水のくみ上げすぎによって、地下水の水位が低下しつつあることが問題となっています。水をくみ上げて使っている人々に、「現在の地下水位」という情報を知らせるだけでは、問題解決にはつながらないどころか、くみ上げ合戦が始まり、あっという間に地下水が枯渇してしまうでしょう。

この場合には、降った雨が地下の帯水層に補給される速度を超えて、水をくみ上げるようになるにつれて、急激に水道価格が上昇するよう、価格設定を行うのが効果的です。「現在の地下水位」という情報を、「どのくらいの水を使うか」という行動を左右する「価格」につなげるのです。

④ルールやインセンティブ——行動の促進と抑制

システムにはさまざまなルールやインセンティブが存在しています。ルールによって、システムの範囲や自由の程度を定め、インセンティブによって、ある行動を促進したり抑制したりしているのです。たとえば、現代の民主主義社会には「どんな人にも言論の自由がある」というルールがありますし、野球というシステムでは、「一チームは九人、すべての塁を踏むこと、ストライク三回でアウト」というルールがあります。「銀行強盗で捕まれば、刑務所行き」も社会システムのルールです。

ドイツなどでは、「なかなか自然エネルギーが普及しない」という問題に対し、「自然エネルギーで発電した電力を、電力会社は買い取らなくてはならない」というルールを設けました。さらに「高い価格で買い取る」という価格のルールを設定することで、自然エネルギーの割合がぐんぐん増えています。これは「ルール」に働きかけることで、エネルギー問題の構造を変えたレバレッジ・ポイントの一例でしょう。

日本にも数百の取組みがあるといわれる地域通貨にも、「インセンティブを変えることで、システム構造を変えた例」があります。私たちはふつう、当座使う予定のないお金は貯金します。「貯金すれば利子が付く」というインセンティブがあるからです。このインセンティブがあるため、私たちはできるだけ不要なお金は使わないようにして、貯蓄に回そうとします。その結果、市場にはお金があまり回らなくなります。

そこで、「地域でお金が回るようにしたい」と考えたある地域通貨の取組みは、お金にかかわるルールとインセンティブを変えました。**「持っているほど損をする」ルールにしたのです！** 具体的には、「減価型通貨」といって、ある期間たつと自動的に価額が減っていくしくみにしたのです。早く使わないと、価値が下がってしまいますから、みんな貯めずに使います。そのため、流動性が高くなり、以前に比べて「地域でお金が回るようにしたい」という目的に近づくことができました。

⑤目的——「何のために？」を自問する

「システムの目的」は、これ以前に出てきたレバレッジ・ポイントのすべて——物理的なフローとストックの構造、フィードバック・ループ、情報のフローなど——をその目的に合うよう、変える力を持っています。

「そもそも、このプロジェクトは何のために行っているのか?」「そもそも、この会社は何のために存在しているのか?」という目的に立ち返ることは、しばしばシステム構造を大きく変える力となります。一つの例を紹介しましょう。

たいていの企業は「収益や利益を上げる」という目的を持って活動しています。そして多くの企業が、成長至上主義や株主の要求に突き動かされて、「できるだけ短期間にできるだけ大きな成長」を目的としています。

ところが、「そもそも自分たちはなぜ成長したいのだろう? わが社は何のために存在しているのだろう?」と考えた企業がありました。**この会社の結論は、「会社は社員の幸せのために存在している」でした。**「社員の幸せが目的だったら、望ましいのは短期間の急成長ではなく、持続的に成長をしていくことだ。長期間成長しようと思えば、低成長しかありえない」と考えたこの会社では、意識的な低成長戦略をとることにしました。その結果、きわめて長期にわたって増収・増益を続けることに成功しています。システムの目的に働きかけるレバレッジ・ポイントのパワーがわかります。

⑥前提となっているパラダイム――「社会通念」や「常識」

システムの目的よりもさらに深いレベルで、システムに大きな影響を与える可能性を有しているのは、システムにかかわる人々の意識・無意識の前提（パラダイム）です。パラダイムは個人のレベルでもありますし、社会のレベルでは、「社会通念」「暗黙の大前提」などと呼ばれ、世界のしくみに関して、もっとも根幹をなす考え方や価値観です。

たとえば、「成長はよいことである」「自然は資源の宝庫であり、人間の目的にかなうよう変えられる」「人は土地を『所有』できる」などは、私たちの現代文化の典型的なパラダイムの例です。私たちにとっては自明のことだと思えますが、他の文化の人々にとってはびっくりするようなものかもしれません。

パラダイムは、あらゆるシステムの源といえるでしょう。パラダイムとは、「現実とは何か」についての社会が共有する認識ですから、そこから、システムの目的や情報のフロー、フィードバック、ストック、フローなど、システムに関するすべてが生まれるのです。

コペルニクスやケプラー、アインシュタインやアダム・スミスなどは、パラダイムのレベルでシステムを変えることに成功した人だと考えられるでしょう。

パラダイムを変えることは、システム構造を変えるうえでとてもパワフルです。個人のレベルでいえば、一瞬のうちにパラダイムが変わることもあります。**「目から鱗が落**

ちる」という言葉は、往々にして、個人のレベルでパラダイム・シフトが起こったときに発せられる表現でしょう。

組織のパラダイムを変えることは、それよりも難しくなります。ましてや、社会全体のパラダイムの変化は大変です。「社会というシステムは、既存のパラダイムを変化させようとする動きに激しく抵抗する性質があるからです（社会のパラダイムを変化させようとする動きに対して、はりつけ、火あぶり、強制収容所などの形で社会が応じてきたことはご存じのとおりです）」とメドウズらは述べています。

それでも、パラダイムを変えることはできます。古いパラダイムの矛盾や欠陥を指摘し、新しいパラダイムがいかによいもので、真に役立つものであるかを主張し続けることです。人々の目につく場所や権威のある場で、新しいパラダイムを人々に浸透させていくことがポイントです。「クリティカル・マス」と呼ばれますが、ある一定の割合の人々が「そうかな」と思った瞬間に、大きく社会のパラダイムが変わることがあるのです。

近年の動きでいえば、「経済成長こそ幸せへの道」というこれまでのパラダイムに対して、「こんなにがんばって働いて、確かに経済は成長したけれど、それで本当に幸せになったのだろうか？」という問い直しが広がってきています。「スロー・ライフ」や

「ＬＯＨＡＳ（環境や健康を重視するライフスタイル）」が流行となっていることも、新しいパラダイムの出現につながるかもしれません。

要するに「ツボ」のこと

「レバレッジ・ポイントとは、しばしば直感に反する場合がある」と、システム思考の第一人者たちはいいます。直感的に「これが解決策だろう」と思うこととまったく違う場合があるのです。一見、問題から遠くにある場合もよくあります。システム思考ではよく、「解決策は問題の近くにあるとは限らない」というのですが、実際に解決したい問題から離れているようでも、そこをじょうずに「押す」ことで、つながりをたどりたどって、解決したい問題を大きく動かすことができる介入点があったりします。

このように「物事はつながっている」という感覚は、欧米人に比べ、日本人にはもともとなじみのあるものです。たとえば、**私たちは「ツボ」という言葉を使います**。内臓のどこかの調子が悪いときに、内臓自体を押すのではなくて、足の裏のツボを押したりしますね。それは、一見離れていて無関係に見えるけれども、つながっていることがわかっているので、「足の裏のここを押せば、この内臓に効く」という解説図ができているのです。

ただ、仕事や社会で直面する問題を解決するために、このように「一見遠くにあるがつながっている要素に働きかける」という発想はあまりしません。問題があると、私たちはその問題そのものか、その近くを一生懸命押したり引いたりしようとします。内臓の調子が悪いときに内臓を押そうとするわけですね。それではまったく効かないこともよくあります。そうしたときに、システム思考を用いて、一歩引いて全体像を見てみる、要素のつながりをたどることで一見遠いけれど効くポイントが見つかる確率が高くなります。

システム思考の第一人者たちは、「レバレッジ・ポイントの見つけ方の公式はない し、必ずしも見つかるとはかぎらない」といいます。そのとおりなのですが、レバレッジ・ポイントという考え方を知ることで、一見遠くにあるかもしれないけど、解決につながる働きかけはないか？　と見方を広げて考えることができます。**これは必ず役に立ちます。**

第7章

Systems Thinking

いざ、問題解決へ！

望ましい変化
を創り出す

すべての問題および
その解決は、おそらく関係の
問題であるということを
認めなくてはならない。
——————————W・ケーラー

目標パターンへの飛翔

時系列変化パターングラフをつくって、問題や変えたい状況のこれまでのパターンと、このまま何もしないときのパターン、そして「こうしたい」という目標のパターンを考え、さらにループ図をつくって、これまでのパターンをつくり出してきた構造を把握したあと、システム原型やレバレッジ・ポイントという考え方の助けも借りながら、その構造のどこにどのように働きかければ、このままパターンではなく目標パターンに変えていけるかを考えることができます。

システムを変えるときの全般的な戦略には、①望ましいループをつくり出す、②望ましいループを強める、③望ましくないループを断つ、④望ましくないループを弱める、⑤構造は変えずに悪循環を好循環にひっくり返すなどがあります。実際の例を見ていきましょう。

そして最後に、慢性的な工場の問題にシステム思考で取り組んだ結果、劇的な改善と数百億円のコスト削減・付加価値創造をもたらしたデュポン社の事例と、「生計のための仕事と、自分が本当にやりたいこと」という自己実現の課題に、システム思考で取り組んだ結果、自分が納得できる生き方へのシフトを実現したAさんの実例を紹介します。

環境破壊はなぜ進む?

かつて、米国の環境保護庁の頭を悩ませていた問題がありました。産業界（とくに化学産業）が、産業活動によって利益を上げ、ビジネスを拡張すればするほど、そのプロセスで有害化学物質が大気中や水中に排出され、環境を汚染してしまっていたのです。

図7-1　環境破壊はなぜ進む?

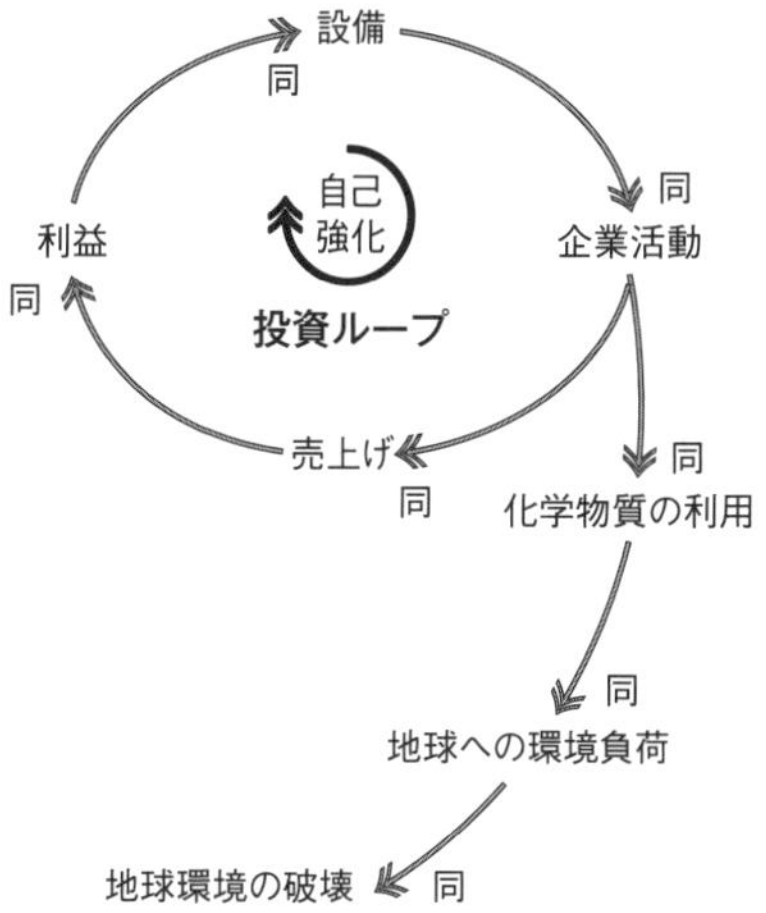

環境保護庁はどうやってこの問題に対処したのでしょうか?

まず、現状の問題構造をループ図にすると、図7-1のようになります。まず上半分から、たどりながら読んでみてください。

企業活動が盛んになればなるほど、売上げが上がります。売上げが上がれば上がるほど利益が出ます。そうすると投資に回すお金が増えるので、企業活動がますます盛んになります。

このループ図の上半分は、企業活動と売上げ、利益、投資を要素とする自己強化型のフィードバック・ループです。この自己強化型ループは、企業にとっては望ましいループです。ところが、このシステムには、この企業にとって望ましいループ以外にも要素のつながりが存在していて、問題を引き起こしていたのでした。

この企業活動が製造工程で化学物質を使用していると、「企業活動が盛んになる→化学物質の使用量が増える→排出される化学物質が増える→環境負荷が増える→地球の環境を破壊する」という別のつながりから環境問題が発生するのです。

つまり、「企業活動のループ」が自己強化型でどんどん回れば回るほど、化学物質の使用量が増え、地球環境の破壊が進んでしまう、という構造になっています。ここでは、「地球環境の破壊」が「化学物質使用量」に歯止めをかけるループが存在していないことが問題であると考えられます。

一つの情報公開の義務化から環境負荷が激減

この「現在欠けているが必要なループ」をつくり出すにはどうしたらよいのでしょうか？　環境保護庁では、一九八五年に各企業に化学物質の排出量を報告させ、公開する

図7-2　有害化学物質排出目録（TRI）の効用

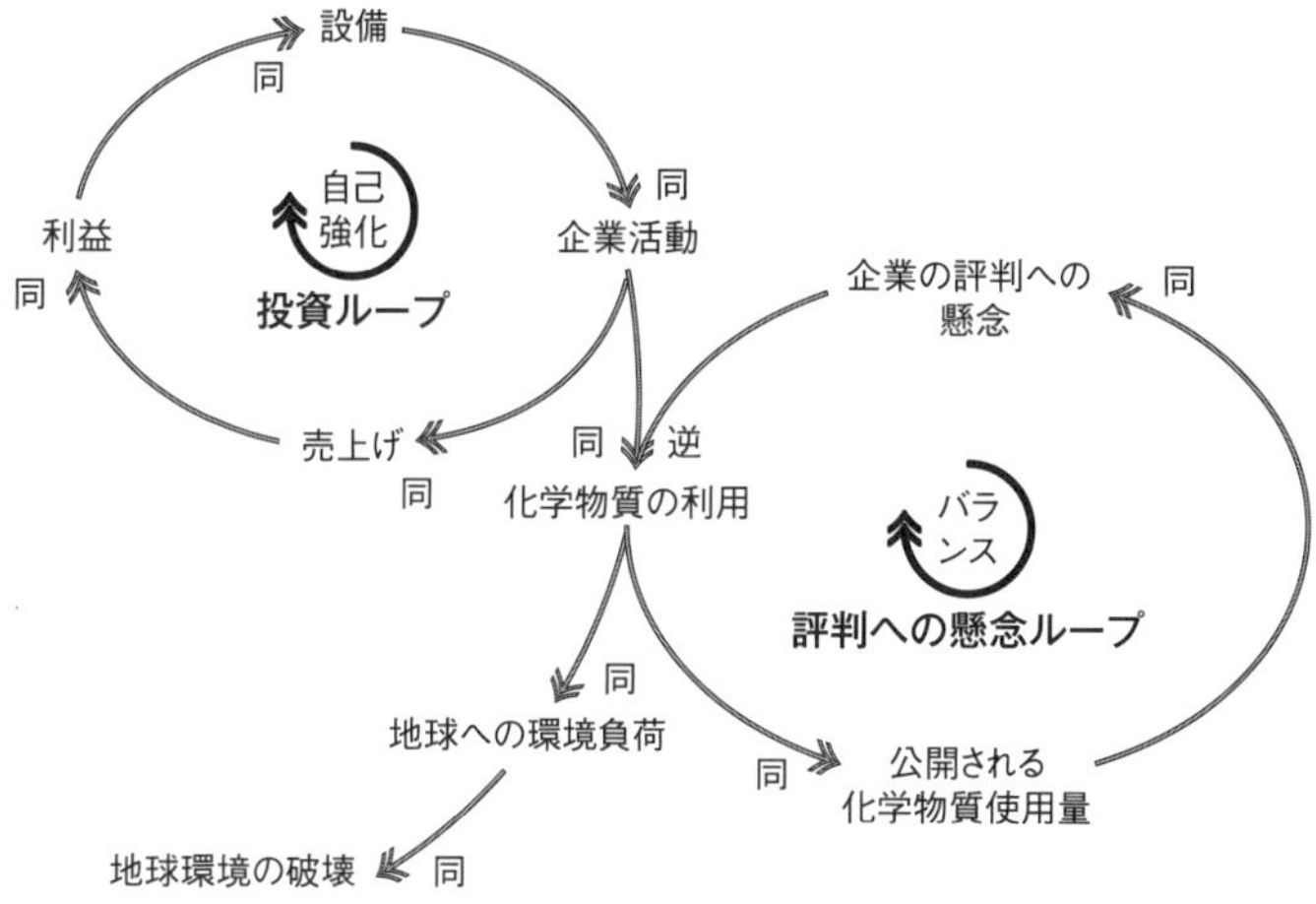

有害化学物質排出目録（ＴＲＩ）と呼ばれるしくみをつくりました。

ＴＲＩ導入後のループ図（図7-2）を見てください。このＴＲＩという報告・公表制度をつくるという働きかけによって、問題構造がどのように変わったかを示しています。

「化学物質の使用量が増える→公開される化学物質使用量が増える→地域住民やＮＧＯに知られることから、企業の評判に対する懸念が高まる→化学物質の使用量を減らす」という新しいループがつくり出されたのです。この新しいループは、自己強化型ループのように、無条件にどんどん増えていくのではなく、バランスをとろう、安定させようというバランス型フィードバック・ループです。

ドネラ・メドウズによると、米国ではTRIの導入によって、五年間で化学物質の使用量が四〇％も削減され、**使用量上位一〇位に入ったある企業は、上位リストから降りたい一心で、その使用量を九〇％も減らしたといいます。**政府は、問題構造を正す「望ましいループ」をつくり出すことによって、大きな資金や罰金制度などを投入することなく、かなり短期間に化学物質の使用量を大きく削減することができたのでした。

すでにある成功を探す

すでに望ましいループは存在していても、そのループがしっかりと回っていない場合は、望ましい結果を生み出すことができません。そのような構造であることがわかれば、すでに存在している望ましいループを「いかに強めるか」を考えることができます。

あるＮＧＯでは、「もっと活動を広げ、効果を生み出していくにはどうしたらよいか?」を考えました。何年にもわたって一生懸命活動を続けているのですが、もっといろいろなことをやりたいのに、自分たちの思うようなスピードで活動が広がっていないと感じていたためです。

まず、この数年間の活動でわかってきた「すでに存在している望ましいループ」を考えてみました。「ある活動をやって、結果が出ると、その分野での経験が蓄積できるよね」とある人がいいました。「うん。それで経験が増えてくると、行政や企業とのコラボレーションのしかたや一般の人たちへのコミュニケーションのやり方、プロジェクトの進め方など、いろいろな意味で、仕事をするうえでの自分たちの潜在能力が高まるね」「そう。そうすると、ますます仕事での結果が出せるようになってくる」。

この望ましい構造をループ図にしたものが図7-3です。

図7-3　経験による学習ループ

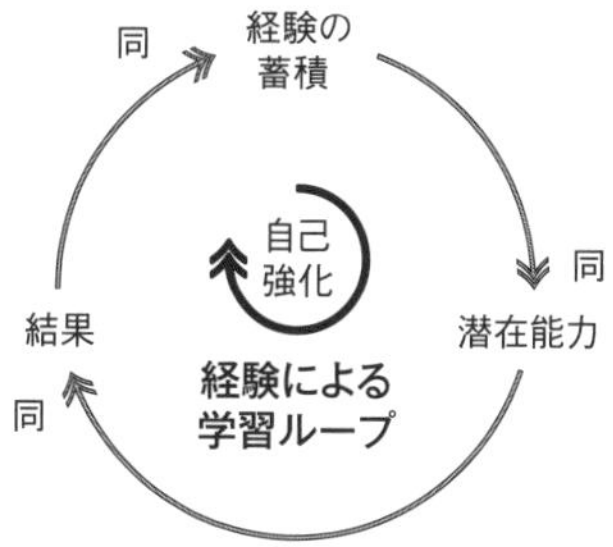

これからうまくいきそうなものを探す

「ほかにはどうだろう？　いま目に見えるほど強くなくても、可能性としてどういうつながりがあるだろうか？」とさらに考えてみました。

「仕事で結果を出せば出すほど、このNGOのことを知ってくれる人が増え、評判が高くなるよね」とある人がいうと、「評判が高くなると、やる気と能力のある人が自分もいっしょにやろうと来てくれるよね」「つまり質の高い人

図7-4　可能性のある望ましいループを探せ

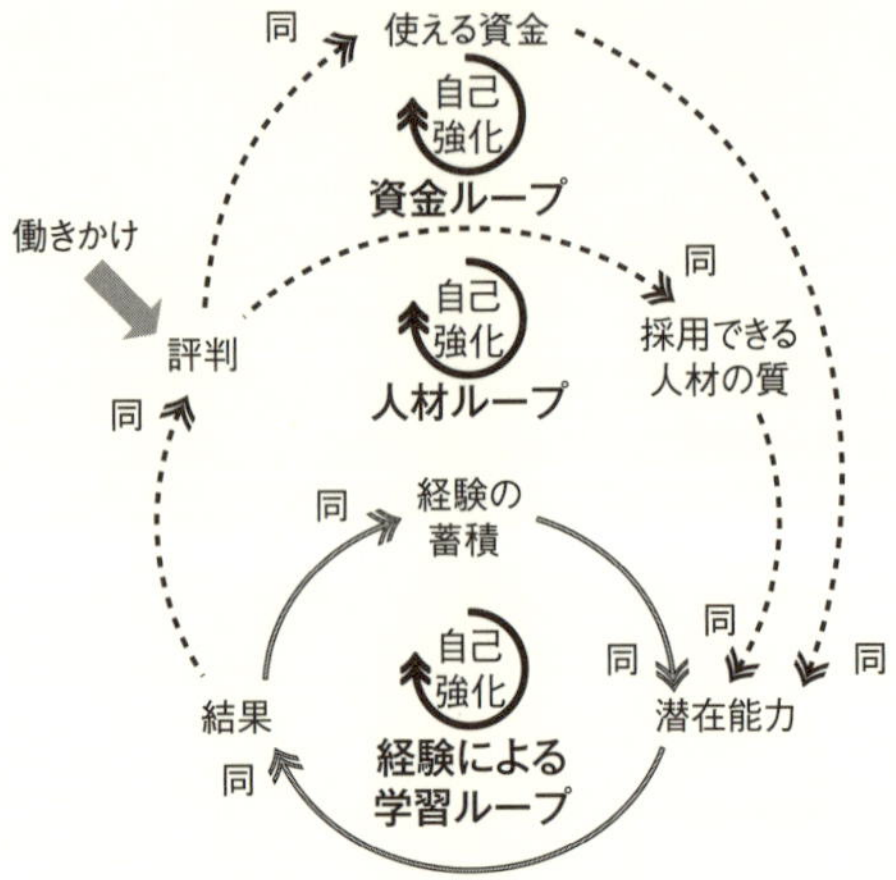

材を採用できるようになるんだね」「そう、そうすれば、組織としての潜在能力がますます高まることになる」。

「それから」と別のメンバーがいいました。「評判が高くなれば、助成金も取りやすくなるし、企業とのプロジェクトなどもやりやすくなる。つまり、より多くの資金が使えるようになる」「資金が増えるということは、自分たちの活動をするうえでの潜在能力が高まるということだね」。

　これらの「いまはあまりしっかり存在していないが、可能性のある望ましいループ」をループ図にしたものが図7-4です。

　このNGOでは、この点線で描いた「いまは弱いが望ましいループ」をもっとしっかりと回して行くにはどうしたらよいかを考えました。そして矢印を付けた「評判」に働きかけをすることにしました。つまり、自分たちの活動の成果を、きちんとわかりやすく、世の中や社会にアピールすることに力を入れるようにしたのです。そのことによって、点線のループのつながりを実線にし、人材と資金を強めることによって自分たちの潜在能力を大きく増強し、さらに「結果が出る→経験が増える→潜在能力が増す」望ましいループを強め、組織としても活動の規模や効果のうえでも、成長していくことができました。

タコツボ克服は一杯のコーヒーから

これは、日本のある研究所で実際にあった話です。この研究所では、各研究者はそれぞれの個室で研究をしていました。研究者の管理者は、研究者同士の学際的な刺激や意見交換から生まれる画期的なアイディアを増やすにはどうしたらよいかと考えました。研究者同士が意見交換ややりとりをしているようすがあまり見られなかったのです。

なぜこのようなタコツボ状態に陥っているのか、ようすを観察していると、ふつうだったらほかの研究者とおしゃべりや意見交換をしていてもよいと思われる休憩時間や昼休みも、自分の個室から出てこない研究者が多いことに気がつきました。その理由はなぜかと、さらにようすを観察したり、研究者と話すなかで、**各研究者の個室にそれぞれコーヒーメーカーが設置してあることが理由の一つであることがわかりました。**

図7-5　共有ルームからアイディアが

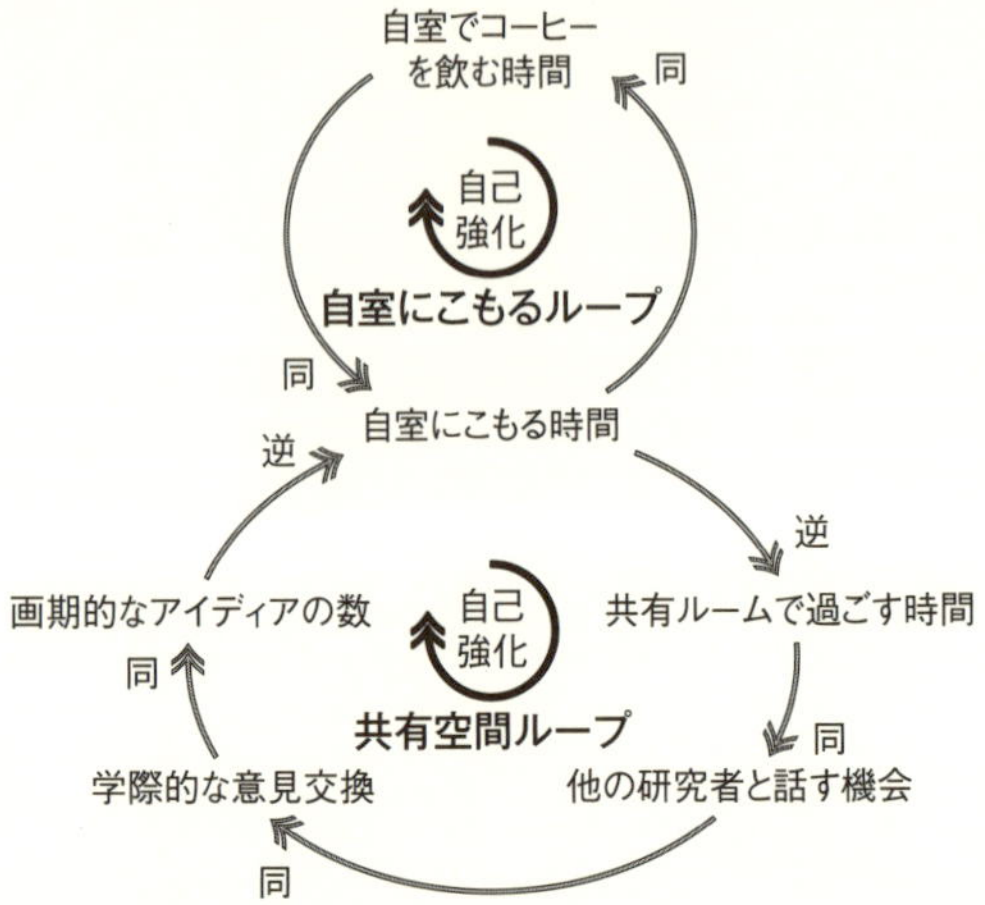

休憩時間や昼休みになっても、自分の部屋でコーヒーをいれて休めるため、あえて共有ルームに出ていく必要がなかったのです。つまり、ほかの研究者と立ち話をするような場に出る必要がなかったのでした。

この状況をループ図で表したものが図7-5です。

「研究者同士が話をする機会が少なく、学際的な意見交換ができない」という問題を引き起こしている構造の一つがわかったため、この研究所では、個室にコーヒーメーカーを置くことを禁止しました。一服したいとき、コーヒーが飲みたいときには、共有ルームに置いてあるコーヒーメーカーのところへ出て行くことになります。

そこには同じようにコーヒーを飲みに来た研究者たちがいるため、リラックスしたムードで談笑するなかで、いままでやっていた研究の内容や行き詰まっている課題などについても相談したり、意見交換ができるようになりました。コーヒーメーカーの近くには、さりげなくホワイトボードが置かれています。こうして、「それぞれが自室にこもる」という望ましくないループを断つことにより、研究者同士の交流を増し、アイディアの活性化を図ることができたのでした（図7-6）。

図7-6　望ましくないループを絶つ

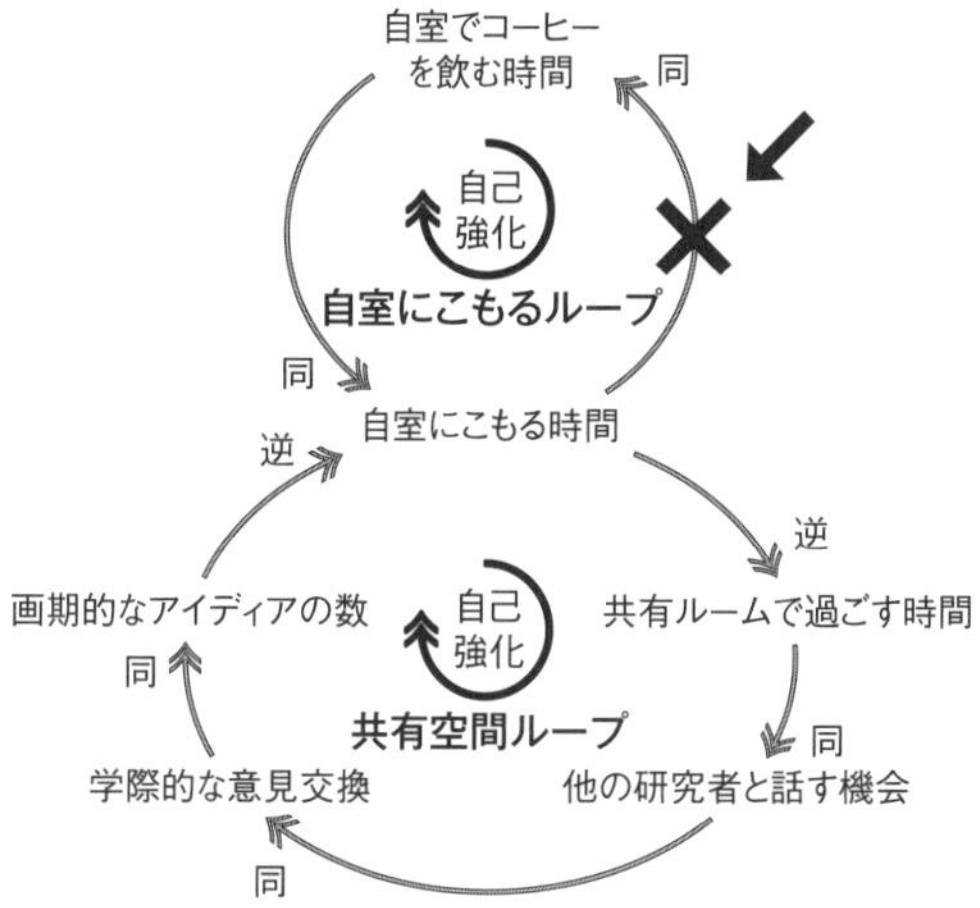

「足を引っ張る構造」はないか？

望ましくないループを完全に断つことはできなくても、弱めることはできます。とくに、これまでうまくいっていたことがうまくいかなくなった場合、「うまくいっていた」パターンをつくり出していた望ましいループをもう一度強めようと働きかけをすることが多いのですが、実際には、その望ましいループがある程度回り出すことによって、望ましくないループが動き出して足を引っ張っていることが多いのです。

そのような場合、かつての望ましいループをどんなに一生懸命回そうとしても、ブレーキがかかっているのに気づかずにアクセルを踏むようなものですから、うまくいきません。**そういうときには、アクセルを踏み込むのをいったんやめて、足を引っ張っている望ましくないループを見出し、それを弱めることのほうが、より効果的な解決策になることがあります。**

さきほど取り上げたスポーツジムでは、「販促活動を一生懸命やったおかげで、新規会員と会員数がどんどん増えたのに、あるときから増えなくなってしまった」という状況に直面しました。

この構造をシステム思考で見てみると、会員数を増やすという「望ましい自己強化型ループ」が上手に回ったために、「会員数を増やさないで安定させようとするバランス型ループ」が出てきたことがわかります。

しかし、多くの場合、当事者にはもともとの「望ましいループ」しか見えません。それで「なぜこのごろ会員が増えないのだろう?」「それどころか、減っているよね」と悩むのです。そして、「もっと販促活動をやらなくては」「紹介キャンペーンの景品をもっと魅力的なものにしよう」「入会費無料キャンペーンもやってみよう」と、これまでうまくいっていたループを何とか一生懸命に回そうとするのです。

図7-7　スポーツジムに温泉を

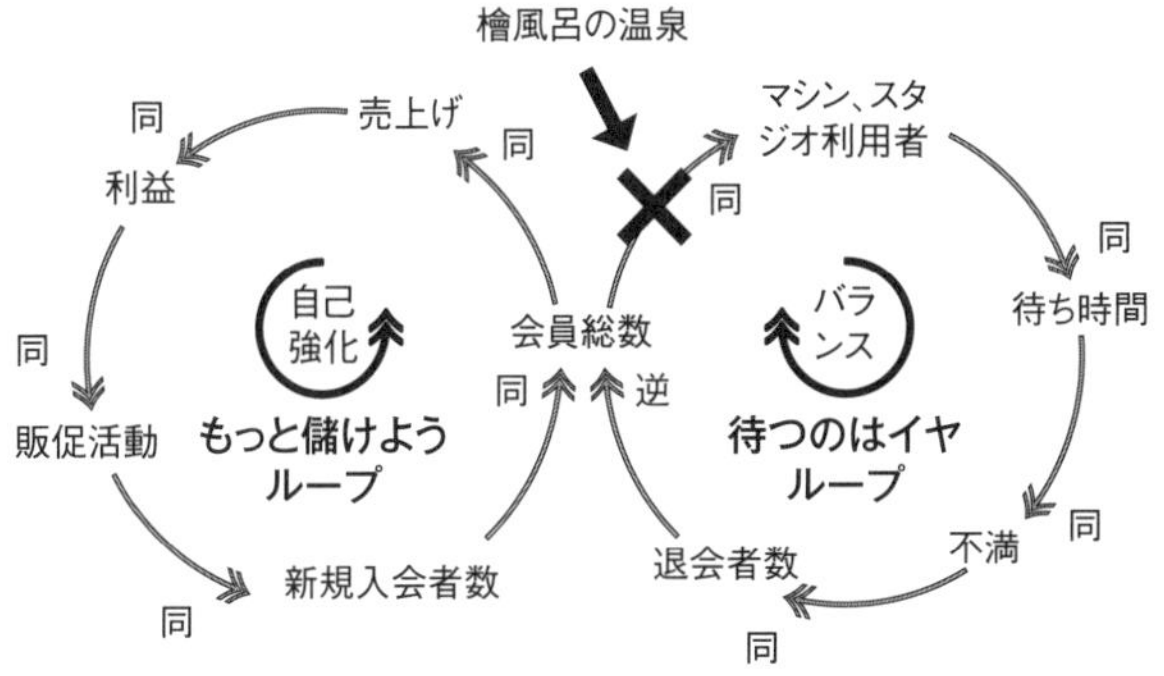

しかし、このような状況では、望ましいループが弱まったのが原因ではなく、そのループが回ったからこそ生み出された「足を引っ張る構造」がないかを考えた方がよい場合が多いのです。

このスポーツジムでは、この「望ましくないループ」に気がついたのでしょう。足を引っ張っているバランス型ループを弱めるべく、とてもユニークな手を打ちました。**シャワー室を大改造して、総檜のお風呂をつくり、定期的に温泉からのお湯を運び込んで「温泉」をつくり出したのです**（図7-7）。

これはどのように構造に働きかけることになったのでしょうか？「エアロビクスには興味がないけど、温泉は好き」という新しい種類の会員を惹きつけることに成功したのです。つまり、「会員数の増加」が「マシンやスタジオの利用者の増加」に直接つながらないようにすることで、望ましくないループを弱めたのでした。

こうして、このスポーツジムの会員はふたたび増えはじめました。「お風呂がいっぱいになってしまったら、次はどういう手を打つのだろう?」と、このスポーツジムの最初からの会員としてようすを見てきた私は興味津々で見守っているところです。

悪循環を好循環にひっくり返す

七六ページで紹介した状況を思い出してください。仕事が忙しくなってくると、残業したり休出したりと、仕事時間が長くなってしまいます。仕事時間が長くなると、どうしても睡眠時間を削ることになってしまいます。十分な睡眠がとれないまま、仕事に出かけることになると、疲れが蓄積してしまうので、仕事の能率が落ちてしまいます。すると、同じ仕事をやるのにも元気なときよりも時間がかかってしまい、仕事時間がさらに長くなってしまいます……。

図7-8に示したこのループは、いったん悪いほうに回り出すと、どんどんと悪循環になってしまいます。この悪循環にはまってしまうと、とてもつらくなります。

でも、この構造自体は、必ずしも悪循環になる必要はなく、いったんよい方向に回れば、好循環になることがわかります。疲れがなくなれば能率も上がり、仕事時間も短くてすむので睡眠時間が確保でき、ぐっすり眠ればますます疲れなくなるという、うれしい状況です。

このようなときには、構造自体を変えるというより、「どのように悪循環を好循環に変えることができるか」を考えることで問題解決が図れます。

Sさんは、「最近いつもぼーっとしていてどうも状態がよくない」と危機感を抱き、どうしてそうなっているかを考えてみました。そして、まさしくこの状況に陥っている自分をループ図で見出したのです。

図7-8　睡眠と仕事の悪循環を絶つ

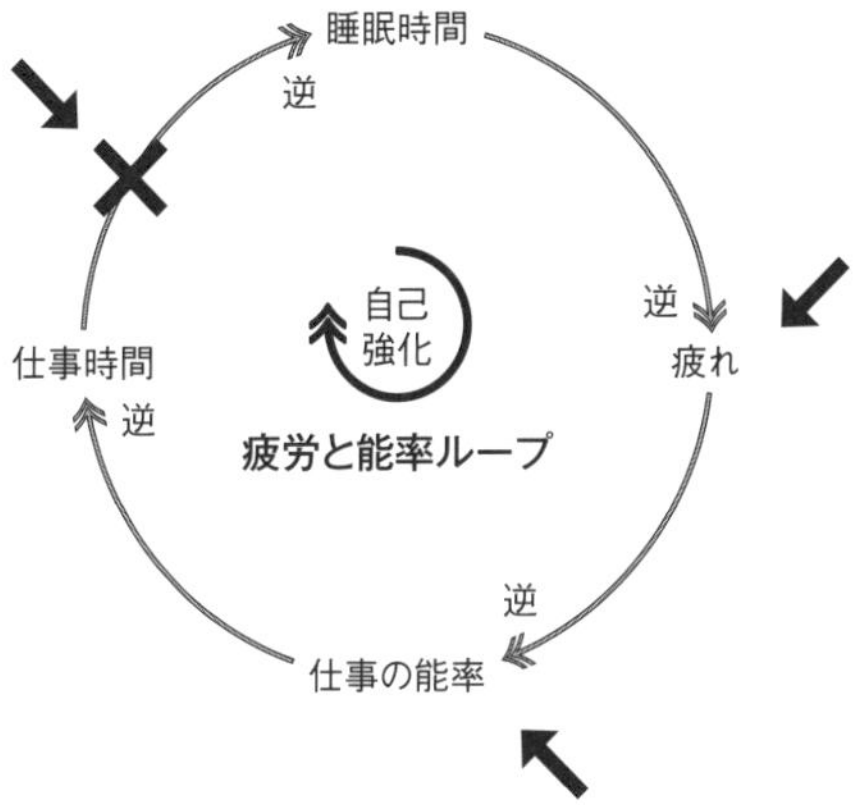

「どうすれば、この悪循環を好循環に変えられるか？」——Sさんは、まず疲れをリセットするために、「このままでは自分のためにも会社のためにもよくないので」と上司に説明し、有給休暇をまとめて取ることにしました。二、三日しっかり休んで、睡眠時間をたっぷりとり、疲れをとりました。

そして、能率をアップすることで仕事時間

を短縮できるよう、気が散らずに能率よく仕事ができる仕事環境づくりをしました。また、だらだらと仕事をしないように、それぞれの仕事に小さな締め切りを設ける習慣を付けることにしました。「仕事時間と睡眠時間は、忙しくなってくるとついつい悪循環へ向かってしまう」ことを実感していたので、最低限の睡眠時間を決め、仕事が長引いて遅く寝た翌日は、その分だけ遅く起きることを徹底することにしました。

Sさんはこのようにして、まとまった休みをとることで、悪循環をリセットし、あとは好循環を維持できるくふうやしくみを自分でつくることで、調子よく仕事も体調も維持することができるようになりました。

デュポン社のムダとり戦略

ジョン・スターマンの『ビジネス・ダイナミクス』(©2000, The McGraw-Hill Companies) より許可を得て紹介します。

一九九一年のこと、化学業界の最大手、デュポン社の北米湾岸部生産サービス部門マネジャーのウィンストン・レデットは、工場設備装置の故障の問題について、憂慮していました。

工場の装置が故障すると、その間生産が止まってしまうのでとても大きなムダが発生します。それを最小限に抑えようと巨額のメンテナンス・コストをかけて修理していました。同社の実施した世界の化学業界でのベストプラクティスとのベンチマーク調査では、デュポンの生産高あたりのメンテナンス・コストは業界リーダーよりも一〇～三〇％高いにもかかわらず、生産ラインの稼働時間率は一〇～一五％も低かったのです。

なぜコストを多くかけているのに、稼働時間率が低いのか？　工場内の多くの人は、景気後退、新規参入による競争激化、環境規制の強化などの外部環境が原因であると考えました。しかし、外部環境を責めても何も変わりません。レデットは、デュポンの内部に解決の糸口が見つかるのではないかと考えました。つまり、自分たち自身の行動がどのように頻繁な故障発生につながっているか、そのしくみを明確に説明できれば、現場の人たちを動かし、稼働時間率もメンテナンス・コストも改善できると考えたのです。

さまざまな要因が相互に作用し合うこの複雑な状況を解明し、その解決策を見出すために、レデットはシステム思考の専門家に助けを求めることにしました。

修理ループと予防保全ループ

システム思考の専門家は、レデットのチームと何度もワークショップを行い、デュポ

図7-9　メンテナンスの質と生産性

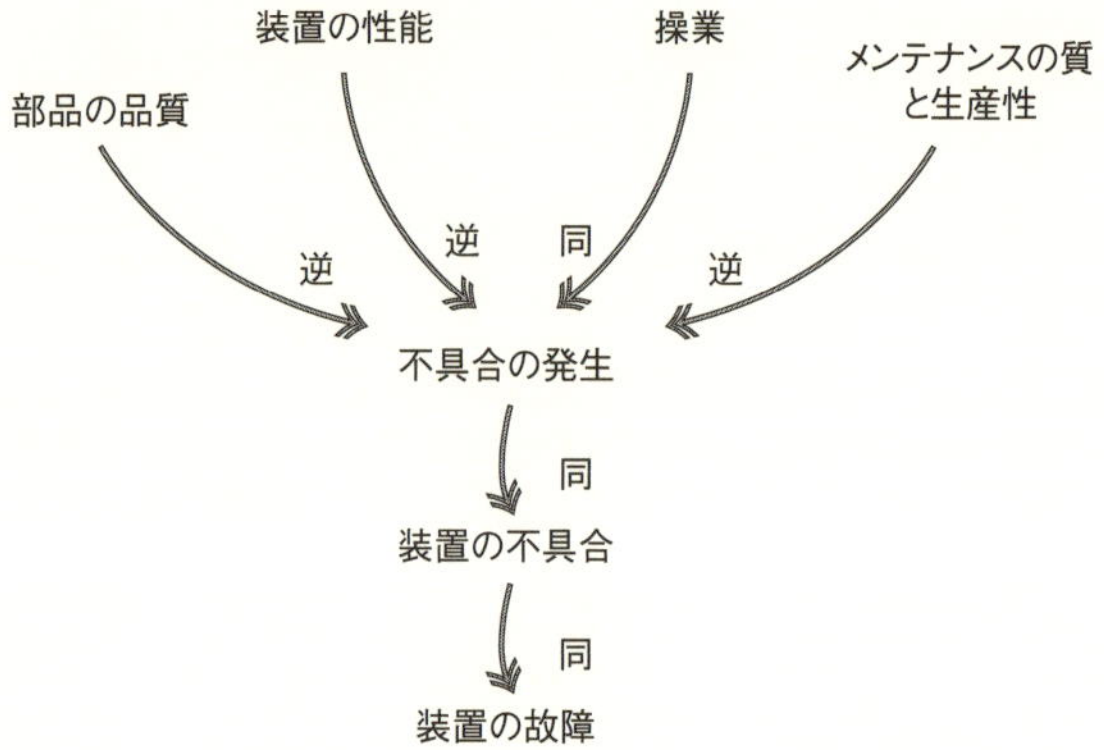

出典:ジョン・スターマン『ビジネス・ダイナミクス』より(©2000, The McGraw-Hill Companies)。

ンの工場というシステムのなかで、どのような要素が相互にかかわっているのかをモデル化していきました。話し合いを重ね、モデルの練り直しを重ねた結果、複雑なダイナミクスを以下のように解明しました。

装置の「不具合の発生」にはさまざまな要素が影響を与えます。操業、装置の性能、部品の品質、そしてメンテナンスの質や生産性などです。発生した不具合は、すぐに故障となる場合もありますが、しばらくの間は不具合があっても動き続けることがあります。したがって、装置の不具合は蓄積していきます(図7-9)。

この蓄積した不具合をなくすための対策は大きく二種類に分かれます。一つは、不具合から装置の故障を引き起こし、故障した装置に対して対症療法的な「修理」を施して不具合をなく

図7-10　予防保全ループと修理ループ

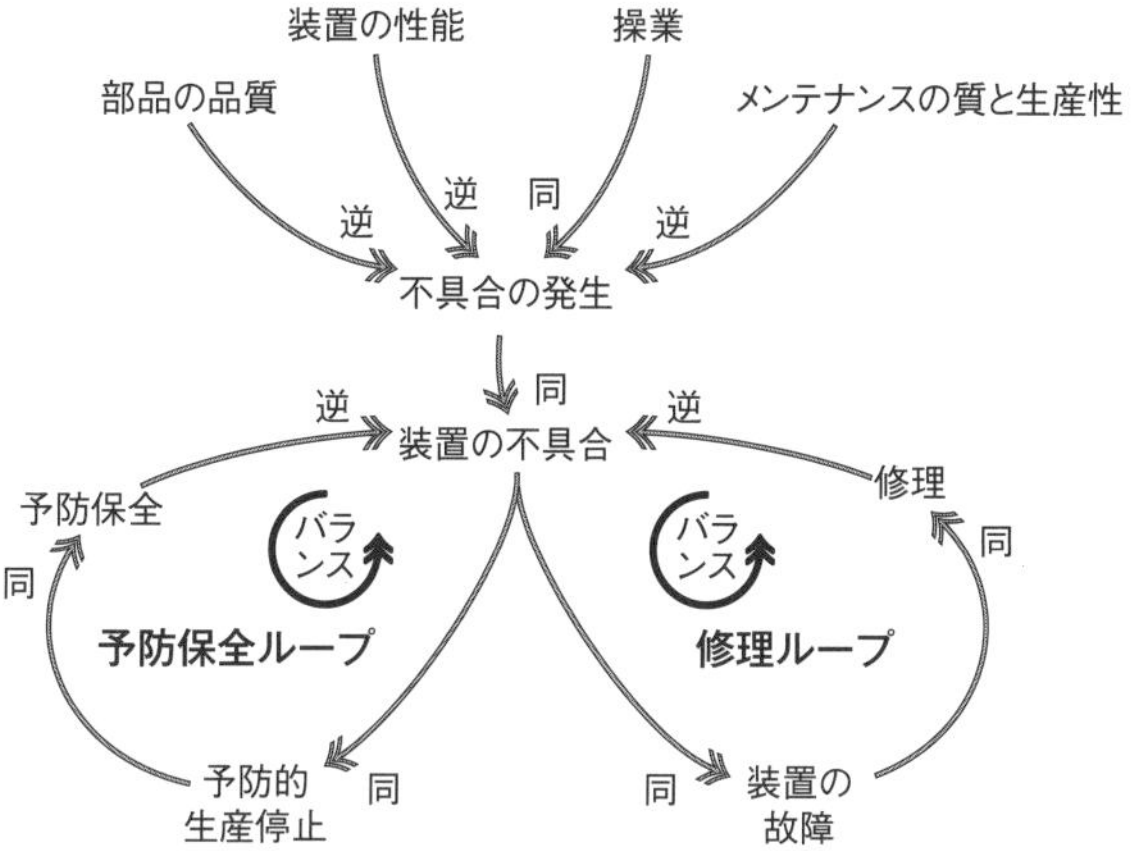

出典:ジョン・スターマン『ビジネス・ダイナミクス』より（©2000, The McGraw-Hill Companies）。

す方法です（図7-10、修理ループ）もう一つの方法は、装置が故障してしまう前に未然のうちに装置をとめ、点検・交換・整備を行う「予防保全」によっても不具合が除去されます（図7-10、予防保全ループ）。

「修理」でも「予防保全」でも、装置の稼動を止めることになります。どちらも、不具合を除去し、その間装置の稼動を止めることは同じです。しかし、両者の決定的な違いは、「予防保全」は故障が起こる前に行われるのに対し、「修理」は故障が起こった後に行われることです。

「修理」に頼るということは、故障を起こすまで不具合が放置されるので、それだけ長く装置の無理な稼動が行われるというこ

図7-11　修理に頼ると……

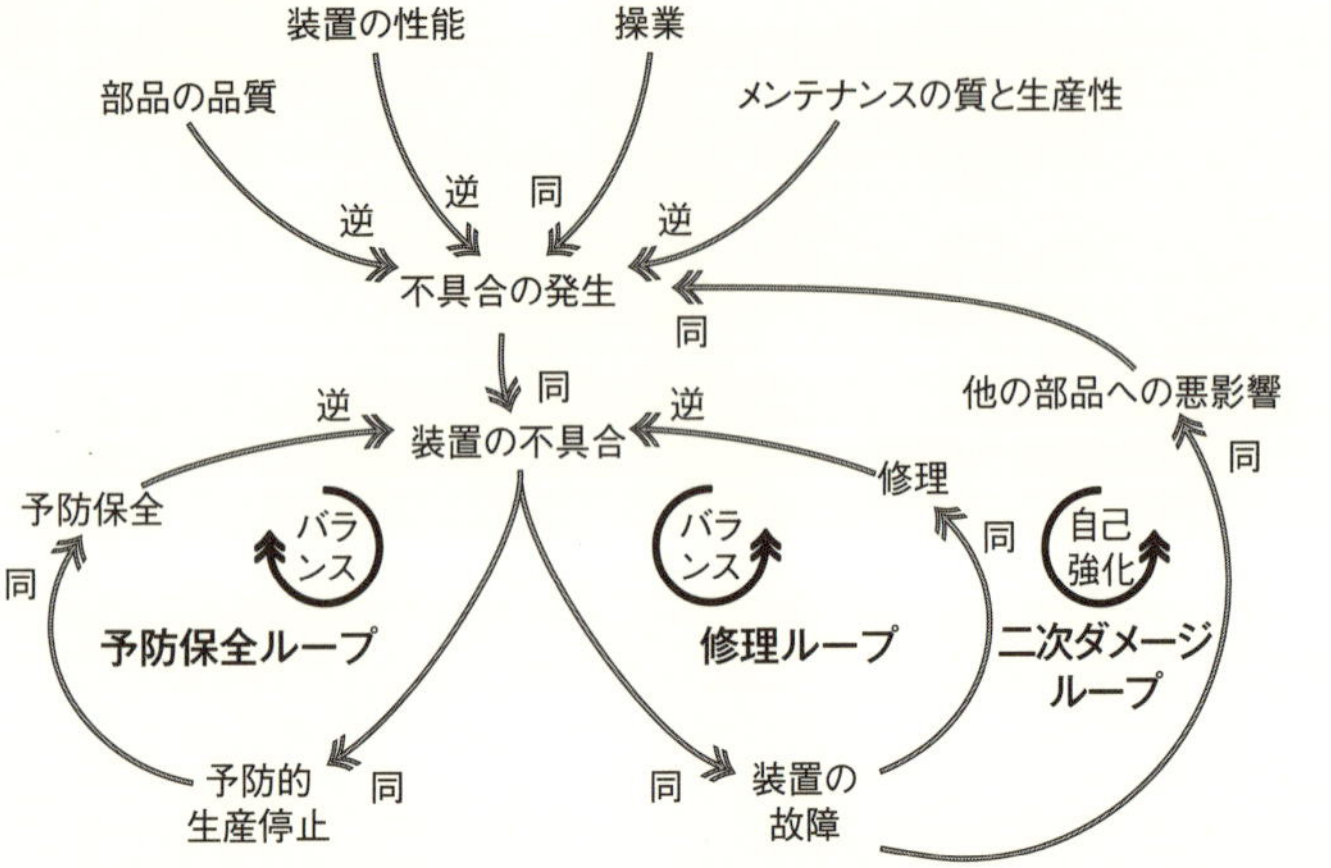

出典:ジョン・スターマン『ビジネス・ダイナミクス』より(©2000, The McGraw-Hill Companies)。

とです。さらに、故障を起こした際には、機械が緊急停止をするなど、装置全体に大きな負荷をかけます。これらの悪影響が、ほかの部品の不具合を増やし、故障の頻度が高くなる悪循環を起こします（図7-11、二次ダメージループ）。

修理は問題のすり替わり

優秀なエンジニアを抱えるデュポンにおいて、対症療法的な「修理」よりも根治療法の「予防保全」をとるべき、というのはだれにとっても明らかなことです。にもかかわらず、その明らかなことができていませんでした。一人ひとりが一生懸命努力をしても、システムの構造が当たり前のことをとても難しくしたのです。

図7-12　なぜ「修理」ばかり行うのか

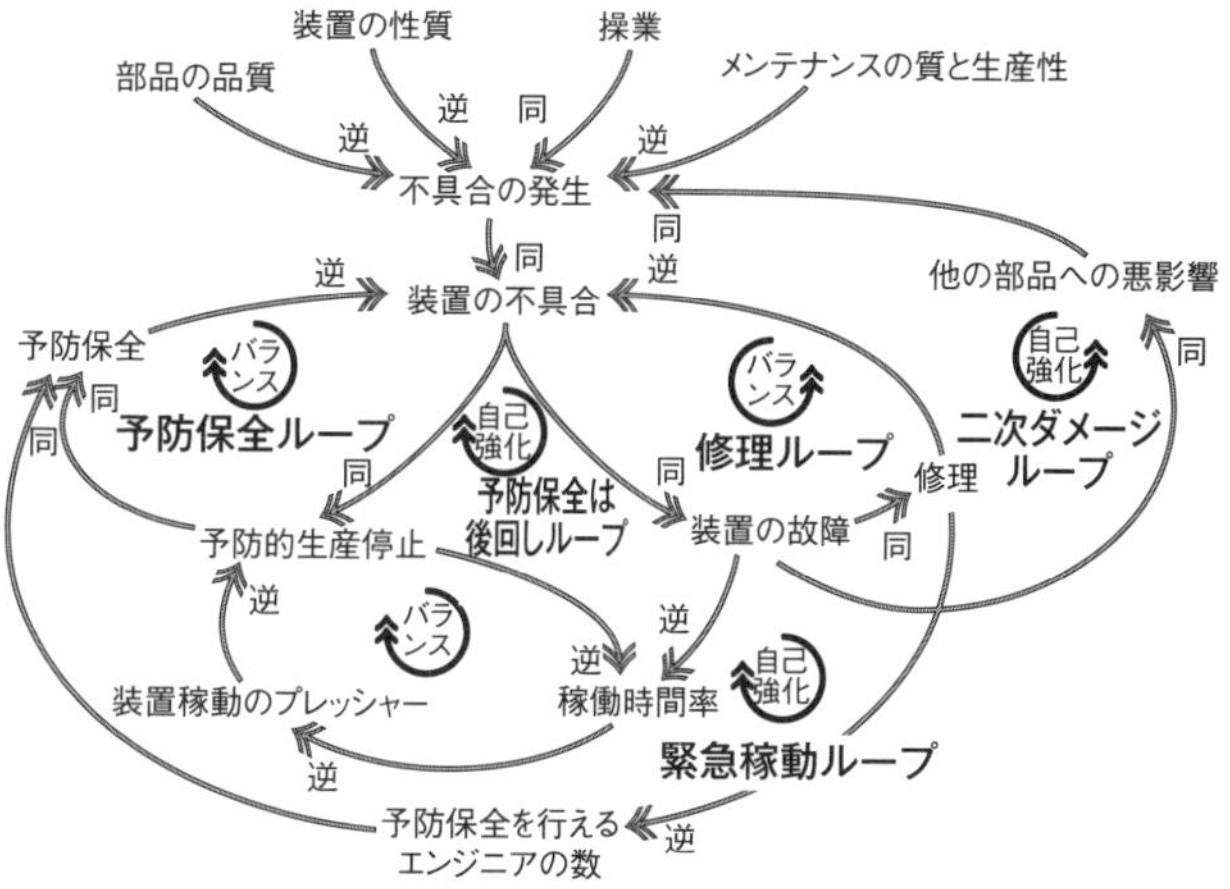

出典:ジョン・スターマン『ビジネス・ダイナミクス』より(©2000, The McGraw-Hill Companies)。

なぜ「予防保全」ではなく「修理」ばかりを行っていたのでしょうか。これはまさに、システム原型の「問題のすり替わり」の状況でした。つまり、対症療法である「修理」を行うことの副作用が、根治療法である「予防保全」の実施を阻んでいたのです。たとえば、「修理」も「予防保全」も同じサービス部門のエンジニアが行うのですが、故障が多いとより多くの時間を「修理」に割かれ、「予防保全」を行う時間が減ってしまいます（図7-12、緊急稼動ループ）。

また、故障の修理のため生産ラインが止まると、生産量を確保するための生産スケジュールが厳しくなるので、できるだけ「稼働時間」を高く保とうとして、「予防保

図7-13　不具合の複合的ループ

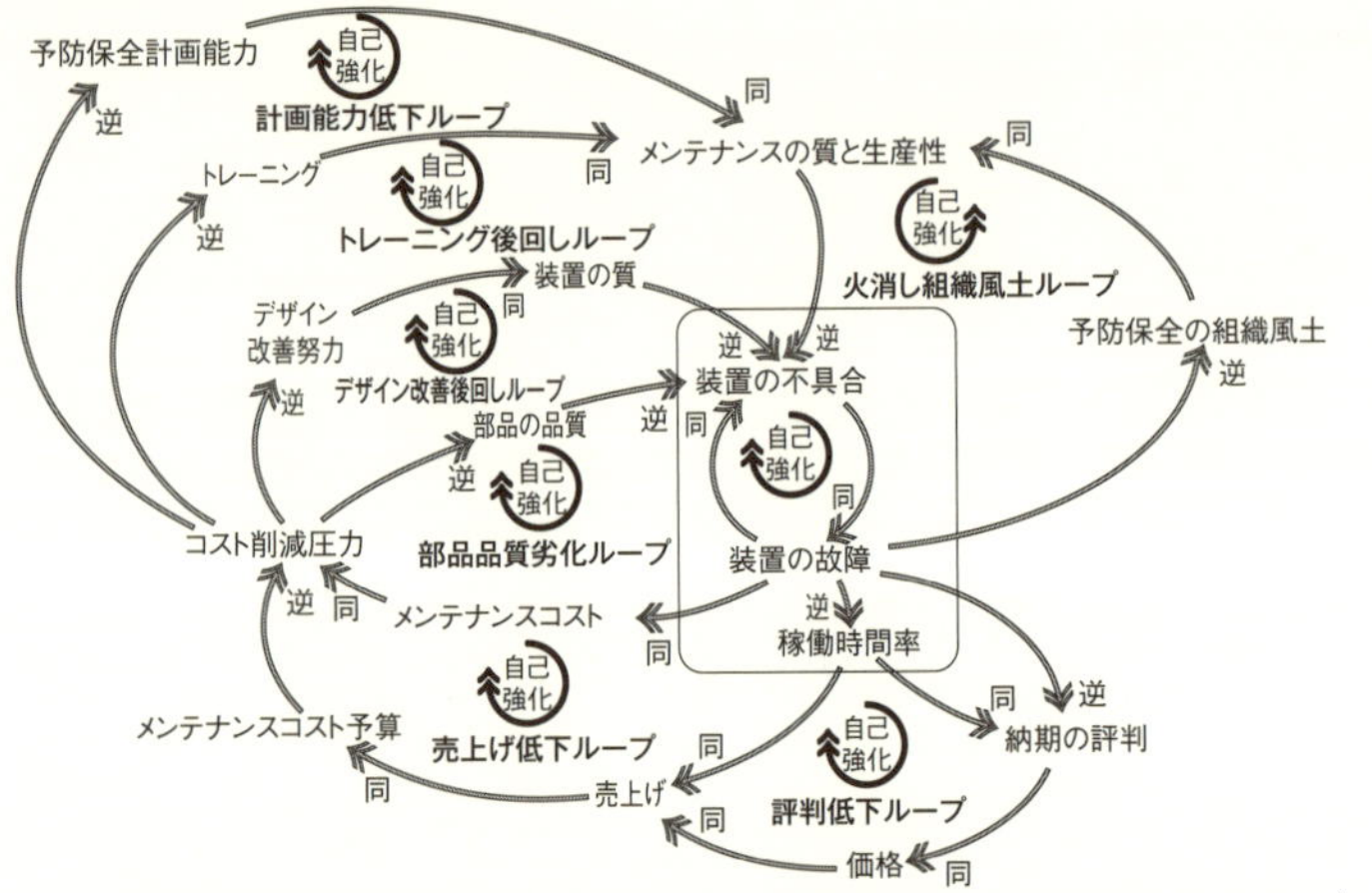

出典:ジョン・スターマン『ビジネス・ダイナミクス』より(©2000, The McGraw-Hill Companies)。

全」をスケジュールしにくくなってしまいます（予防保全は後回しループ）。

そして、さらに「故障」が多くなって「修理コスト」がかさむと、「メンテナンスコスト予算」枠全体のなかでのほかのコスト削減の圧力が強くなります。コスト削減を優先する結果、「部品の品質」は徐々に下がり（図7-13、部品品質劣化ループ）、装置の「デザイン改善のための努力」は後回しとなって「装置の性能」は悪化し（デザイン改善後回しループ）、「トレーニング」や実効的な「予防保全のための計画」への予算は削られるため、「メンテナンスの質と生産性」は劣化してしまいます（トレーニング後回しループ、計画能力低下ループ）。

あるべき組織風土の希薄化

「故障」のために「稼働時間」が下がると、生産量が上がらないために「売上げ」が減少し、さらに「メンテナンスコスト予算」は削減され（売上げ低下ループ）、また、納期が守れないために「納期の評判」が弱まって、「価格」も低くなります。これが「メンテナンスコスト予算」削減に追い討ちをかけることになります（評判低下ループ）。

このような多重の悪循環のなか、「修理」への傾倒はますます強くなっていきます。そうして何年もたっていくうちに、「修理」を中心とする風土が組織に根付き、本来あるべき「予防保全の組織風土」は薄れてしまったのです。ささいなことですが、操業中に突然装置が止まり、夜中や週末に出社して「修理」を行うと、生産現場の人たちはものすごく感謝してくれますが、**縁の下で「予防保全」を行っても、だれもお礼の一言もいってくれないものです**（火消し組織風土ループ）。

こうしてループ図を描いていくことによって、なぜ「予防保全」ではなく「修理」ばかり行ってしまうのかの問題構造が明らかになって、さまざまな対策の選択肢を検討しました。その結果、人員の増強を図り、一時的にメンテナンスコスト予算を増加することで、トータルのコストは減少させられるとレデットのチームは考えました。経営陣に装置故障の問題の構造を説明しながら、予防保全のプログラムの実行のために人員増加が必要であると説得し、予防保全強化プログラムを実施することとなったのです。

火消しモードからの脱却を——「メンテナンス・ゲーム」の成果

しかし、プログラム実施のうえで一つ大きなチャレンジがありました。ワークショップに直接参加したチームメンバーは、複雑なメンテナンス・システムの構造をすでに熟知していました。しかし、ほかのエンジニアたちは、説明を受けるだけでは、システムの構造の理解まではいたらず、なかなか「火消し」のモードから抜け出せません。それぞれがレデットのチームと同じようなプロセスをたどることも一つの手ですが、もっと迅速に、できるだけたくさんの人たちに同じ学習を提供できないだろうかと考えました。

そこで、レデットのチームは、「メンテナンス・ゲーム」という、シミュレーション・ゲームを開発しました。このゲームは、作成したモデルと実際のデータを活用して、どのような施策を行うことが長期的にコストを下げ、生産性を高めることができるかを体感的に学習できる内容になっています。

レデットのチームは、各工場でシミュレーション・ゲームによる学習セッションを開催しました。繰り返しゲームを実施することで、参加するエンジニアたちが、自らの思考や行動の無意識の前提に気づき、自ら行動をあらためるようにしむけたのです。

新しい予防保全強化プログラムと「メンテナンス・ゲーム」の成果は、目覚ましいものでした。プログラム開始当初はコストが一時的に上昇しましたが、三カ月後にはコストがどんどん減少していったのです。

指令だけでは動かない

「メンテナンス・ゲーム」を導入した工場では、主要部品の故障率は大幅に改善し、直接メンテナンス・コストが二〇%削減できました。そのほかにも、ある工場では生産能力が二〇%上昇、納期適合九〇%改善、生産のリードタイム五〇%削減など、波及効果は目覚ましいものがありました。少なめに見積もっても、導入した工場では年間三億五〇〇〇万ドル（約四〇〇億円）のメンテナンス・コスト削減の成果があがりました。

とりわけ注目に値するのは、ループ図によるシステム構造の理解やシミュレーション・ゲームの活用が、学習効果に大きな差をもたらすということです。「メンテナンス・ゲーム」を導入しなかったほかの工場では、故障率の改善はほとんど見られず、コストは逆に七%上昇してしまいました。「予防保全をせよ」というマネジメントからの指令だけでは、「修理」に明け暮れるシステムの構造から抜け出すことができず、ほとんど効果も得られなかったのです。

システム思考のツールは、組織のコミュニケーションにとって有用であり、とりわけ学習能力の向上に大きな力を発揮します。そして、全体像を把握して複雑なシステムの構造を理解することは、組織の一人ひとりに大きな力を与えてくれるのです。

システム思考自己実現バージョン

次に自分自身のキャリアを、システム思考的に分析し、働きかけを考えて実行した事例を紹介します。

Aさんは、フリーランスのコンサルタントの仕事をしていました。社会のために役立ちたいとの思いから、環境の分野で仕事をしていたのですが、手ごたえは必ずしも十分ではありませんでした。もっと、本質的に環境保全につながり、そして社会の役に立ちたいと考えていたのです。

そんなある日、Aさんは新しい手法に出会います。その手法は、本質的な変化を創り出すのにとても有効なものでした。そこで、Aさんは、この手法を仕事に取り入れて活用し、好循環を創ろうと思いました。まず新しい手法を学ぶ「勉強時間」をとることで、「この専門分野の理解」が深まり、「問題解決能力」が向上し、「クライアントの満足度」が上がると、大きな「やりがい」を感じるようになるので、ますます新しい手法の「勉強時間」をとるようになる、という自己強化型ループです。「やりがいループ」といってよいでしょう（図7-14）。

しかし、残念ながらこのループはなかなか働きませんでした。なぜかというと、自分

図7-14　「やりがい」の自己強化ループ

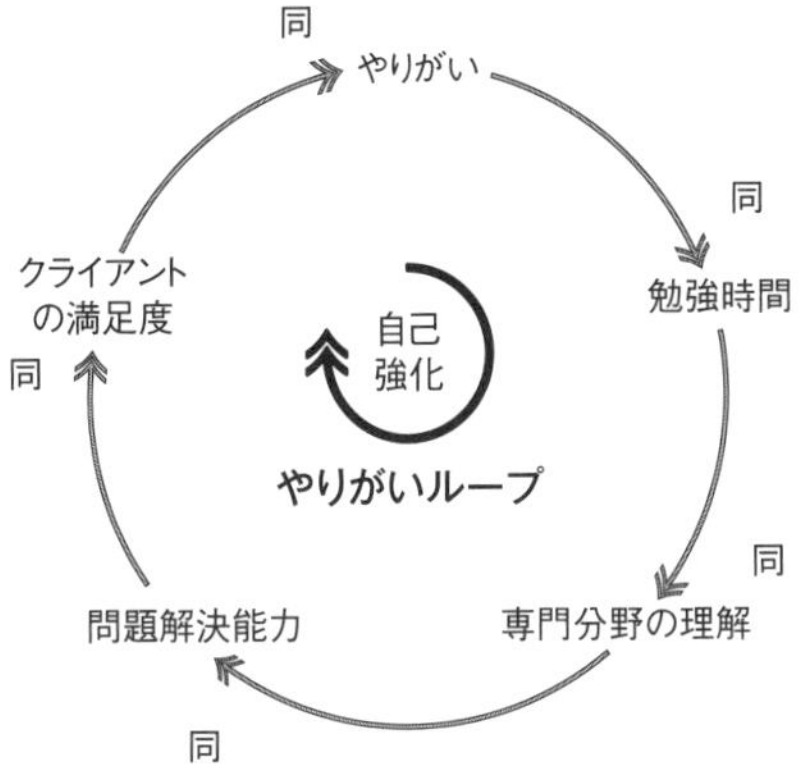

図7-15　生活ループ

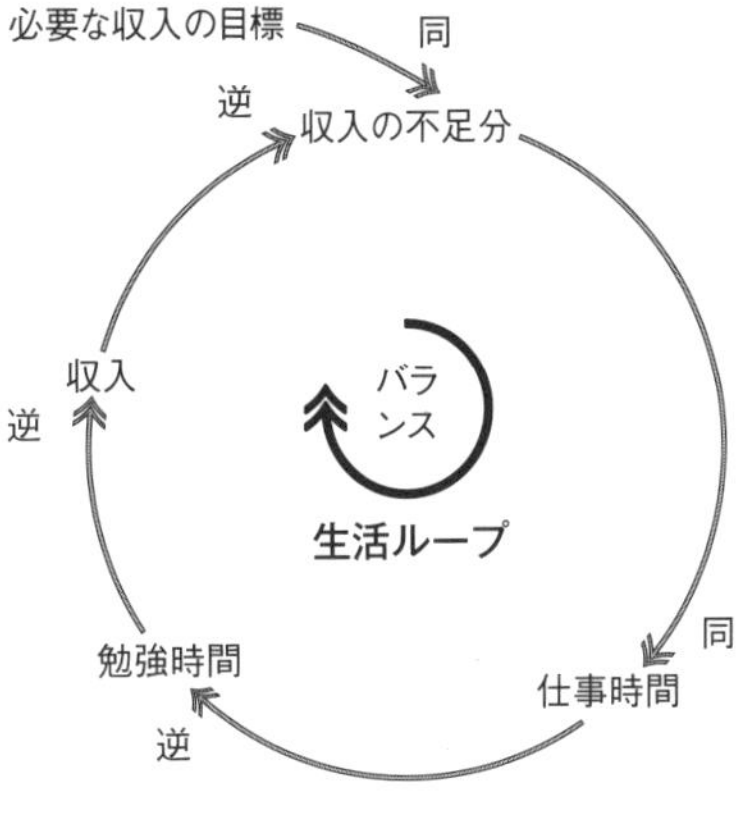

の使える「総時間」のなかで、「勉強時間」を増やそうとすると、その時間は直接収入に結びつかないため、「収入」が下がるためです。「収入」が下がり、「必要な収入の目標」に対して届かなくなると、「収入の不足」が増えてしまいます。「収入の不足」が増えると、「これは大変だ。仕事をしなきゃいけない」となって、「仕事時間」を増やします。ところが「総時間」は決まっていますから、「仕事時間」を増やすとどうしても「勉強時間」が減ってきます。このループはバランス型で「生活ループ」といえるでしょう（図7-15）。

「やりがいループ」と「生活ループ」の確執

こうして、勉強したいという気持ちがあって、「やりがいループ」を働かそうと思っても、収入が必要だという気持ちから「生活ループ」が働いて、仕事をしてしまい、勉強を阻害する構図になっています。バランス型ループが働くために、なかなか自己強化型ループが回らない状況でした（図7-16）。

そこでAさんは状況を打破しようとループ図をしげしげと眺めました。そして、自らに問いかけをしました。**自分にとって究極的なやりがい、自己実現を目指すループと、生活のために仕事をするループとどちらが自分にとって幸せをもたらすのだろうか？**

図7-16　「やりがい」と「生活」の葛藤

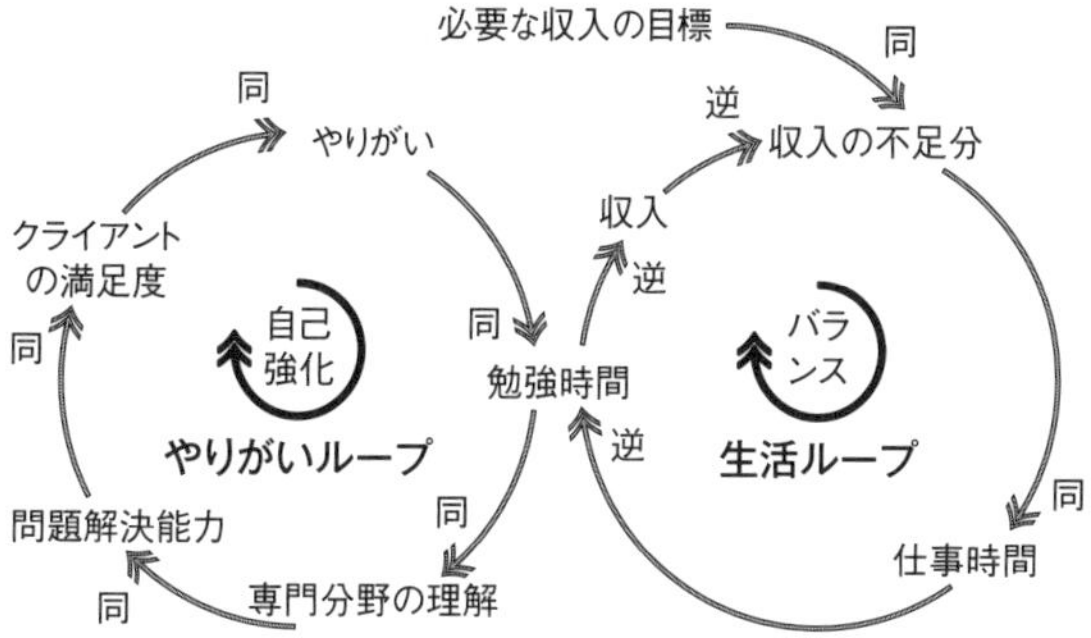

自分の究極の目的は何であろうか？　あるレベルの収入は幸せの必要条件かもしれないけれど、いくら収入が増えても幸せが増えるわけではない。やはり、やりがいがあってこそ、はじめて幸せにつながるのであると考えました。

そうして考えると、生活ループは本質的に重要でなくなってきます。ゼロになっては困りますが、もっと弱いものであってよいだろうと考えられます。ひとたび前提を変えてみると、さまざまな発想が生まれてきました。

まず、必要な収入の見直しです。自分が必要と思っている金額は本当に必要だろうか？　自分のお金の使い道は、自分や家族の幸せにどれだけつながっているだろうか？　こうして幸せにほとんど貢献しない支出を見直すと、「必要な収入」を下げることができました。そうすることで、「収入の不足」は生じにくくな

図7-17　必要な収入を見直すと……

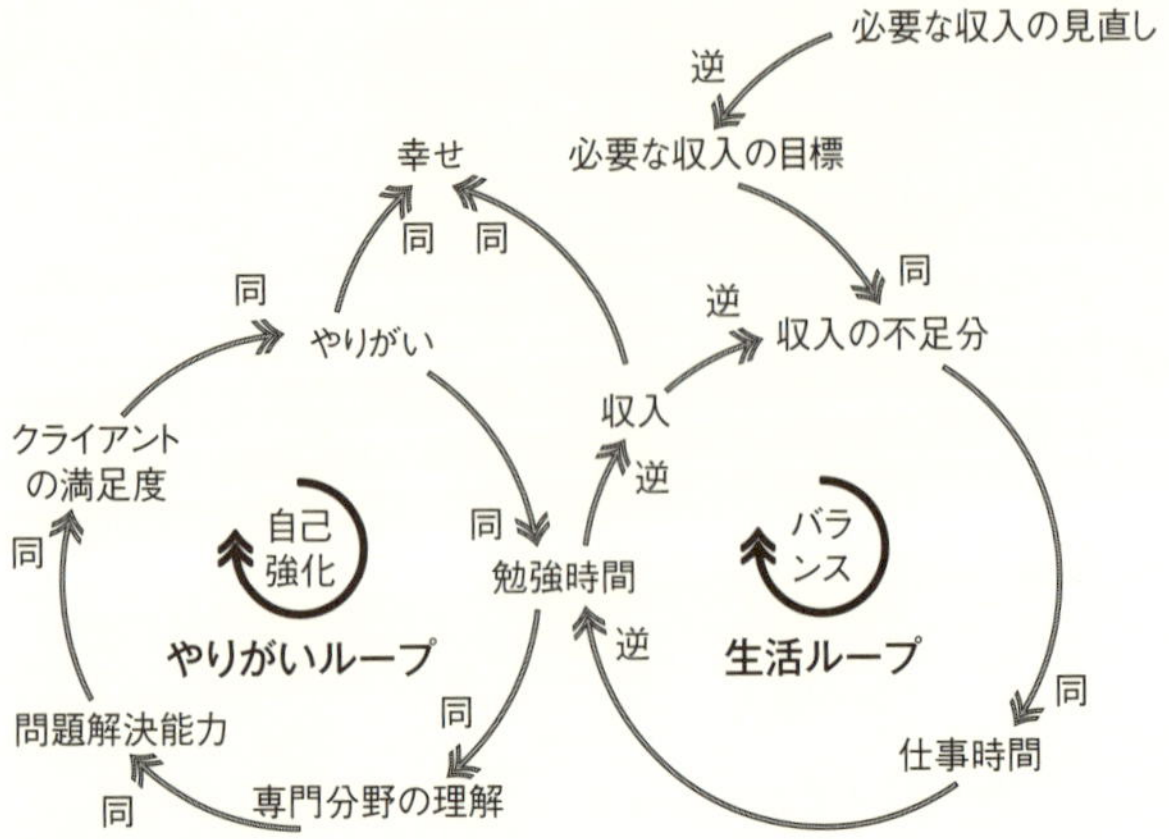

り、「仕事時間」を減らして、「勉強時間」を増やすことができるようになります（図7-17）。

さらに見直したのは、「収入の不足」です。新しい手法をきちんと習得して、仕事で結果を出せるようになるには、生半可な勉強ではいけないと考えました。相当の時間を割いて勉強しなくては、自己強化型ループは回らないでしょう。そこで、もっと多くの時間を勉強にあてられるように、一時的に貯蓄を切り崩して、それを「収入の不足」に充当することにしました。貯蓄を充当すれば、収入不足分をただ下げるだけでなく、ある期間はゼロにすることもできるであろうと考えたのです。

図7-18　貯蓄を切り崩すという解決策

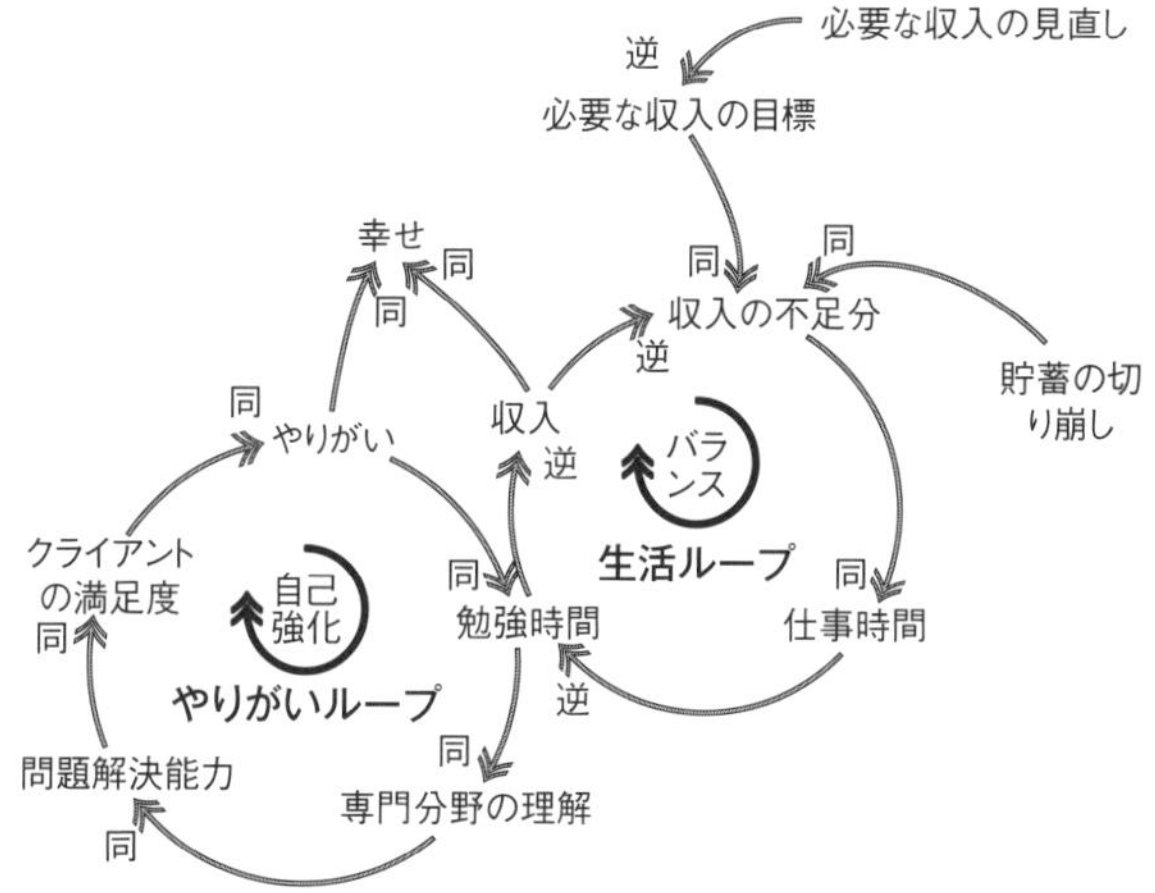

成長の好循環づくりに成功

そこまで覚悟を決めると、思い切って勉強に時間をあてることができました。収入の心配をしなくてよいわけですから、仕事か勉強かで悩む必要がなくなったのです(図7-18)。

そして、貯蓄を先行投資として投下することがもう一つのループを生み出します。つまり、貯蓄はある決まった額しかありませんから、際限なく勉強だけに時間が割けるわけではありません。収入ゼロでも耐えられる期間には限りがあります。この期間のうちに、「やりがいループ」が回り始めないとジリ貧ですから、「真剣さ」が高まります。単に「勉強時間」が増えるだけで

図7-19　勉強時間の質も高める

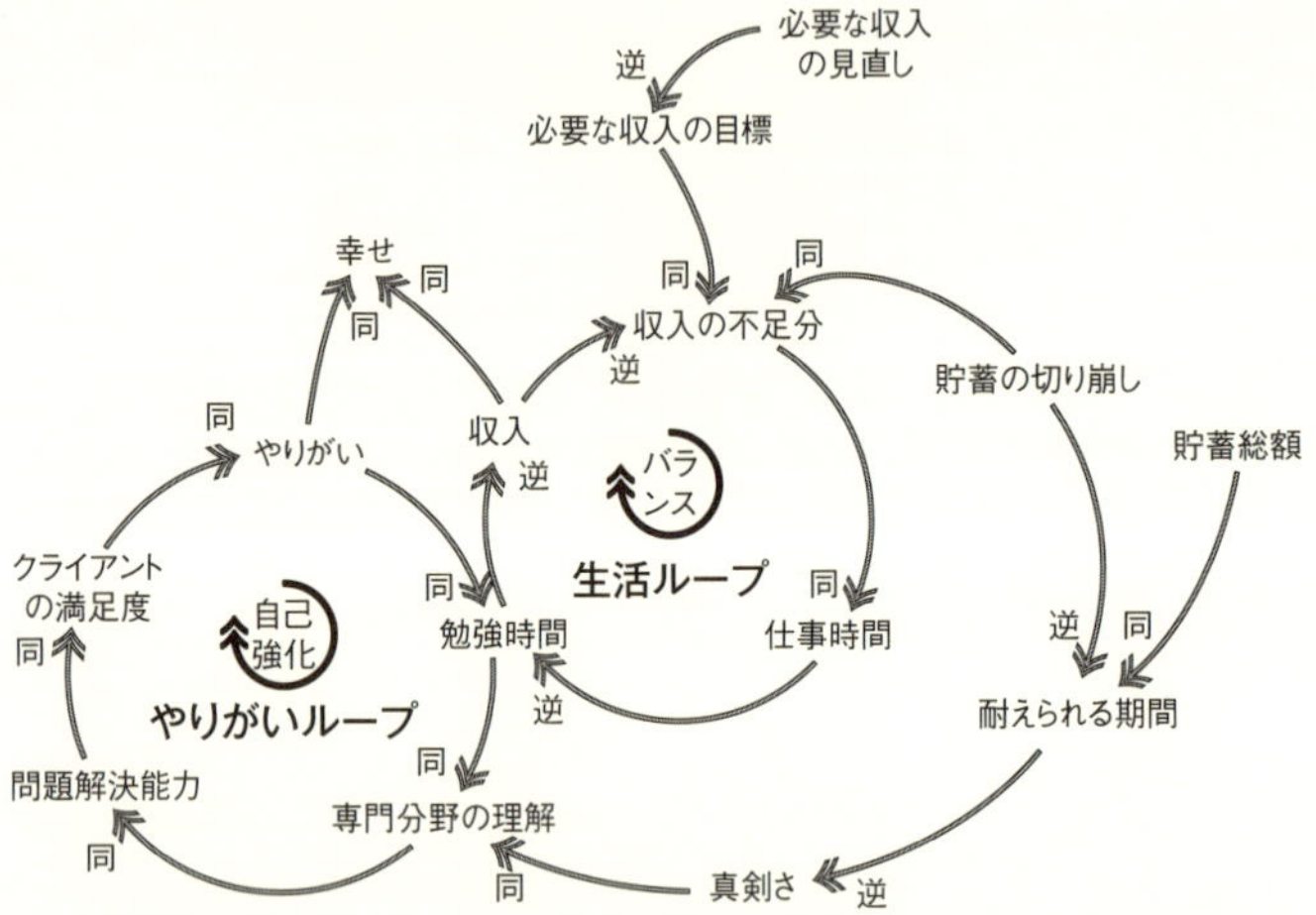

なく、適度なプレッシャーがその「勉強時間の質」を高めることにつながりました。この時間と質の高まりの相乗効果で、新しい手法の理解を急速に深めることができました（図7-19）。

ひとたび、自己強化型ループが動き出すと、問題解決能力が上がり、実際の仕事上の成果にもつながり、それは経験となって、新しい手法の理解度はますます高まります。このようにして、「やりがいループ」がどんどん回っていきました。

望ましいループが弱いとき、ただそのループを一生懸命回そうとしても、気合を入れても、そのブレーキになっているループに働きかけない限り、効果的に回りません。Aさんは、阻害要因となっている「生活ループ」の存在を認識し、そして、その構造の奥にある意識・無意識の前提まで掘り下げて考えることで、打開策を見出したのでした。

新しい発想につながったのは、自分が本当にやりたいことは何だろうかという、自分自身のパラダイム、前提への問いかけでした。目的そのものを問い直して、構造に働きかけることで、強力で本質的な変化を創り出すことができるのです。

自分の望んでいた「やりたいことを仕事にする」ことができるようになり、やりがいと手ごたえを感じてこのうえなく幸せだと、Aさんはうれしそうに教えてくれました。

第**8**章

Systems Thinking

システム思考の効用と実践手法

こんな場面で役に立つ！

人を扱うよりモノを
扱うほうがずっとやさしい。
モノには心がなく、
意思疎通の問題が
起こらないだけでも、
そういえる。
――――――――――E・F・シューマッハ

システム思考は個人にも組織にも有用であり、とくに複雑性を増す時代においては、「これなしには効果的に進めない」ほど必須の考え方でありスキルです。システム思考を身に付けるとどのようなメリットと強みを手にすることができるのか、最後に、身近な事例を紹介しつつ、システム思考の効用をいくつかまとめましょう。

システム思考の効用① 「人や状況を責めない、自分を責めない」アプローチ

人を信じる

システム思考は、「人や状況を責めない、自分を責めない」アプローチです。「人を信じるアプローチ」といってもよいでしょう。私たちや組織の習慣や癖、いつまでも解決しない問題といった繰り返し起こるパターンは構造が生み出している、と考えるからです。

自分や他のだれか、または、他の部門やグループ、状況や経済、社会などのせいにしても、問題は解決しません。それよりも、「どのような構造が、この問題パターンを引き起こしているのだろうか?」と自分との対話をしたり、グループや組織での話し合いをすることです。それまで意識していなかった暗黙の前提や過去の経験からの学習など

が、現在の状況に通用しなくなって問題を起こしていることも多いことでしょう。

システム思考は、罪悪感や非難モードに陥ることなく、自分との対話や組織での話し合いを進めることのできるコミュニケーション・ツールとしてとても有効です。「自分との対話」といっても、カウンセリングや精神療法のように、「なぜ自分はこのように考えるのだろうか?」と深く内面に入っていくのではなく、**「自分がこのように考えることで、何に影響を与えているのだろうか?」「何の影響を受けて、自分はこのように考えるのだろうか?」**と、自分の思考や行動もシステム構造の一つの要素として、その構造の全体像と要素間のつながりや相互作用を広く考えていきます。

自分観察のメリット

一つ、日常的で具体的な著者の事例を紹介しましょう。私は、多くのオフィスワーカーの方々と同じように、オフィスで仕事をしているあいだ、ずっとパソコン（ＰＣ）に向かっています。原稿を書くのも講演やワークショップの準備をするのも、すべてＰＣで行うからです。また、仕事上のやりとりもすべてメールで行っているためです。

原稿を書いたり、講演やワークショップの準備をするためには、集中して作業をする必要があります。ところが、原稿を書き始めたものの、いつのまにかメールの返事を書いたり、メールで別の仕事の指示や確認をしたりし始め、そうしているうちに新しく入ってくるメールの対応をするようになってしまい、せっかく執筆のためにまとまった時間をとっても、原稿が進まない！　という問題状況が頻発していました。

ここで、以前の私だったら、「自分に集中力がないせいだ」「私は執筆の作業が本当は嫌いなのだろうか」「もっと意志を強く持たなくては」と、自分を責めて自己嫌悪に陥っていたことでしょう。

しかし、システム思考的に考える癖のついていた私は、そうは考えませんでした。「私の性格や人格が悪いんじゃない。私は一生懸命原稿を書こうとまじめな気持ちでやっているのに、いつも同じ『気がつけばメール対応ばっかりしている』状況になってしまうのは、このパターンを引き起こす構造がきっとあるに違いない」と考えたのでした。

そこで、システム思考家として、まず状況の観察から始めました。原稿を書き始めた自分が、どうして気がつけばメール対応で数時間が過ぎている状況に陥っているのか、その流れをつぶさに観察したのです。

「メールどつぼループ」よ、さようなら

その結果わかったのは、①原稿を書いているうちに、ふと「あ、あのメールにまだ返事をしていなかった」と思い出す（とくに執筆で煮詰まると、あれこれ発想を広げようといろいろなことを考えるので、ついいろいろなことを思い出してしまう）。②自分の記憶力に自信がない私は、「忘れないうちに返事をしておかなきゃ」と思う。③メールの受信箱やフォルダーに、目的のメールを探しに行く。④探しているあいだに、別のメールがたくさん目に入る。⑤すると「あ、この人にもまだ返事をしていなかった」「あ、この出欠の返事も今日までだったっけ」「そういえば、この件がどうなったか、聞いていなかったな。問い合わせをしなくては」と、次々と返事や対応をしなくてはならないメールが見つかる。⑥「すぐにやらないと、また忘れちゃう」と思うので、次々とメール処理を始める。⑦気がつくと、一時間も二時間もたってしまい、原稿を書くはずの時間がなくなってしまっている。……という状況でした。

この状況をループ図にしたのが、図8-1です。「メールどつぼループ」と名付けたこのループ図を眺めているうちに、「ああ、そうか、返事すべきメールを思い出しても、『すぐに対応しないとまた忘れる』とメールに走らなければいいんだ。**自分の記憶力に**

図8-1　メールどつぼループ

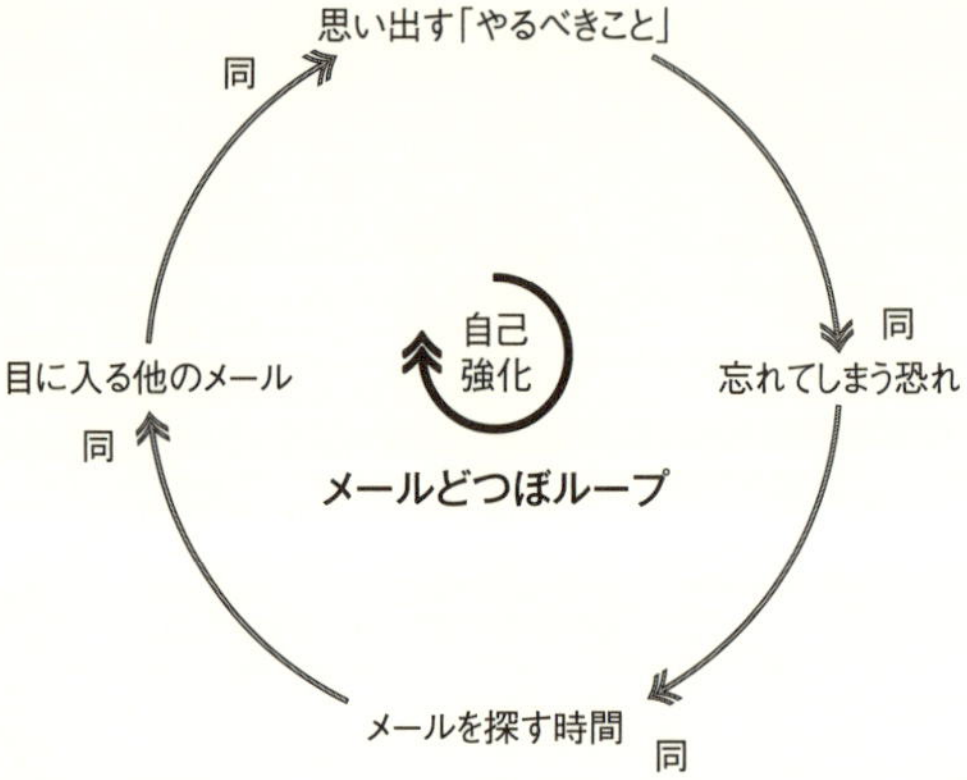

図8-2　メモを使うことで……

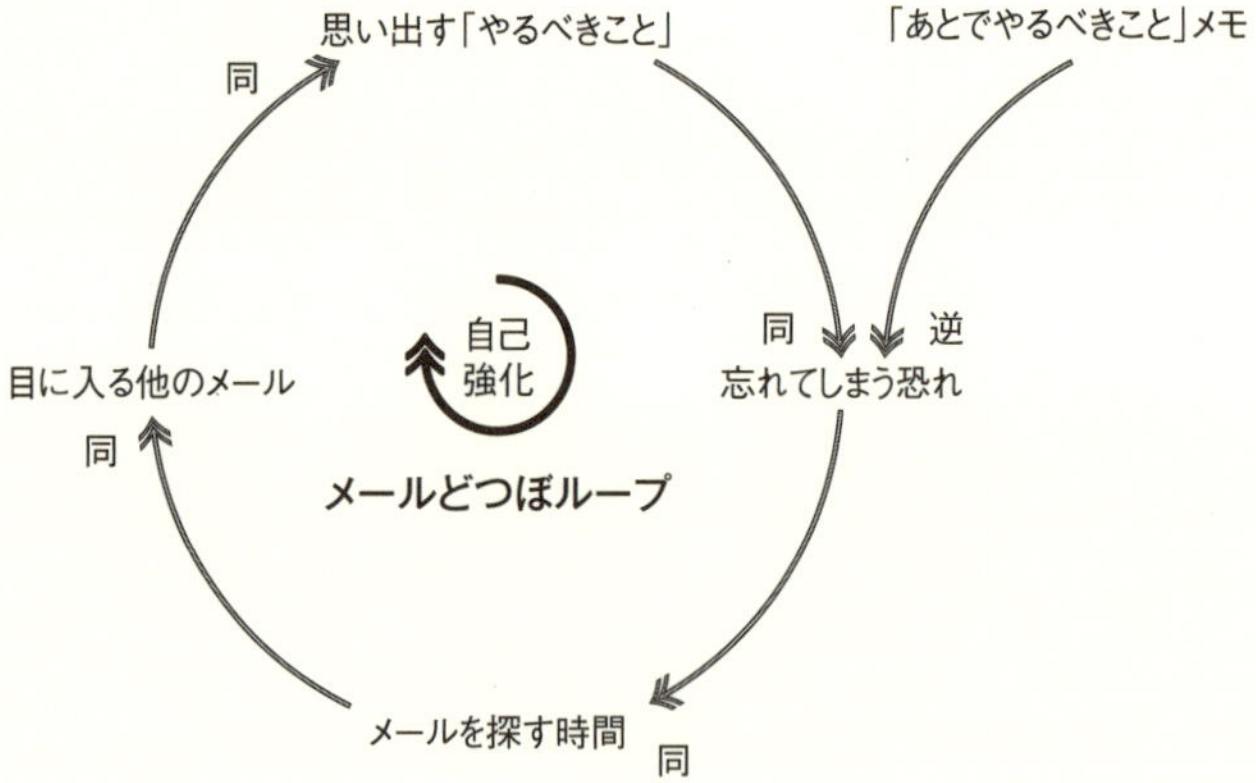

自信がないせいなのだから、それを補うくふうをすればいいんだ」と気づきました。

そこで、とてもシンプルな解決策を考えました。執筆や講演の準備など、集中すべき仕事をしているときには、色の付いたメモ用紙を手元に置くようにしました。「あ、あのメールに返事をしなくちゃ」と思い出すたびに、メモをするのです。メモをしておけば「忘れる心配」はなくなりますから、安心して仕事を続けることができます。こうして、きりのつくところまで集中して仕事をしたあと、メモをみながらメール対応をすればよいのです（図8-2）。

気分が楽になる

こうして、自分を責めるのではなく、自分が陥ってしまっていた状況をループ図に描いて、客観的に眺めることで、効果的な働きかけを考え、構造を変えることができたのでした。色の付いたメモ用紙を導入してから、メールどつぼにはまることもなくなり、自己嫌悪のストレスも減りました（なぜ「色の付いた」メモ用紙なのかというと、白いメモ用紙だと、机のうえに散乱している資料や原稿、その他の紙とまざって行方がわからなくなってしまい、そのメモ用紙を一生懸命探しているうちに、「あ、こちらの原稿の校正もやらなきゃ」「あ、このファックスにも返事をしなきゃ」とまたまた別の仕事を見つけてしまって、「別の仕事どつぼ」にはまってしまうからです！）。

「自分を責めない、他人や状況を責めない。問題があるなら、その問題やパターンを生み出している構造を見つけること。構造に働きかけて、構造を変えることができれば、人格や性格を変えなくても問題は解決できる」——システム思考は、自分の気を楽にしてくれます。

個人的な問題解決だけではありません。組織もシステム思考を共通言語にすることで、メンバー間の感情的なやりとりやもつれに陥ることなく、みんなで建設的に前向きに問題解決にあたることができるようになるのです。

システム思考の効用② 視野を広げ、従来の「思考の境界」を乗り越えられる

長蛇の列、原因は？

どんな人でも、たとえ本人は全体像を見て判断しているつもりでも、思考の枠の外のものは見えていないものです。

これも具体的な体験談を話しましょう。先日、海外出張に出かけたときのことです。成田空港で、手荷物チェックを済ませて、出国審査場に入りました。出国審査カウンタ

ーのまえに、何本も長い列ができています。私はさっと列の長さを見比べると、いちばん短い列に並びました。

ところが、なかなか進みません。それに比べ、隣の列はどんどんと進んでいきます。「あー、あっちに並べばよかった。隣の列は長かったからやめたんだけど」と思いつつ、少しずつ列が進んで半分ぐらいまできたとき、ようやくその理由がわかりました。出国審査のカウンターは窓口が二つずつ設けられているのですが、私の並んでいた列はそのうち一つの窓口にしか出国審査官がいなかったのです。隣のカウンターには、二つの窓口それぞれに審査官がいました。ですから、倍のスピードで進んでいたのです！

出国審査場に入った瞬間、単純な私は列の長さだけを見比べてどこに並ぶかを判断したのでした。「列が短ければ、早く終わるはず」という思考だったのです。そこでシステム思考的に、「ちょっと待てよ。列の長さはどのような要素の影響を受けるのか?」と考え、思考の視野を広げていれば、あんなに並ばなくてもすんだのに……。**こういうことは、けっこうよくあるのではないでしょうか?**

とくに、問題や課題に直面したとき、私たちは解決策を考え、最初に思いついた解決策をすぐに実行に移そうとします。システム思考では、そのときの視野は十分に広いのか、それとも、見えたところだけで解決策を考え、飛びついていないか、と考えます。

「あちら側」に行く道は……

これもまた筆者の失敗談ですが、ブナの森の遊歩道をハイキングしていたときのことです。温かな薄緑色のブナの森を木漏れ日を楽しみながら歩いていたところ、ハイキング道を、直径一メートルはあろうかという大きな倒木がふさいでいました。

「これは困った！　何としてでも、この倒木のあちら側にいかなくては」と思って、必死になって倒木によじ登り、バランスを崩しそうになりながら、何とか木の向こう側まで歩いていき、必死の思いで地面に飛び降りたのでした。大いなる障害物を克服した安堵感で、ほっと後ろを振り返ったとき、倒木から少し離れた地面の草に、踏みつけられた跡があることに気づきました。

よく見てみたら、倒木を避けてぐるりと歩いていける小道がついているのです。ハイカーが同じ道をたどるたびに草を踏みつけて小道になったのでしょう。私たちが倒木のまえで「これは困った！」と立ち止まったところから、少し離れたところに目をやれば、その小道の入り口が見えたはずなのでした。

ところが、「わっ、問題だ！　どうやって乗り越えよう？」とすぐに問題解決に走った結果、倒木を（文字どおり）乗り越えることを思いついた瞬間に、実行に移したのでした。そこで、「ちょっと待てよ。全体像はどうなっているのだろう?」と一歩引いて見ることができたら、あんな苦労をしなくても、するりと倒木を回避して進むことができたのです。「こういうことは、個人でも組織でも、よくあるんじゃないかなあ」と思いつつ、システム思考の知恵の教訓としたのでした。

認知の大切さ――「あの会は楽しいよ」

視野を広げ、いつもは意識していない自分の「思考の境界」に、「本当にこれ以上は考えなくてよいのか?　ほかにも全体像の一部に入ってくるものはないのか?」とチャレンジするために、ループ図が役に立ちます。

ループ図を描くときに、とくに視野を広げるために役立つポイントを二つ挙げておきましょう。一つは「潜在的にあるべき状態と、実際に認知された状態」を区別する、ということです。

システム思考ワークショップである受講者が、「地域で会をやっているのだが、なぜ望んでいるように新しい会員が増えないのか」という問題に取り組んでいました。「こうなっているはずなのだから、新しい会員は増えるはずなのですが」と見せてくれたループ図が、図8-3です。

図8-3　楽しければ広がるループ

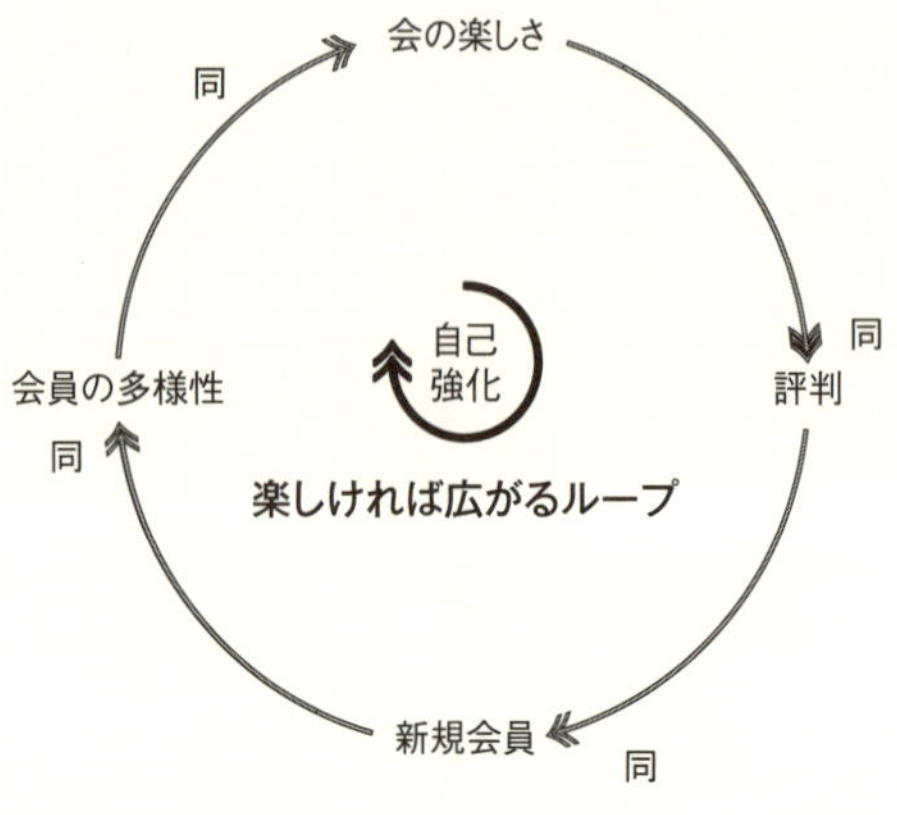

図8-4　会の楽しさと会員増強

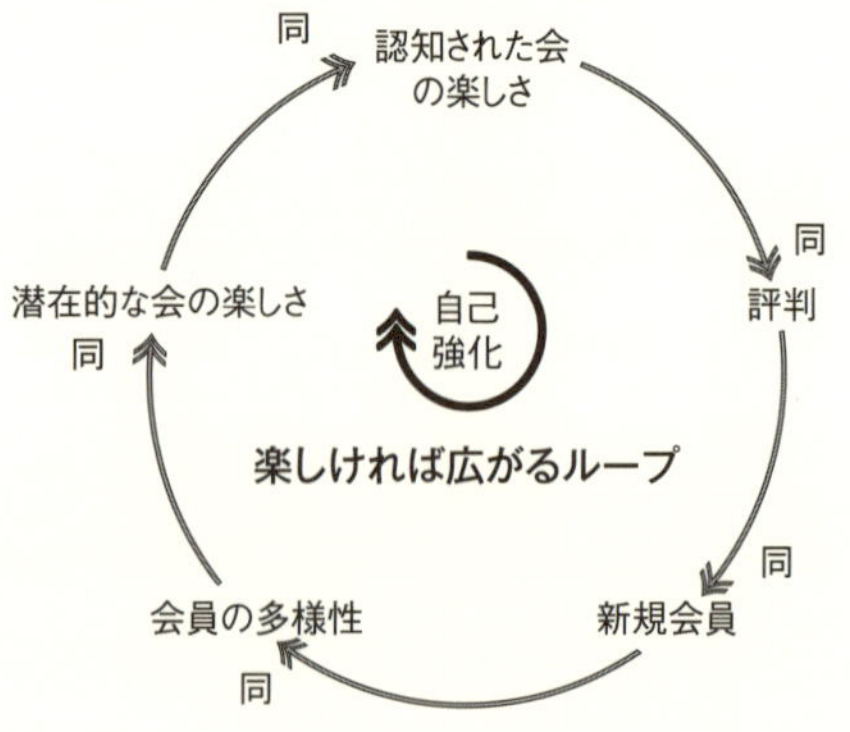

「確かに、いろいろな会員がいると会が楽しくなりますよね。そうしたら、それが評判になって、新しい会員も増えるでしょう。でも、いまの会員は、会を本当に楽しいと思っていますか？　会が潜在的に有している『楽しさ』をどのくらい、会員は実際の楽しさとして認知しているのでしょうね？」と問いかけると、「うーん、確かにそうです

ね。古参の会員はともかく、いまの会員が会の楽しさを存分に感じて認知しているかというと、そうではないですね」。

そこで、いっしょに図8-4のループ図を描いて、「『潜在的な会の楽しさ』が多ければ、『認知された会の楽しさ』も多くなるのでしょうけど、このつながりが弱いのかもしれませんね。『あの会は楽しいよ』と、評判につながるのは、『認知された会の楽しさ』ですから、ここのつながりを強めることが大事ですよね。そのための働きかけを考えられますか？　それも一つではなく、できるだけたくさん考えてみてください」と考えてもらいました。

「会の終了時に『今日の楽しかったこと』を一言ずついってもらう時間を設ける」「会員がどのように会を自分の楽しみや成長のために活用しているかというメッセージを載せた会報をつくる」などのアイディアが出てきました。**このようにして「潜在的なパワー」を「実際に認知されたパワー」にしっかりとつなげるようにすれば、最初に考えた好循環も勢いよく回り始めることでしょう。**

「できなかったこと」を反省しない

ループ図を描くときに、視野を広げ、解決策を考えるうえで役立つもう一つのポイントは、「理性のループ」だけではなく、「感情のループ」も考えてみる、ということです。どのようなシステム構造にも「人」の要素が入ってきますが、**「人」は理性の持ち主であるとともに、感情の持ち主でもあります。**時には、理性以上に感情がその意思決定や行動に影響を与えることもあります。そうしたときに、理性的に物事のつながりを理解するだけでは足りません。一つの例を挙げましょう。

私たちは個人でも組織でも、何かの計画を立て、実行したとき、その結果についてよく「反省」をします。多くの場合、「反省」では「何がうまくいかなかったのか」「それはなぜだったのか」を考えます。そうして、そこから教訓を学び、今後に生かそうとします。

「できなかったことの反省」も大事ですが、私は「できたことの振り返り」のほうがもっと大事だと思っています。とくに、まじめで、「なぜできなかったんだろう」と自分を非難・批判し、その結果、自己嫌悪に陥ってしまう傾向の強い人には、「できなかったことは反省しなくてよいから、できたことを振り返って、何があったからできたのか、そのプラスの教訓を今後に生かすにはどうしたらよいかを考えてください」といいます。それは、「システム思考で自分の成長を考える」ワークショップの参加者を見ていて、理性だけではなく、感情のループが実は大きな影響力を持っていることを目のあたりにしているからです。

理性だけでは動かない！

「できなかったことから教訓を学ぶことが大事である」と信じている人々は、図8-5のように考えています。「できなかったこと」から「教訓」を得ることで、「成功確率」を高め、将来の「できなかったこと」を減らすことができる——「失敗低減ループ」と呼べるループを想定し、「だから、できなかったことを反省することが大事なのだ」と思っています。これは、理性のうえではそのとおりだといえます。

図8-5　できなかったことから学ぶ？

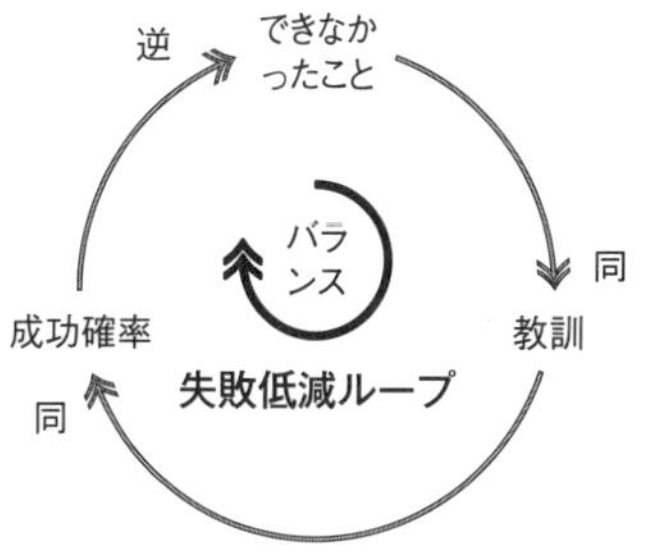

ところが、実際には、この理性のうえでのループだけではなく、同じ状況に対して、感情のループも存在しています（図8-6）。「できなかったこと」を反省すると、「どうしてまたうまくいかなかったのだろう」「自分はいつも失敗してしまうんだ……」と自己嫌悪に陥って、「自信」を失ってしまいます。自信がなくなると、「やる気」も出てきません。やる気がないと、「新しい工

夫」を考えたり、思いついたり、試したりすることもしないでしょう。すると、やり方も考え方も変えられないことから、「成功確率」を高めることができず、「また失敗」することが増えてしまいます。これは自己強化型ループです。**この「自信喪失ループ」にはまってしまうと、どんどん自信を失い、ますますうまくいかなくなってしまいます。**

図8-6　実際のところは……

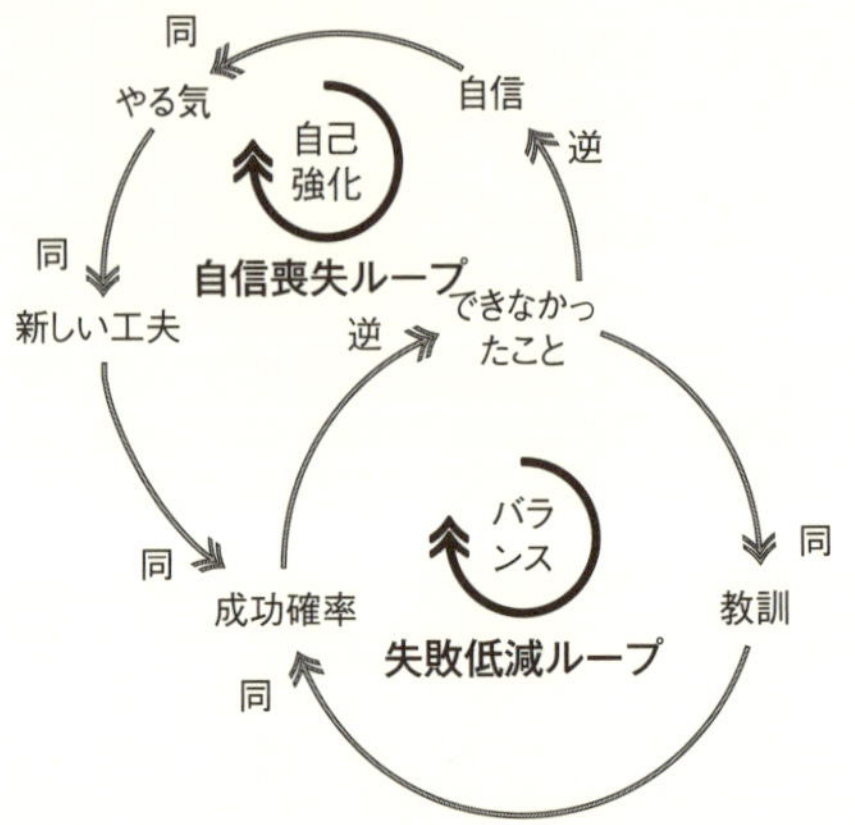

とくに、まじめで自己非難の傾向の強い人にとって、この感情のループは、理性のうえでの「失敗低減ループ」の効果を打ち消してしまうほど、強い場合がよくあります。**そういう場合には、「できなかったことの反省」は、自分を進歩させるうえで役に立つどころか、足を引っ張ることになってしまうのです。**

ループ図の面白いところは、「受注量が増えれば、生産すべき量が増える」といった事実上のつながりも、「生産すべき量が増え、業務時間で収まらなくなると、残業を命じる時間も増える」といった意思決定を表すつながりも、「残業を命じられる時間が増えると、従業員の会社に対する反発心や嫌気が大きくなる」といった感情的なつながりも、すべていっしょに表せることです。そうすることで、すべて理性や事実で動いているわけではない人間や人間の集団のつくり出す構造をより広く深く考え、時には感情面への働きかけも含めて、問題を解決し、望ましい変化を創り出す本質的で効果的な解決策を考えることができるのです。

このように、「潜在的なものと認知されたもの」「理性や事実と感情」など、視野を多次元的に広げていくことで、何度も繰り返すように、「解決策は問題の近くにあるとは限らない」という認識で、「小さな働きかけで大きな変化を生み出すレバレッジ・ポイント」を、意外なところに見出すことができるようになってきます。

システム思考の効用③　無意識の前提を問い直すことができる

「べき論」の悪循環

私たちの行動や思考は、無意識の前提にもとづいていることがよくあります。しかし、無意識だけあって、ふだんはなかなか自分の前提としていることを認識することができず、「なぜだかわからないけど、いつもそうなってしまう」状況になりがちです。しかし、システム思考のループ図を用いて構造を描くことで、その構造をつくり出している無意識の前提が浮かび上がってくることがあります。無意識の前提をいったん意識化できれば、その前提を問い直したり、もはや有効でない場合は、変えたり手放したりできるようになります。

システム思考ワークショップに参加したある受講者の例を紹介しましょう。Sさんは、ある企業の本社に勤めていましたが、抜擢されて支社の部長として地方に赴任しました。新しい職場は自分よりも若手の社員ばかりです。Sさんは部長としての役目を果たすために、新しい職場にとけ込むべく、積極的に部下の社員と話をするように心がけました。ところが、努力すればするほど、部下たちはSさんによそよそしくなり、仕事上の必要最低限のことしか話さなくなってしまいました。新しい職場で部下たちとのコミュニケーションがうまくいかなくなったSさんはとても悩んでいました。この問題を解決すべく、システム思考のワークショップに参加したのでした。

「どうしていつもそうなってしまうのだろう?」と、自分の陥ってしまう状況の構造をループ図で描いていきました。すると、世間話をしているつもりでも、なぜかいつも最後には「君は~しなくてはならないのだよ」と部下に訓示を垂れてしまう自分に気がつきました。コミュニケーションを図ろうと終業後に居酒屋に若手を連れていっても、いつの間にか説教をしてしまうのです。そのため、部下たちはSさんに反発したり煙たがるようになっていたのでした。そして、職場での会話も少なくなり、活気が失われ、部下たちは最低限やるべきことをやると帰ってしまうようになりました。しかし、そういった部下たちのやる気のなさは、「みんなで協力し合って、積極的に仕事をする」というSさんの思い描く「あるべき姿」からはほど遠いため、ますますSさんは「べき論」で部下を指導しようとし、部下たちはますますSさんから離れてしまう、という悪循環に陥っていたのです。

図8-7 「べき論」と部下のやる気

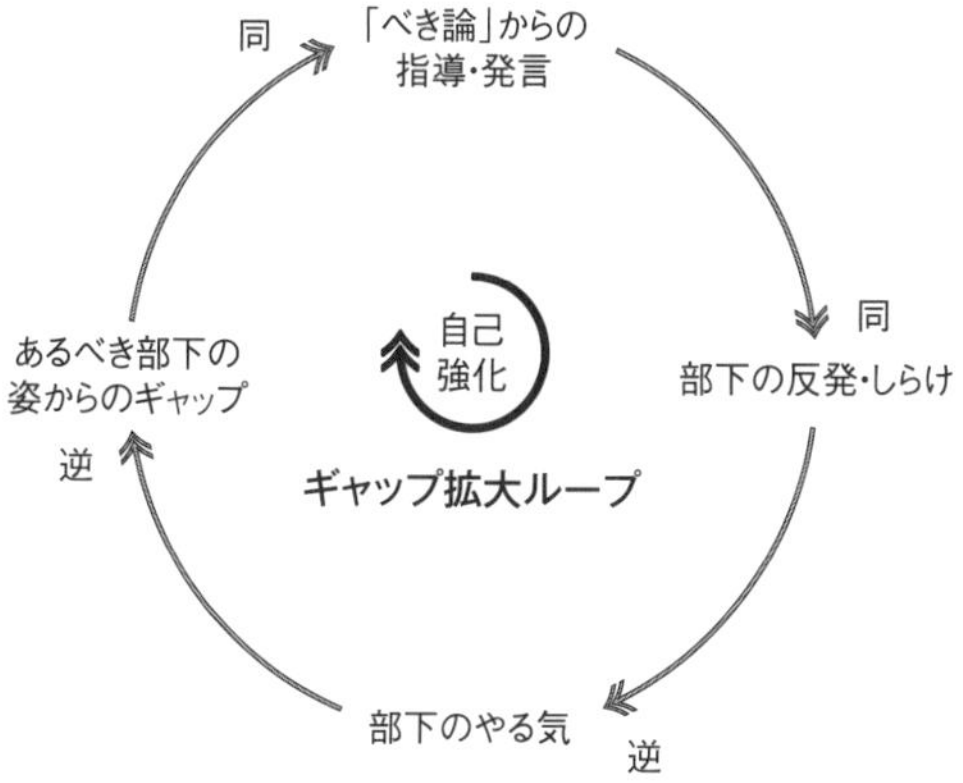

過去の呪縛を解き放て――「自分との対話」を促す

その状況の構造を描いたループ図（変数が二〇ほどある複雑なループ図でしたが、それをシ

図8-8　こんな悪循環も……

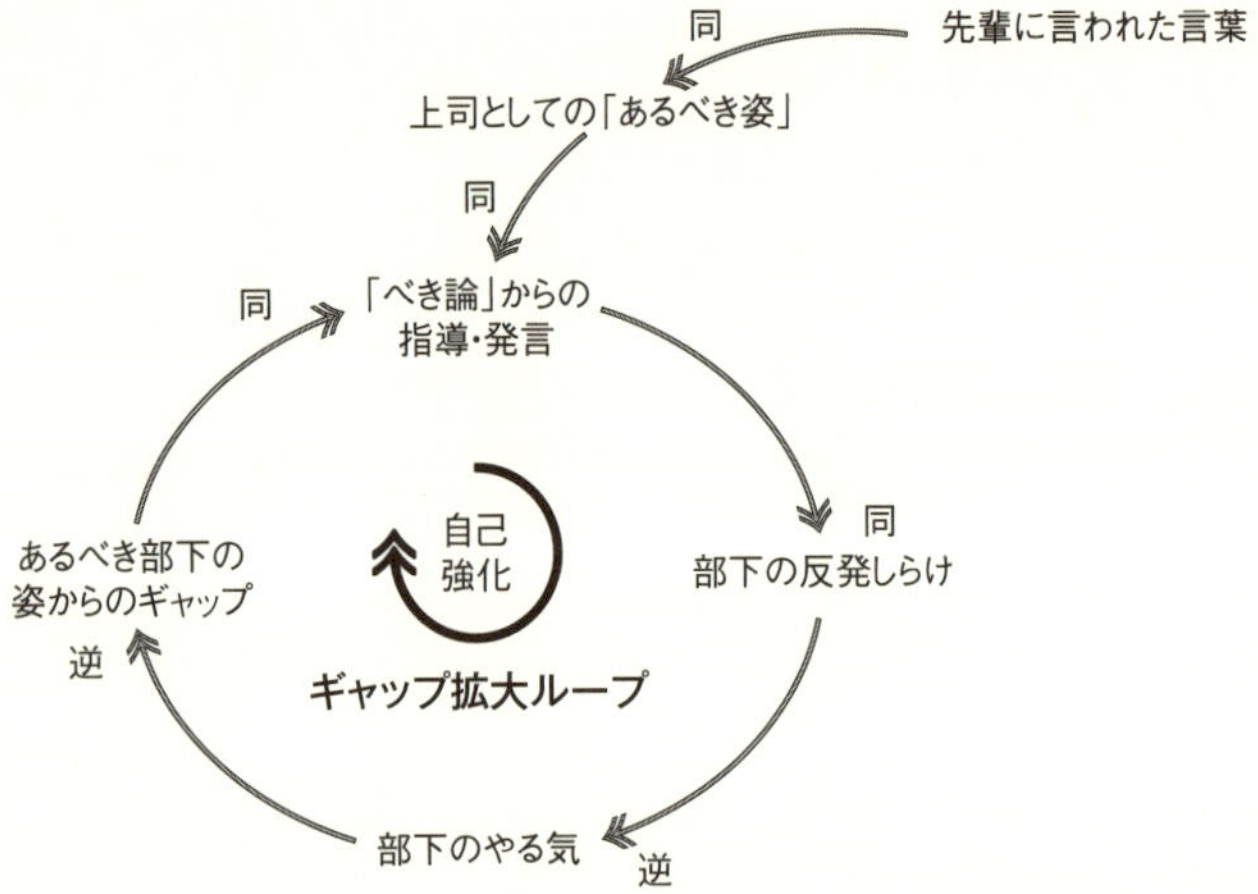

ンプルに表したものが図8-7です）を、Sさんはじっと見つめていました。「確かに、こういう構造になっている。だから、そのつもりはないのに、つい『べき論』を展開して、煙たがられ、離れてしまう部下にいらだって、ますます『べき論』で責めてしまうのだ」「しかし、どうしてこういう構造になっているのだろう？　いつからなのだろう？　何かきっかけがあったのだろうか？」……Sさんはループ図を眺めているうちに、ハタと気づきました。「そうだ！　ずいぶん前に初めての部下を持ったとき、自分の尊敬する先輩から、かなり強く『上司とはこうあるべき』ということを言われたことがある……。**もしかしたら、そのときの言葉が強く自分のなかに残って**

いて、**『自分の上司としてのあるべき姿』をつくり出し、それが自分の言動や思考を縛っていたのではないか！」**。

「目から鱗が落ちる」といいますが、これは三八ページの氷山モデルでいうと、もっとも奥深くにある「意識・無意識の前提」にまでさっと光が差し込んだ瞬間なのでしょう。Ｓさんはループ図を見つめているなかで、まさに気づかないうちに自分の言動に大きな影響を与えていた「無意識の前提」に気がついたのでした。いったん意識化できれば、かつての先輩の言葉の呪縛から自分を解き放つことができます。「これからもっと自分らしく、気負わずに、部下たちと接することができそうです」。Ｓさんは晴れ晴れとした表情で帰っていきました。

システム思考は「自分を責めない」アプローチですし、時系列変化パターングラフにしてもループ図にしても、自分の癖やパターンを自分から「取り出して」描くことができるため、感情的にならずに冷静に「なぜだろう？」と自分との対話を深めていくことができます。そのため、新しい視点や洞察を生み出すことができるのです。個人の場合だけではなく、組織の場合でもまったく同じです。組織が無意識のうちに前提としていることは、その組織のメンバーには「当然」のことなので、ふだんは意識化されません。**意識化されないので、「なぜだかわからないけど、いつもそうなってしまう」状況**

が繰り返されるのです。システム思考のツールを使って、組織の意識・無意識の前提をみんなで見出し、問い直すことができれば、そのシステム構造を根底から大きく変えることができます。

システム思考の効用④　問題解決に役立つ時間軸を考えることができる

すべてに時がある

変化を創り出す場合も問題を解決する場合も、「時間軸」が大きなポイントとなります。しかし、ふだんはあまり「時間軸」を意識することも、意識して設定することもなく、何となく「世の中の時間軸」に合わせがちです。しかし、システム思考のアプローチをとることで、「時間軸」を意識し、適切な時間の枠組みを設定することができるようになります。

花の種をまいて、翌日その成果を判断しようと花壇を見にいけば、当然ながら「失敗だった」となります。しかし、半年後に見にいけば、美しいお花畑が広がっているかもしれません。**このとき、数日という時間軸で判断しようとすることは馬鹿げていると思うことでしょう。**

しかし、私たちは「物事を変えたり創り出したりするために必要な時間」を無視して、時期尚早に成果を判断し、せっかくの取組みを「芽が出る前に」摘んでしまうことがよくあります。とくに、社会や経済が加速度的に忙しくなり、何事も短期的にしか見られなくなってきている現在の時代こそ、きちんと「生来、必要な時間」を考えに入れて、物事を進めなくてはなりません。そうでないと、種をまいて翌日に掘り返しては、「まだ芽が出ていない。失敗だった」と捨ててしまう繰り返しになってしまいます。

とくに、解決すべき課題が複雑で難解なものであればあるほど、「解決策に取り組んだ翌日からみるみる効果が出てくる」状況にはなりません。システム構造が複雑で、しかも多くのつながりに「時間的遅れ」があると、効果が出始めるまでに時間がかかるばかりではなく、時には「よくなるどころか、悪化してしまった！」という状況が最初に出現することもよくあります。

よくなる前に悪くなる

システム思考では、このような状況を「worse before better」（よくなる前に悪くなる）と呼びます。複雑な問題解決にはよく見られる状況なのです。シンプルな問題であれば、図8-9のように、まっすぐに望ましい状態に向かって進捗していくでしょう。

図8-9　単純な問題の場合

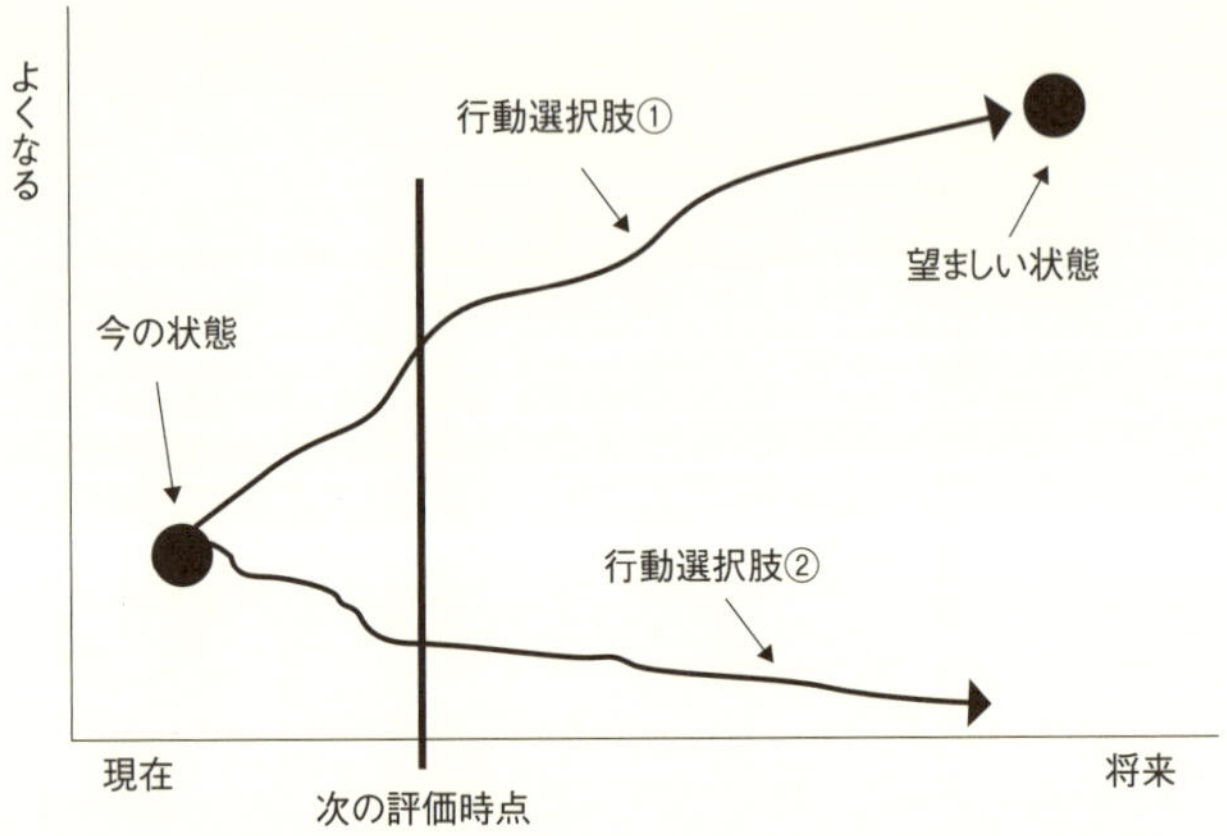

図8-10　いったん悪化してから改善

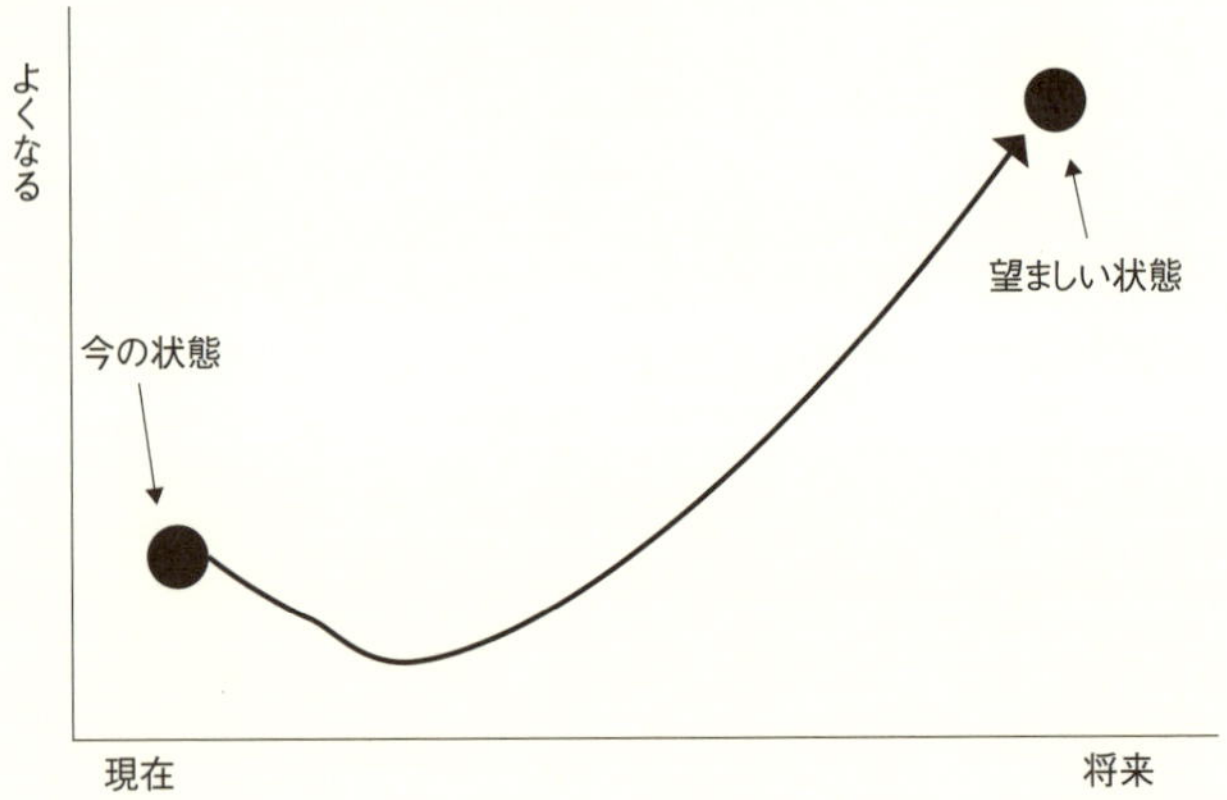

図8-11　短期で評価してしまうと……

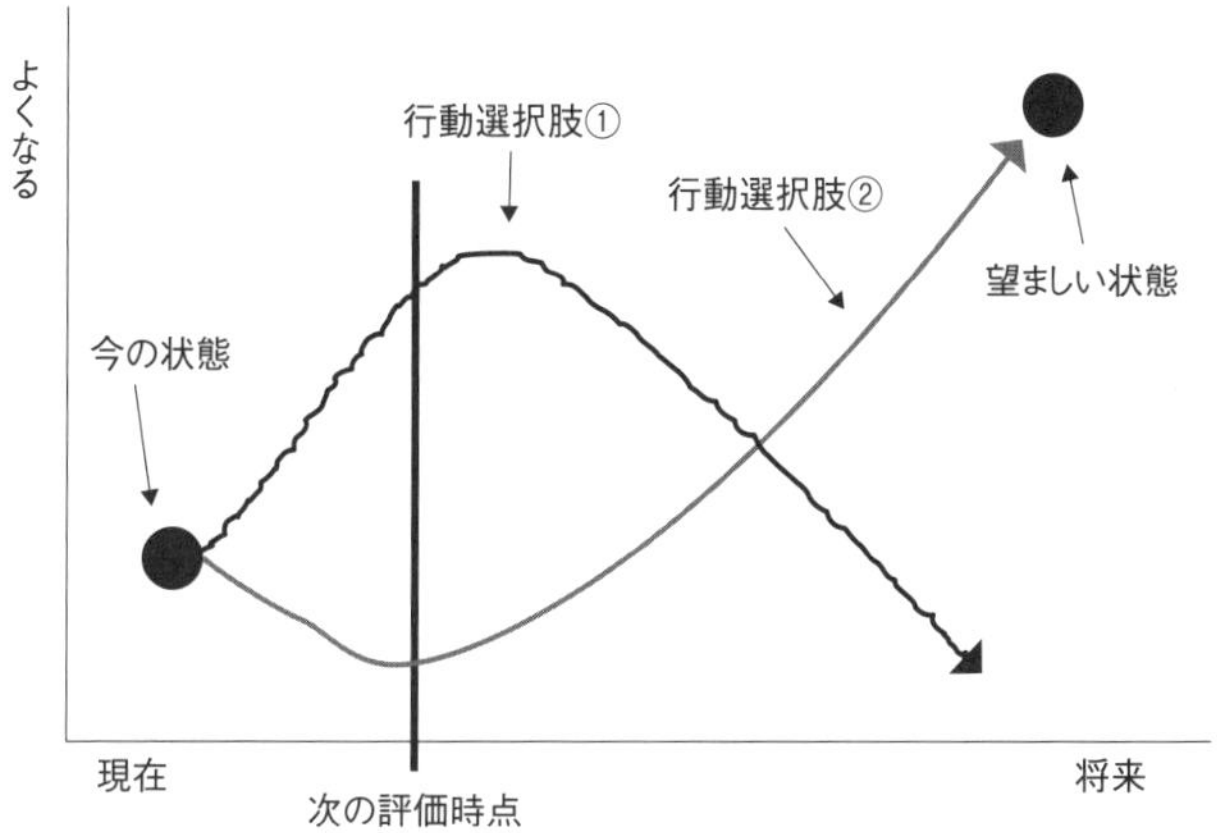

しかし、複雑で難しい問題の場合は、図8-10のように「いったん悪化してから、改善する」ことがよくあります。「高く跳びあがるには、深く沈み込む必要がある」ともいえるでしょう。

しかし、そのときに、図8-11のように「評価までの時間」が短いとどうなるでしょう？「この取組みは成果を出すどころか、悪化しており、大失敗である」と判断され、切り捨てられてしまうことでしょう。評価軸が短いと、この図のもう一つのラインのように「長期的にはうまくいかないのだが、当面は進捗が見える」取組みが評価されることになってしまいます（たとえば、一一四ページの「うまくいかない解決策の原型」で表せるような状況です）。

図8-12　評価軸を長くする

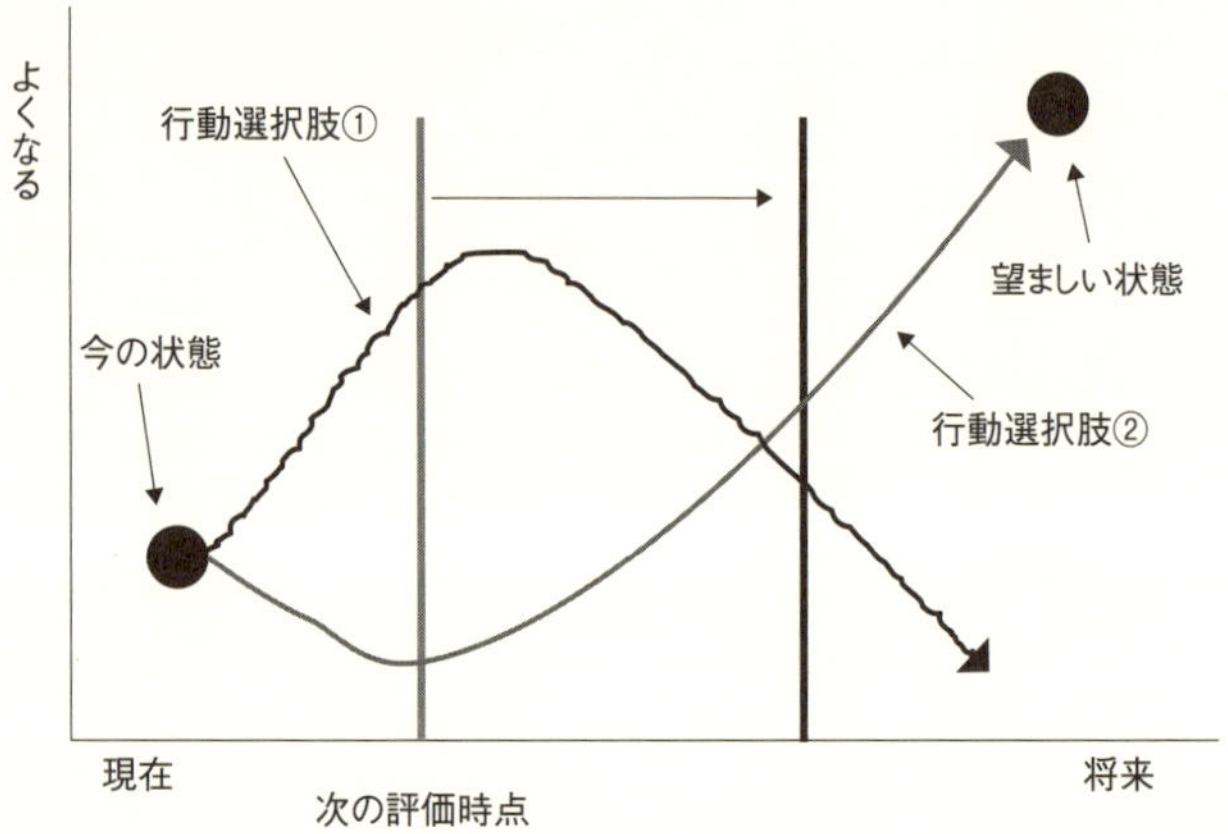

このようなときには、図8-12のように、評価軸を長くする必要があります。**種をまいた翌日ではなく、数週間後、数カ月後に評価をしてはじめて、花開く取組みがあるのです。**

現在、「政治家は次期選挙まで、企業トップは次の四半期の結果が出るまで」という短期的視野で動いてしまっているとよく揶揄されます。これはなにも政治家や企業トップの責任だけではなく、長期的な取組みや「最初は悪化するが、あとで真の改善につながる」取組みは評価されにくい現在の政治や経済の構造があるためです。そのような構造を変えていく一方で、システム構造の理解にもとづき、適切な時間軸を自分たちで設定していかなくてはなりませ

図8-13　プロジェクトと成果

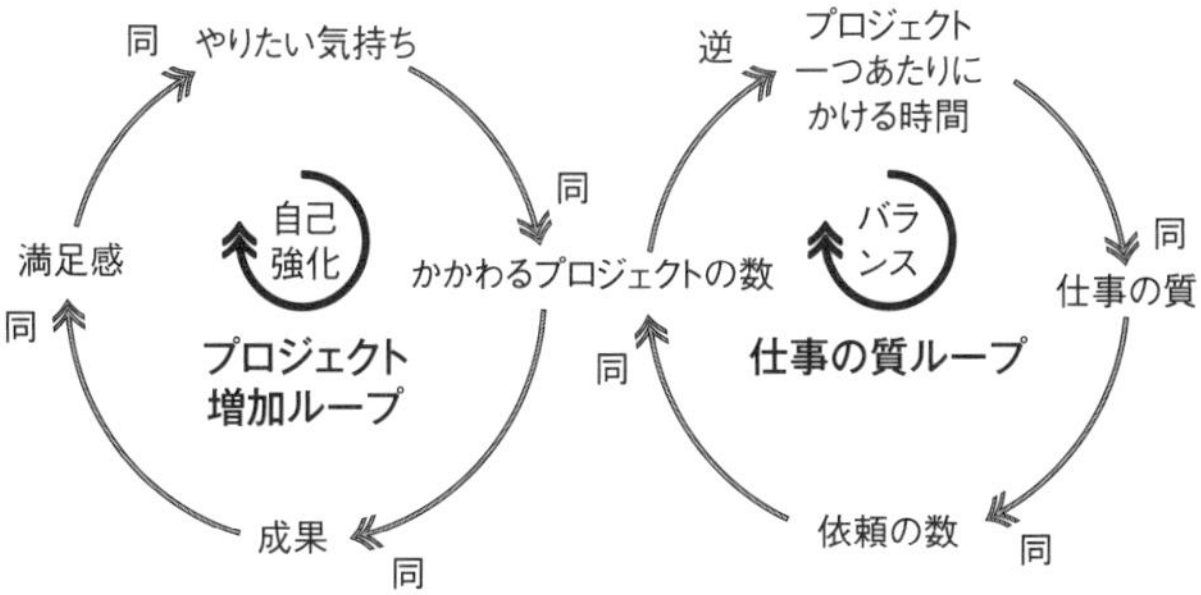

ん。

同志を増やそう

組織だけではなく個人の場合も、「worse before better」（よくなる前に悪くなる）の状況があることを知っていると、思い切った取組みも進めやすくなります。たとえば、八七～八九ページで取り上げた「やりたい気持ちがふくらむと多くのプロジェクトにかかわるようになるが、その一方で、プロジェクト一つあたりにかけられる時間が減ってしまうので、仕事の質が落ちて、依頼が減り、かかわれるプロジェクトも減ってしまう」というジレンマへの解決策を考えてみましょう。

一つの解決策は、「いっしょにやる人を増やす」ことです。そうすれば、プロジェクト一つあたりにかける時間を減らすことなく、プロジェクト数を増やすことができるでしょう。しかし、「いっしょにやる人を増やす」

ためには、いっしょにやってくれそうな候補者を探し、誘い、考え方を伝えたりやり方を教えるなどの時間が必要になります。「ただでさえ忙しいのに」そのような時間はとれないと、時間資源をすべて実作業に回していると、いつまでたっても状況を改善することはできません。ここでの採用や教育の期間は、プロジェクトにかけられる時間が減り、質が低下したり依頼が減るかもしれませんが、それは一時的な悪化であり、そのあと必ず好転し、前よりもよい状況が出現する（worse before better）と理解していれば、必要な時間資源を投資することができるでしょう。

システム思考の基本的なツールの一つ、時系列変化パターングラフはまさしく「時間軸」の観点から状況やパターンを見るものですし、ループ図の構造からも「時間の経過」や「段階」によって、影響力の大きなループや構造が変化していくことなどを考えることができます。また、グループや組織でシステム思考を用いる場合には、各自の持っている意識・無意識の時間軸をすり合わせ、その課題に適切な時間軸をみんなで設定することができます。

システム思考の効用⑤　問題解決につながるコミュニケーションが可能に

「言い方」の問題は難しい

組織や家庭で、何らかの問題について話し合おうと思っても、問題そのものの話に行き着くまえに、言い争いになったり、どちらかが感情的になって、心を閉ざしてしまうことがありませんか？　冷静に話し合って解決策を探るという共働作業が成立するまえに決裂してしまって、双方ともに後味の悪い思いを引きずり、なおかつ、問題自体まったく解決していない、という状況を経験したことはありませんか？

前にも書いたように、言葉でのコミュニケーションは、どうしても「一つずつ、順番に」出す形になります。「風が吹けば、砂ぼこりが舞うから、それが目に入って目を悪くする人が増えるから、三味線で生計を立てる人が増え、三味線の需要が増えるから、三味線の皮に使うネコの皮が不足し、ネコをたくさんつかまえるようになるので、ネコが減り、そうするとネズミが増えるから、ネズミにかじられる桶が増え、桶を買う人が増えるから、桶屋が儲かるんですよねぇ」という話をしようと思っても、どこかの部分にひっかかってしまうと、「風が吹いて舞うのは砂ぼこりばかりじゃないぞ」「私は三味線よりギターが好きなんですけど」「三味線にネコの皮を使うなんて、まあ、なんて可哀想な」などと、「全体像として何を伝えたいのか」を素直にとらえるまえに、細部や枝葉末節に入り込んでしまいます。また、日本語の場合、敬語の使い方などによって微妙な対人関係の上下や距離感が伝わることも多く、言葉遣いから伝わる役職や人間関係の影にひっかかってしまい、「言葉によって伝えたいもの」に目がいかなくなることもよくあります。

人よりも問題に集中

そういう場合、時系列変化パターングラフやループ図などのシステム思考のツールは、言葉ではなく図を用いるため、全体像をいっぺんに提示することができます。それによって、枝葉末節やどうでもよいことにはまり込まず、感情的な泥沼に陥らずにすみます。システム思考は、みなが「おたがい」ではなく、「問題」に対して真剣に向かい合う土壌と共通言語を提供してくれるので、本質的な議論を進めることができるのです。

システム思考ワークショップのある受講者は、ワークショップの翌日からさっそく、システム思考を用いて「職場の雰囲気を改善する運動」を始め、大きな効果が出ました、と報告してくれました。もともとは、だれもおたがいに挨拶もしないので、何となく雰囲気が暗く、そんな雰囲気のなかでは、おたがいにいいたいこともいい合えず、へんに遠慮したり距離をとったりするので、メンバーのやる気も組織としてのモラルも上がらず、したがって成績も上がらないので、ますます雰囲気もぱっとしない……という状況だったそうです。

このような「感情的にも微妙な問題」を話し合いで明るみに出し、解決への建設的な議論をすることはなかなか難しいことでしょう（それができないから、このような状況に陥っているわけですから！）。

そこでこの方は、「昨日、面白いことを習ってきたんだ。ループ図っていうんだけどね、この職場の雰囲気って、こんなふうになっていない？」とループ図を描いて、何人かの同僚に見せたところ、「そうそう、たしかにそうだよね」「ここは、こういうことにも影響があるわよ」「これって、悪循環よね？　どうしたら抜け出せるかしら？」「ここは、私たちから変えられるじゃない？」「やってみましょうよ」……と話が弾んで、さっそく数人で「朝の挨拶運動」を始めたところ、（ループ図に描いたつながりをたどって）職場の雰囲気がみるみる明るくなり、とてもよい感じになっていったといいます。

システム思考は、「人を責めない、自分を責めない」アプローチと、全体像を提示し、議論できる図という手法によって、大変に効果的なコミュニケーション・ツールになりうるのです。「どうしたら部下を理解できるのだろうか」「どうして、職場のみんなは自分の思うとおりに動いてくれないのか」と悩んでいる上司がいると、よく「まず、自分の立場から、その状況をループ図に描いてごらんなさい。そして今度は、部下の立場から、同じ状況をループ図に描いてごらんなさい」とアドバイスします。

よく「相手の立場に立って考えることが大事」といいますが、これは**「相手にとってのループ図を描いてみること」「当人といっしょに、そのループ図を確認し、修正していくこと」**ではないかと思うのです。

第9章

Systems Thinking

最強の組織をつくる！

変化の時代に必須のコンピテンシー

船をつくりたかったら、
人に作業を割り振るのではなく、
はてしなく続く広大な海を
慕うことを教えよ。
――――――――A・サン・テグジュペリ

学習する組織の世界的潮流

二一世紀に生き残るために不可欠である「学習する組織」をつくっていくうえで、システム思考はその基盤として位置づけられています。

「学習する組織」とはどのようなものでしょうか？　なぜ欧米では「学習する組織」が真に強い組織づくりのために不可欠であると認識され、企業や組織での取組みが進んでいるのでしょうか？　欧米だけではなく、中国でも「学習する組織」への取組みが広がっています。一方、日本企業で「学習する組織」を意識した社員教育や組織づくりに取り組んでいるところは数えるほどしかありません。

システム思考が組織レベルで展開しつつある一つの方向性として、「学習する組織」とそこでのシステム思考の役割と重要性についても、紹介しておきましょう。

一九九五年にピーター・センゲが『最強組織の法則』を出版して以来、「学習する組織」はあらゆる組織にとって戦略上のもっとも重要な概念になりました。複雑性を増すこれからの時代、組織の学習能力こそが競争力の最大の源泉とまでいわれています。

変化に適応するコンセプト

　現在、「学習する組織」は、米国のソサエティ・フォー・オーガニゼイショナル・ラーニング（SOL）を核として、世界各国の多くの大企業が推進しているほか、公的機関、NGO・NPO、教育機関の間でも注目を集めています。中国でも、「学習する組織」に大きな関心が寄せられ、多くの組織がピーター・センゲらの第一人者を招き、積極的にこの概念を取り入れようとしています。

　しかし、その概念が広く流行する一方で、「学習する組織」の意味は幅広く解釈され、単に従業員の知識開発や、スキル・トレーニングなどのプログラムを積極的に行う組織と誤解されることもあります。しかし、本来の「学習する組織」とは、単なる従業員研修や人材開発の実施にとどまりません。

「学習する組織」とは、環境の変化に柔軟に適応して、人々の自発的な革新と創造によって進化し続ける組織です。働く人々が真に望むことを共通の目標に掲げて、個々の能力を伸ばすだけでなく、組織として共同で学び続けるために、組織の学習する能力そのものを高める取組みです。

図9-1　シングルループ学習

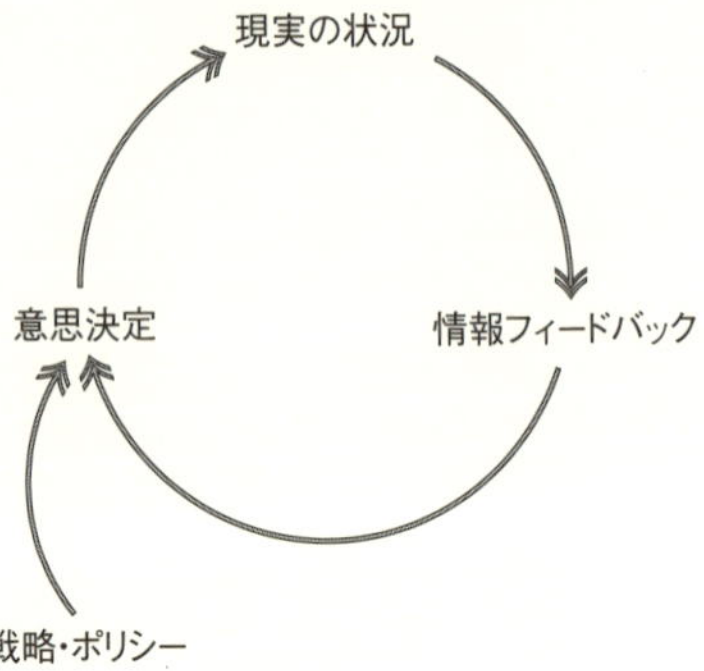

出典:ジョン・スターマン『ビジネス・ダイナミクス』より。

シングルループ学習——フィードバック手法は効果絶大

企業などの組織は、常にビジネス環境との相互作用のなかで、目標や戦略を立て、実行し、目的を達成しようとしています。そして、「学習」とは、意思決定と行動がもたらす結果に関しての情報を入手し、現在及び将来の意思決定がよりよい結果を生み出すためのプロセスといえるでしょう。

このシステムを継続的に改善するプロセスは、古くから「PDCAサイクル」として世界中に広く知られています。「計画（Plan）」、「実行（Do）」、「評価（Check）」、「見直し（Action）」の四つのフェーズが循環することで、システムの継続的な改善を図る、というものです。エドワード・デミングによって提唱され、日本の企業にも広く知られているこのプロセスは、実はシステム思考に根ざしたものなのです。

PDCAサイクルを、ビジネス環境との相互作用という観点から視野を広げて整理すると、「意思決定」―「状態」―「フィードバック情報」のループ図で表すことができます（図9-1）。たとえば、マーケティング戦略に関する「意思決定」を行えば、その意思決定が顧客などのビジネス環境への働きかけにつながります。その働きかけによって、市場での自社の市場シェアという「状態」が変化することを期待しています。そして、市場シェアを算出するため自社や競合の販売量・金額などの「情報」を収集して、評価の基準となるマーケティングの「戦略」と照らし合わせて、「意思決定」がねらいどおりに実行されたか、期待する成果が出ているか、などの評価を行います。

このプロセスを繰り返すことが、組織にとって重要な「学習」をもたらします。つまり、過去の意思決定の成功や失敗を振り返ることで、将来の意思決定と行動をよりよい成果につなげているのです。このような学習プロセスを「シングルループ学習」と呼びます。

ダブルループ学習――創造的な変化を引き出す

ものごとがうまくいっているとき、シングルループ学習でも十分に機能します。しかし、ビジネス環境が複雑になってくると、ねらいどおりの成果が出なかったり、その理由が理解できなかったりということが起こり始めます。むしろ、思うように成果が出ない、よかれと思ったことが裏目に出るなど、さまざまな問題に遭遇します。

このような状況では、組織の学習の質を大幅に改善する必要があります。そこで重要なのが「ダブルループ学習」です（図9-2）。ダブルループ学習は、振り返りによって過去の「意思決定」の質だけでなく、「意思決定」を生み出す「戦略」やさらにその前提となっている「意識・無意識の前提」をも問い直す学習プロセスです。

図9-2　ダブルループ学習

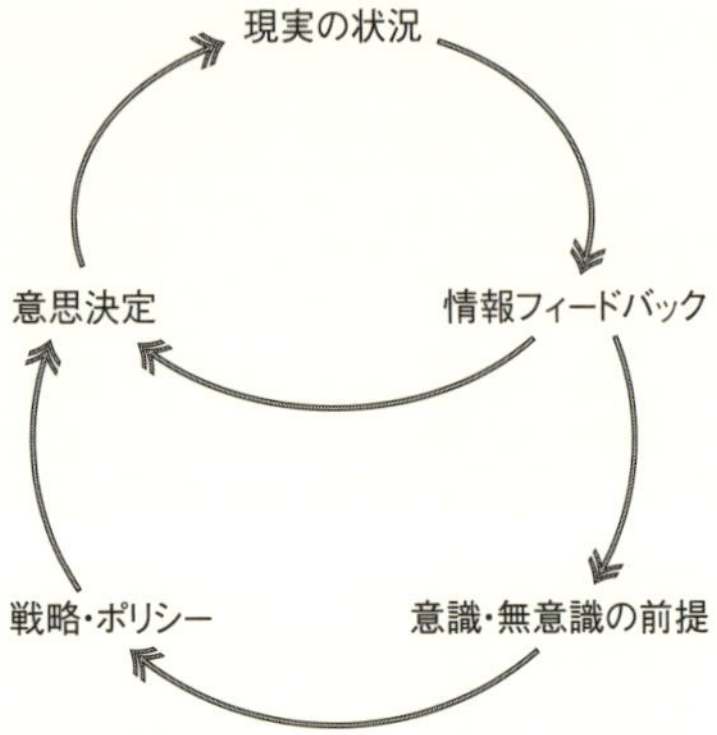

出典:ジョン・スターマン『ビジネス・ダイナミクス』より改変。

組織において意思決定を行うにあたって、文書化した戦略や目標、方針から、よりソフトな共有知識、ノウハウ、組織風土や思考習慣などが影響を与えています。これらの組織知は、過去の経験の範囲内、あるいは過去の延長線上では有効ですが、複雑性の時代に起こるさまざまなビジネス環境の変化においては、有効でないばかりか、むしろ害になることすらあります。

このような思考の「習慣」を、それぞれの個人として、あるいはグループとしてループ図に描き表すことが大変役立ちます。情報を解釈する自分たちの前提は果たして正しかったのだろうか？　もし、今までの常識がもはや通用しないとしたら、「情報」の意味はどのように変わるであろうか？　そして、自分たちの戦略や方針はどうあるべきか？　さまざまな問いを発することができます。

自らの思考の前提を客観視し、その前提にチャレンジをすることが新たな戦略と意思決定を可能にします。言い換えれば、思考の前提を変えてはじめて、真に環境の変化に適応し、進化する組織になるのです。「学習する組織」を構築するうえで「システム思考」が重要視されているのは、思考の奥深いレベルのレバレッジ・ポイントに働きかけ、感情の奥深くから根源的に現れる「創造的な変化」を引き起こすためだといってもよいでしょう。

聴くことが基本

「学習する組織」を構築するうえでは、三つのスキルが重要となります。まずはシステム思考による「複雑性の理解」、そしてじっくりと振り返りながら聴く「内省・探求型コミュニケーション」と心を揺さぶる「志（アスピレーション）」です。本書では、学習する組織の基盤となるシステム思考について詳しく説明していますが、ここではほか

図9-3　学習する組織の三原則

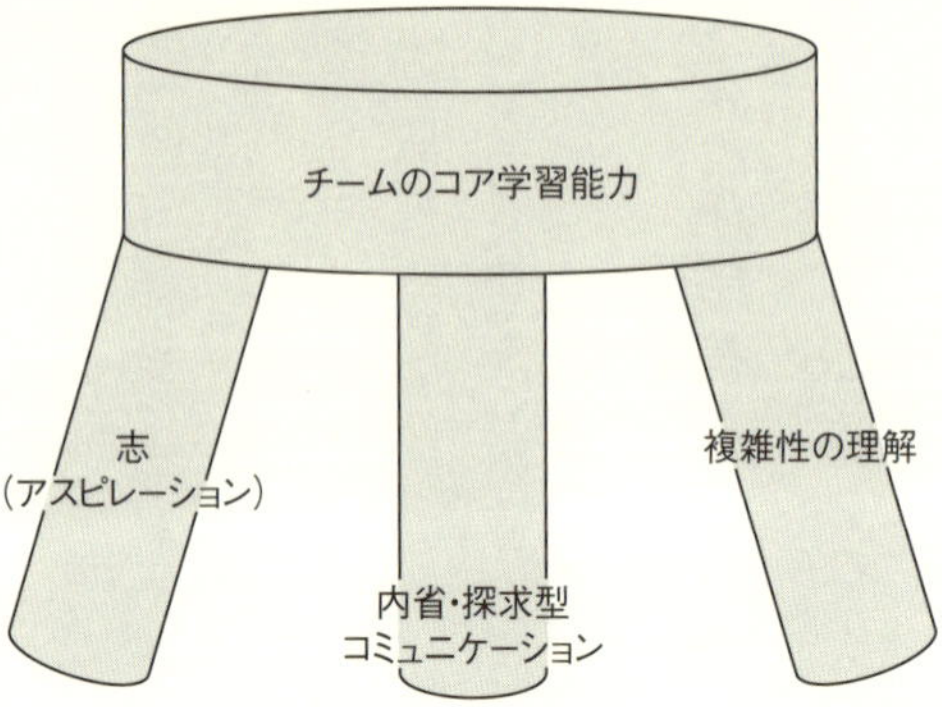

出典：ピーター・センゲ『学習する組織―システム思考で未来を創造する』

の二つの原則について補足します。

まずじっくりと振り返りながら聴く「内省・探求型コミュニケーション」とは、自らの持つ意識・無意識の思考の前提を振り返るコミュニケーションです。システム思考に深く根ざしたコミュニケーション・スタイルであり、このコミュニケーション・スタイルによって、システム思考をますます深めることができます。

組織において、「コミュニケーション」はしばしば重要な問題として取り上げられます。なかでも、今日のほとんどの組織とリーダーシップにおける最大の問題点は、「聴く力」の欠如といってよいでしょう。

上司や同僚、あるいは家族が最後まで話を聴かず、すぐに「結論」に飛んでしまうという経験をしたことはありませんか？　最後まで聴いてくれる場合でも、印象や思い込みが大きな影響を及ぼし、伝えたいことをありのままに受け入れてもらうのはとても難しいことです。そんなとき、私たちは話し手の能力に焦点をあてがちですが、実際には聴き手の問題でもあります。

私たちは話を聴くとき、相手の話している内容のありのままを聴くのではなく、自らの経験や知識などから形成されている意識・無意識の「前提」をもとに選択的に情報を収集し、反射的に解釈しています。この「パターン認識」の習慣があるからこそ、日常の業務では、迅速な意思決定や反射的な行動ができます。しかし、日常にない新しい環境変化に遭遇し、あるいは反射的に繰り返す行動そのものが問題を起こしているとしたらどうでしょうか?

この場合は、私たちの「パターン認識」にもとづく聴き方は、学習の大きな阻害要因となります。視野を広げて全体像を見るためには、ありのままの情報を取り入れる力が大変大きな鍵を握っているのです。

「脇に置く」技術

「ありのままに聴く」ことは、言うは易しいですが、行うのはとても難しいことです。私たちは家庭のしつけにはじまり、言葉や学校教育、そして職場でのトレーニングや経験を通じて、さまざまな「前提」を構築し、その前提が思考や行動のパターンをつくっていきます。この思考の「前提」は、「文化」あるいは「アイデンティティ」といってもよいでしょう。ですから、個人にしても集団にしても、自らの「文化」や「アイデンティティ」に関わる思考の「前提」を捨て去ることは容易ではありません。しかし、その「前提」にもとづいたままでは、いつまでたっても自らの「前提」の誤りやずれを見出すことはできません。

そこで、重要なのは、自らの前提を一時的に「脇に置く」技術です。前提をすべて捨て去ることは難しいですが、話を聴く間だけ、一時的に自分の役割や通常の思考を離れ、ありのままを受け入れることに集中します。

舞台の上に立つ自分を観客席から見るように、自らの思考プロセスを客観的に観察する自分をつくり出します。そして、ほかの人とのダイアログを、自らの意識・無意識の前提を映し出す「鏡」としてとらえ観察します。そうして自らの思考を振り返りながら、ほかの人との前提や解釈の違いを探求して、新しい気づきや意味を見出します。そして、ダイアログの後にもとの自分に戻ります。

組織のメンバーがたがいの発言を、あるいは顧客をはじめ組織の外の関係者たちの発言をありのままに聴くことによって、自らの前提の影響を受けないシステムの現実の

「状況」を理解することができます。ありのままの現実があってはじめて、自らの前提を効果的に問い直すことができるようになるのです。

「システム思考」が目に見えないつながりと全体像を「見る力」だとしたら、「じっくりと振り返る対話」はありのままの状況を「聴く力」といえます。この「見る力」と「聴く力」がたがいに補完し、高め合って、学習する力をしっかりと強化するのです。

海のすばらしさを教えよ――心を揺さぶる志

学習する組織のもう一つの重要な要素は、心を揺さぶる「志」です。志には、個々人のレベルと組織のレベルがあり、たがいに影響し合いますが、最終的には組織の「共有ビジョン」という形をとります。

ビジョンでもっとも重要なのは、その機能です。人々の創造力をかきたて、変化を起こすための行動を動機付けるものでなければ、ビジョンとはいえません。「売上げ」とか「利益」といった財務的な目標は、よいビジョンとはなりえないのです。

組織のなかで志が共有され、それが働く人々の心を揺さぶるような内容であるとき、人々はその達成に向けて最大限の努力を惜しみません。「船をつくりたかったら、人に作業を割り振るのではなく、はてしなく続く広大な海を慕うことを教えよ」とサン・テクジュペリはいいました。人々は自らが学びたいことを学ぶとき、もっとも効果的に学習をします。

組織の共有ビジョンを創るにあたって、システム思考の基本ツールが役に立つポイントについて、簡単にふれておきます。

一つの方法は、時系列変化パターングラフを使う方法です。ビジョン策定というほどおおげさなものでなくても、時系列変化パターングラフを用いることによって、共通目標についてグループでいろいろと考えることができます。私たちの経験では、「何を」「いつまでに」「どれくらい」変えたいのかという三つのポイントについて、グループで話し合ってみると、さまざまなことがわかります。

組織のビジョン達成につながる目標は、共有されているようでいて、意外と共有されていません。とくに、「共感」「信頼」「やりがい」などといった定性的な目標に関しては、過去や現在の状況についての認識も分かれることが多く、さまざまな意見が出てきます。

もう一つよくあるのは、このままのパターンだと目標はとうてい達成できないとわかっていながら行動が起こっていない状態です。「このままパターン」と「目標パターン」を目に見える形で描き表すことで、「うすうすわかっていた」現状と目標のギャップを、グループで明確に実感することができます。

組織の外を見よ

ループ図も、共有ビジョン策定に役立ちます。事業のさまざまな変数のつながり、とりわけ組織内の典型的な意思決定の構造を明らかにすると、その構造の前提となる組織の目的が浮かび上がってきます。もしかしたら、その目的は、人々の行動を駆り立てるにはほどとおい陳腐なものかもしれません。あるいは、紙に書かれた理念やビジョンとはかけ離れたところに組織の隠れた目的が存在している場合もあります。組織の習慣となっている思考や行動のパターンを見ることは、組織の真のビジョンを見出す出発点になります。

もう一つ、ビジョンを創るうえでループ図を用いて視野を広げることが役立ちます。組織のシステムのなかをどんなに分析しても、その組織の目的は見出すことはできないでしょう。

近年、学校改革や病院改革をはじめ、組織改革が声高に叫ばれますが、組織改革にとりかかるときに分析的なアプローチをとると、組織の内部に目が行きがちです。しかし、組織改革を行うときには、視野を一歩広げ、組織をとりまくより大きなシステムから見はじめることが必要なのです。**そのコミュニティのなかで、学校や病院がどのような役割を果たし、あるいはこれから果たすべきか、ということがわかってはじめて、効果的で本質的な組織改革ができます。**ビジネスも同様です。組織とは、より大きな社会や経済のなかに位置づけられてはじめて、その真の目的を見出すことができるのです。

既存のリーダー像は通用しない

「学習する組織」を必要とする今日のビジネス環境は、必然的に新しいリーダーの役割を必要とします。私たちは「リーダー」と聞くと、カリスマ性の強い経営者の姿を思い浮かべがちです。組織を船にたとえると、今までの典型的なリーダーは「船長」の役割を担っていました。船の船長は、船の運航に関する状況をすべて把握し、進路を明確にして、船員たちに的確に指示を出していきます。しかし、このような古典的なリーダーシップは、複雑性の時代においては日に日に通用しなくなりつつあります。

一つの理由は、組織の肥大化、複雑化にあります。今日の多くの企業はグローバル化して、たくさんの国で事業を行い、またそれぞれの事業も高度に専門化、多角化しています。さらに顧客や競合、原材料やエネルギー、金融、情報、物流の複雑なネットワークのなかで、日々さまざまな変化にさらされて事業を行います。このように複雑になった組織では、以前のようにすべてを一人のトップが把握して指示を出すのはもはや不可能なのです。

そのため、組織はさまざまな方針やルールを策定して運用するようになっています。しかし、このような官僚的な運営も、複雑な変化が次々と起こる時代には、変化への対応力を損なうため、中央集権的・官僚的なマネジメントは機能不全に陥りつつあります。

もう一つの大きな理由は、リーダーシップが学習に与える影響そのものにあるでしょう。中央集権型・上意下達型のマネジメントそのものが、学習の大きな阻害要因になっているのです。「学ぼう」「創造的になろう」「革新を起こそう」とスローガンを掲げても、実際には、上司が部下に「状況を報告せよ」「指示を待て」「命令に従え」と伝え、会社のルールで思考をコンプライアンスに縛り付けることで、自ら考えることを放棄させ、変化する状況に応じて迅速に行動を阻んでしまっているのです。このような組織では、学習意欲が旺盛で、創造力に満ちた社員たちはどんどんと離れていくことでしょう。組織に残るのは、官僚機能を担う社員たちと自ら考えることなく忠実に命令を遂行するだけの社員ばかりになってしまいます。

「船長」ではなく「設計者」

こうなってしまうと、船長は大変です。氷山の海をかきわけて進まなくてはいけないのに、船も船員も迅速に機能しないシステムとなっているのですから。システムの構造に問題があるとき、いくら人を変えても同じパターンが発生します。どんなに優秀な人がトップを務めても、組織の構造がしっかりしていないと、よい結果は得られません。一生懸命になって変化を創ろうとしても、昨日の解決策が新たな問題をつくり出してしまいます。その結果、数年ごとにトップの首をすげかえては、振り子のように同じパターンを繰り返していきます。

これからの時代に求められるのはどのようなリーダーなのでしょうか？　これからのトップの役割は、「船長」ではなく、船の「設計者」だといわれています。船のシステムは、海、地形や天候などの外部環境と、船の仕組みと船員たちの相互作用で運航されます。設計者は、安全に目的地へ向かうことを目的として、これらの複雑なつながりを理解し、船の仕組みと船員たちの行動、相互作用などを考え、システムとしての船の設計を行います。

船の設計が優れていれば、船長の経験が浅くても、船は安全に航海できます。また、船の運航に問題が生じたとき、その情報が船員にフィードバックされるようになっていれば、一人ひとりがそこから学習し、やり方を工夫して改善を図ります。安全な航海をするだけでなく、船での仕事をやりがいに満ちたものにすることもできるのです。

これからの組織のトップの役割は、複雑なシステムの構造を理解し、システムを的確に設計し、またシステムそのものの改善を設計することにあります。システムの設計のよしあしが組織のパフォーマンスを左右するのです。ジャック・ウェルチも、カルロス・ゴーンもそのカリスマ的なリーダー像に着目されがちですが、彼らの成功の秘密は、実は組織システムの的確な再設計にあったといって過言ではありません。**成功を継続的に収める優秀なリーダーたちは、実はみなシステム思考家なのです。**これからの複雑性の時代、トップをはじめ組織マネジメントに携わるすべての人にとって、システム思考をはじめとする「学習する組織」の原則は必須のスキルといえるでしょう。

第10章

Systems Thinking

システム思考を使いこなすコツ

実践のための七ヶ条

幸せとは、すべてのものと
関わりがあると感じること。
すべてのことに責任を持つこと。
――――――――――A・サン・テグジュペリ

習うより慣れよ

「システム思考を使いこなせるようになるには、どうしたらよいのですか?」「どうしたら、効果的なループ図が描けるようになりますか?」——システム思考ワークショップでよく聞かれる質問です。

答えは、シンプルですが、「使っていくことです」「描き続けることで上達します」。

筆者らは、打ち合わせの途中でよく、喫茶店の紙ナプキンやコースターの裏などに、時系列変化パターングラフやループ図を描きます。一人で考えごとをしているときも、と
くにぐるぐると頭のなかを考えがめぐっているときには、そのぐるぐるをループ図に描いてみます。テレビから、「ますます」「いっそう」などの言葉が聞こえてくると、「おや、自己強化型フィードバック・ループの構造があるのではないかな?」と耳をそばだてます。新聞の記事や論説からループ図を描いてみることもよくあります。

最後に……

ぜひ毎日のなかで、システム思考を使っていってください。職場や組織、自分自身の問題に直面したとき、これまでと同じやり方だけではなく、「システム思考的に考える

と、どうなるのかな?」と考えてみて下さい。ループ図には正解はありませんから、どんどん描いてみてください(描いてみる練習のための例題がほしい、という声にお応えする、メールで「簡単な例題とループ図例」をお送りして練習していただくメールによるトレーニング講座もあります。ご興味のある方は、本書巻末をご覧ください)。

もっとシステム思考について勉強したいという方のために、二六五ページに参考文献を用意しました。日本語になっているものは限られていますが、英語でしたら、本やウェブサイト、学会や関連団体、大学など、多岐にわたる参考情報や勉強の教材があります。

システム思考とは、変化に左右されるのではなく、変化を創り出すための考え方でありツールです。最後に、本書のまとめとして、**筆者らがまとめた「仕事や人生に役立つ『システム思考七ヶ条』」を贈ります。**

仕事や人生に役立つ「システム思考七ヶ条」

1. 人や状況を責めない、自分を責めない
2. できごとではなく、パターンを見る

3. 「このままパターン」と「望むパターン」のギャップを見る
4. パターンを引き起こしている構造（ループ）を見る
5. 目の前だけではなく、全体像とつながりを見る
6. 働きかけるポイントをいくつも考える
7. システムの力を利用する

補 論

Systems Thinking

システム思考をより深く知りたい人のために

システムの特徴

世界を変えようと
決意を固めた個人からなる
小さなグループの力を
決して否定してはならない。
実際、その力だけが
これまで世界を変えてきたのだ。
——————————————M・ミード

第2章で「システムとはどのようなものか」を説明しました。システムにはさまざまな特徴があり、その特徴を知っておくと、より効果的にシステム構造を考え、効果的で副作用のない働きかけを考えることができるようになります。いくつか主な特徴について、説明しておきましょう。

特徴① ストック&フロー

「入ってくる水」と「出て行く水」

イラスト（補図1）を見てください。浴槽に、蛇口から水が入っており、排水口から水が流れ出ています。（ふだんはこんなお湯の入れ方はしませんが！）このイラストはとても単純な一つのシステムを表しています。

この浴槽のシステムでは、「入ってくる水」があり、「出て行く水」があり、それらに応じて、「浴槽にたまっている水」の量が変化します。ここである一定の時間内に「入ってくる水」「出て行く水」が「フロー」（流れ）であり、ある時点で「たまっている水」が「ストック」（蓄積）です。ここで重要な原則が一つあります。時間の経過とともに、ストックが変化するとき、それは必ずフローが原因となって起こっているという

補図1　ストック＆フロー

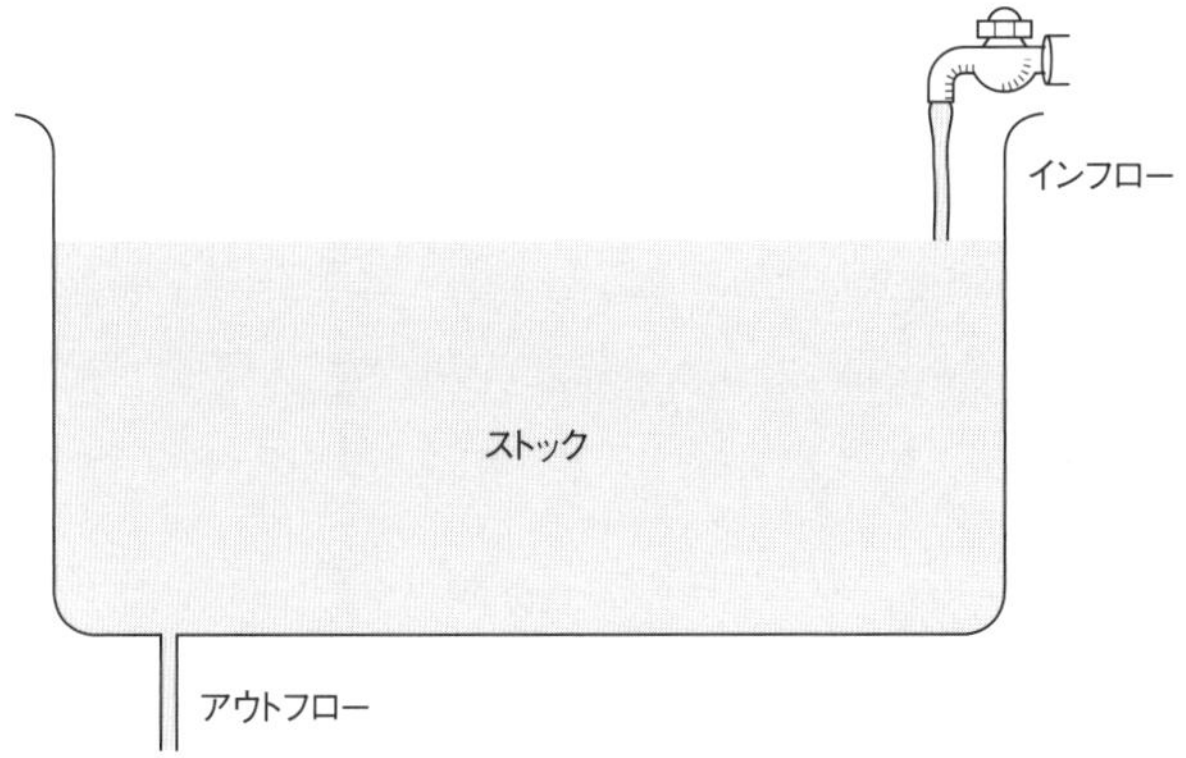

ことです。ある期間の間、入ってくる水も出て行く水もなかったら、浴槽にたまっている水の量は変化しないですよね（「蒸発」も、フローの一つです）。

ストックか、フローかを見分けるには、「スナップショット・テスト」をしてみるとよいでしょう。ある瞬間に写真を撮ったとき、その量が測れるのがストック、測れないものがフローです。どの瞬間でも、浴槽にたまっている水の量を測ることはできますが、入ってくる水の量や出て行く水の量は、瞬間で見ると測れませんね。フローは、一秒間とか、一分間に入った水の量のように、必ずある一定の期間の間に生じるものなのです。

ふだんの生活ではストックやフローを意識していないと思いますが、ちょっと見回してみると、「あ、これはストックで、これがフローだ」と気づくものも多いでしょう。たとえば、銀行口座を考えてみましょう。月末の「残高」が「ストック」であり、一カ月の間の「入金」「出金」が「フロー」になりますね。フローをさらに区別すると、「入金」は「インフロー」（流入）、「出金」は「アウトフロー」（流出）となります。

「それ」は減りますか？　増えますか？

「人口」はどうでしょうか？　何がストックで、何がフローになるでしょう？　ある年末時点の「人口」が「ストック」で、一年間の間の「出生数」が「インフロー」、「死亡数」が「アウトフロー」となります（移民を考えに入れると、「入国する移民」も「インフロー」であり、「出国する移民」も「アウトフロー」となります。蛇口が二つ、排水口が二つついている浴槽と考えることができます）。

ストックやフローは、このように目に見える物質的なものだけではありません。たとえば、ある企業への信頼感を考えてみると、ある時点の「信頼度」が「ストック」で、そのストックを増やしたり減らしたりする「フロー」は、一定期間の間に得られた「信頼獲得」「信頼喪失」となるでしょう。

社員のやる気や顧客満足度なども、「何がストックで、何がインフローで、何がアウトフローなのか」を考えるだけでも、目の前の問題に対する本質的な解決策を考えることができます。たとえば、さきほど「ふだんはこんなお湯の入れ方はしませんが！」と書きましたが、実は、一生懸命に新規顧客を増やす（＝インフロー）ための活動をしていながら、気づかないうちに、既存顧客を失っている（＝アウトフロー）ために、顧客数そのもの（＝ストック）が減ってしまっていることもよくあるのです。

ストックは必ずフローによって変化する

「ストック」があるために、システムの動きが複雑になり、理解しづらくなっていることが多いので、ストックについてしっかり理解することが大切です。たとえば、フローだけの場合は、お金を使う額はお金を稼ぐ額を上回ることはできません（稼いだ範囲で、使うことができます）。ところが、銀行口座という「ストック」があると、そのストックがある限りは、入金額を超えて出金することができます。キャッシュディスペンサーでお金を引き出している本人は、実際のストックがどこまで減っているのかに気づかずに、どんどん使ってしまって、あるとき「ゼロになっちゃった！」ということもありえるのです。

このようにストックは、バッファーの役割を果たしてくれるのですが、そのために

「実際の状態」をわからなくしてしまう側面もあります。**ストックについて理解していないと、システムが「急に」これまでと違う動きをするように見えることもあるのです。**

ひるがえって、ストックとフローの関係を理解し、それぞれの状況を把握していれば、システムの動きの予測がしやすくなります。先ほど述べたとおり、ストックは必ずフローによって変化します。インフローとアウトフローを把握すれば、ストックへの影響が予測できます。そして、フローに働きかけることによって、ストックを変化させ、望ましい状態に維持することができるのです。

特徴② フィードバック・ループからできている

人口を例にとると……

人口が増えるしくみ、減るしくみのそれぞれを考えてみましょう。補図2は、人口が増える構造です。すでに存在している「人口」（ストック）と「出生率」から「一年間あたりの出生数」（インフロー）が決まります。この「一年間あたりの出生数」がすでに存在している「人口」に追加され、その合計に対して出生率を掛け合わせたものが、

補図2　人口の増加

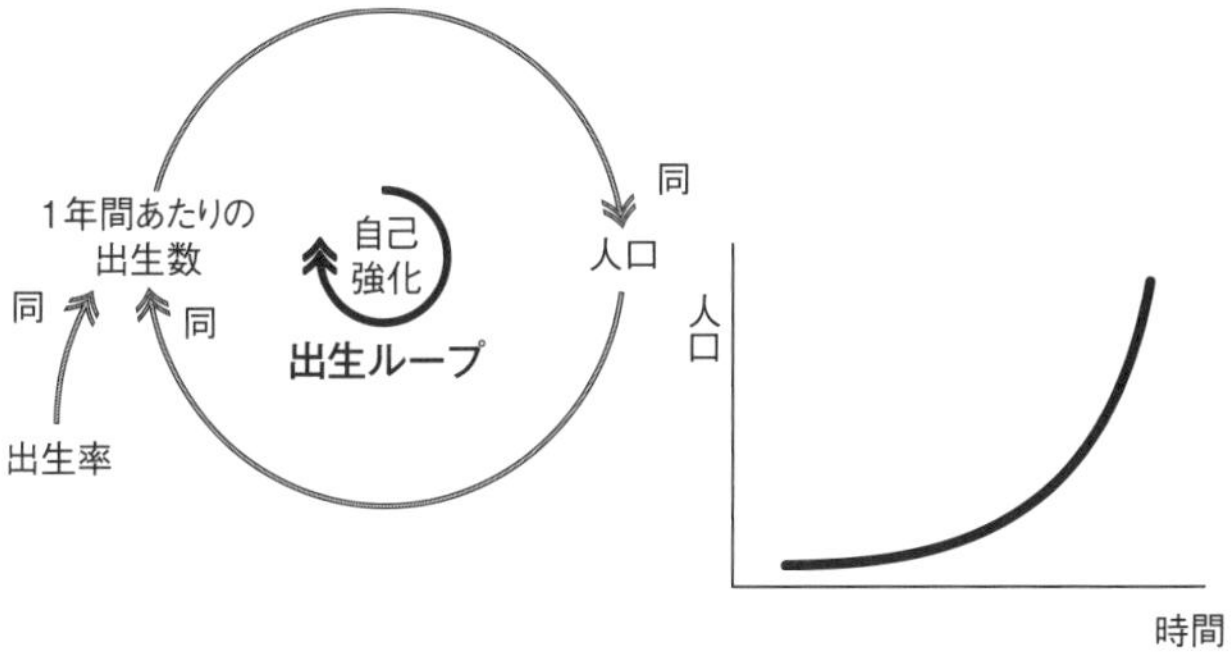

次の年の「一年間あたりの出生数」となります。

補図2からわかるように、「人口」という要素が「一年間あたりの出生数」という要素に影響を与え、その結果、もともとの「人口」にも影響が及んでいます。**つまり、フローはストックに影響を与えるだけでなく、しばしばストックの影響を受けているのです。**このように影響を与える連鎖がぐるりと回って、もとの要素に影響を与える構造を「フィードバック・ループ」といいます。システムは、いくつものフィードバック・ループが組み合わさってできているのです。

どんどん増え続ける構造

ここで、出生率が同じだったら、もともとの人口が多ければ多いほど、新しく生まれてくる人の数も多くなります。出生数が多ければ、人口はさらに大きくなり、そのために、次の年の出生数はさらに大きくな

補図3　人口の減少

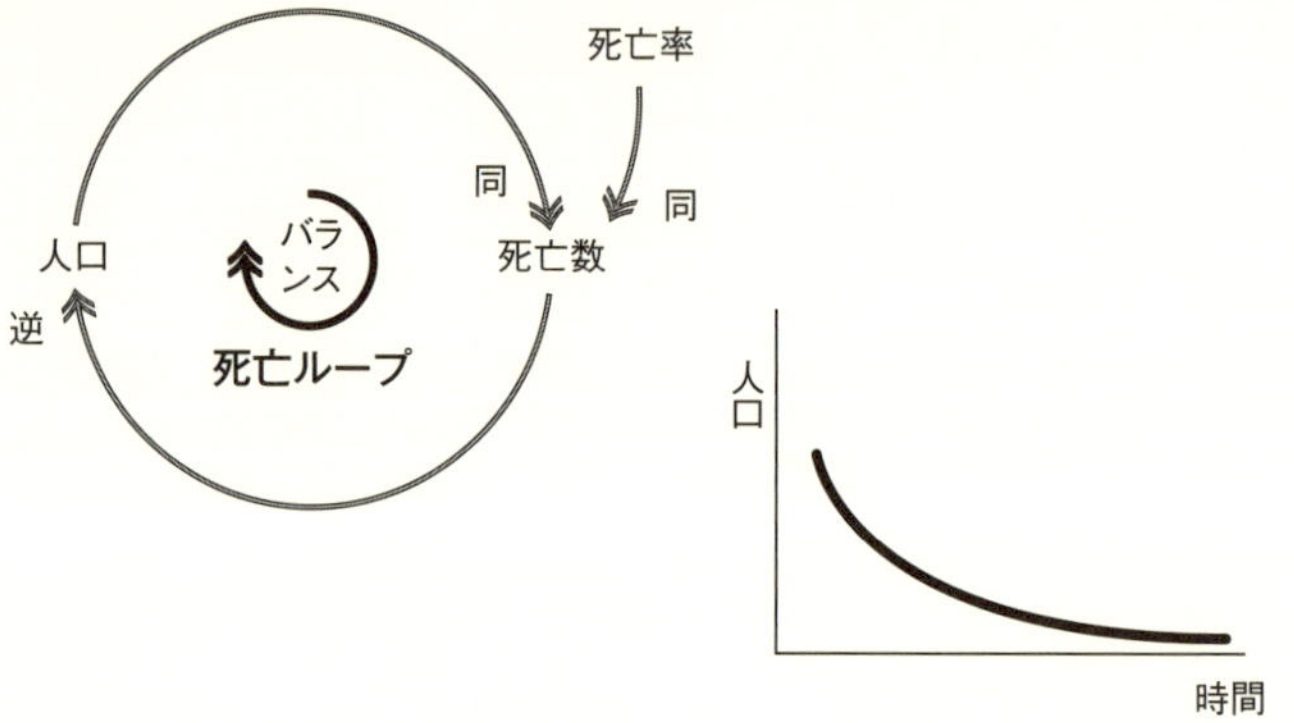

り、そのために……というように、「どんどん増え続ける」構造であることがわかります。幾何級数的成長と呼ばれる「加速度的な増加」「あるところを超えたら爆発的に増える」という現象は、ストック（ここでは人口）に対して、「どんどん増え続ける構造」が働くために起こります。

この「どんどん増え続ける構造」があるからこそ、パン種のなかの酵母菌はどんどんと増えて、パンが膨らみますし、利子付きの銀行口座の預金もどんどん増えていきます。もっとも、インフルエンザウィルスが増殖するのも同じ構造ですが！

さて、では、「出生数」という「人口」（＝ストック）のインフローに対し、アウトフローである「一年間あたりの死亡数」の構造はどうなっているのでしょうか？　補図3にあるように、その時点の人口に対し「死亡率」が掛け合わされ、「死亡数」が決まります。その「死亡数」は全体の「人口」を減らす、という構造です。「人口」が多ければ多いほど「死亡数」も多くなり、「人口」を減らす力が強くなります。そして、「人口」が減れば、それに「死亡率」を掛け合わせた翌年の「死亡数」は、前年よりも少なくなります。つまり、今度は、人口を減らす力が（相対的に）弱まるという構造で、出生数のように「どんどん増え続ける構造」ではなく、「均衡しようとする構造」です。

どちらのループが優勢ですか？

そして、「人口」というストックを決めるのは、インフローである「出生数」とアウトフローである「死亡数」ですから、人口のシステム全体は、補図4のように、二つのフィードバック・ループがつながっている形になります。「出生」のフィードバック・ループが強い場合には、人口は加速度的に成長しますし、「死亡」のフィードバック・ループが強いときは、人口は減少します。二つのフィードバック・ループのバランスがとれていれば、人口は一定で変わらないという状況となるでしょう。

フィードバック・ループが存在するとき、システムそのものが変化を急速に成長させたり、弱めたりするシステム独自の力を持ちます。システムには、このようなさまざま

補図4　人口の増加と減少

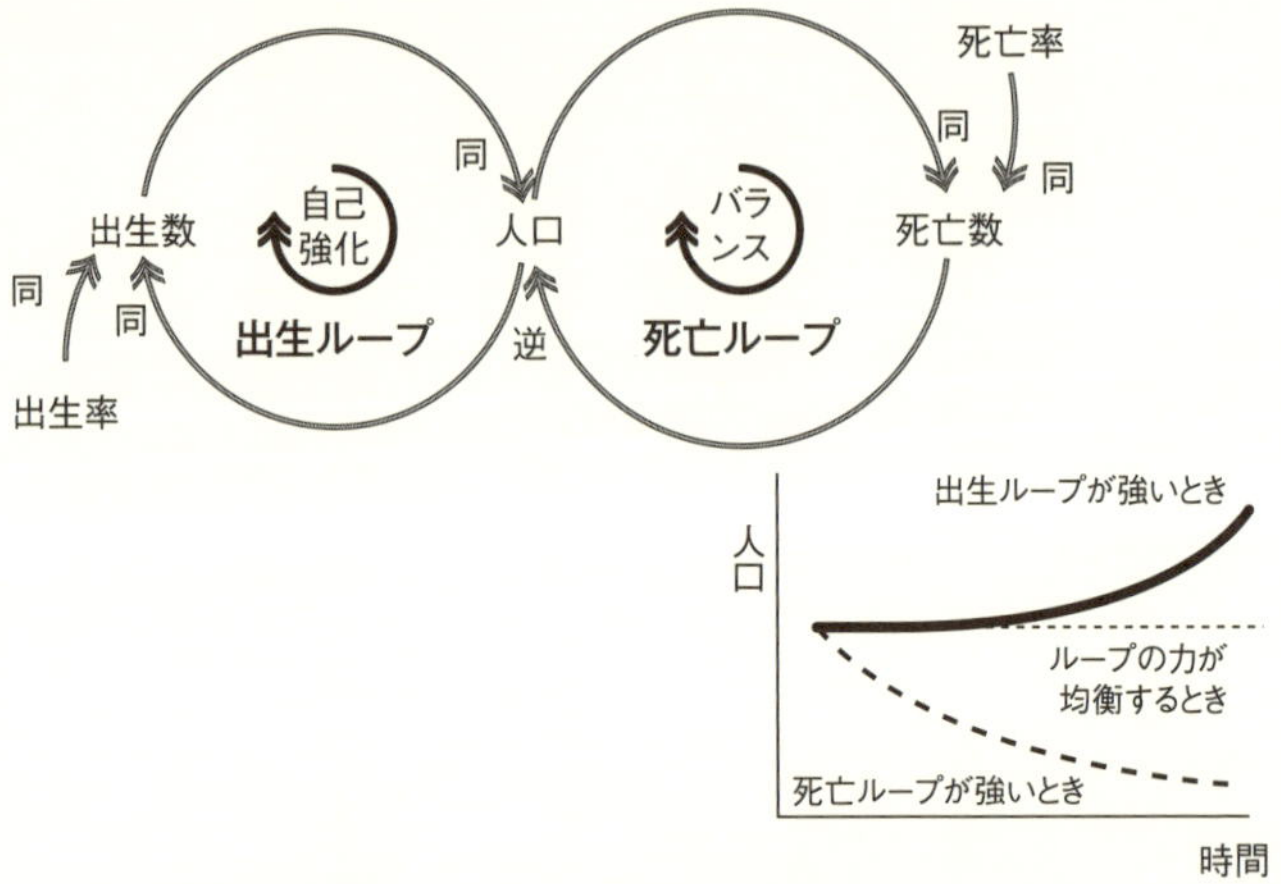

なフィードバック・ループが複雑にからみ合って存在しており、その影響でシステムはある方向に成長したり減退したりする複雑な変化を引き起こします。したがって、「売上げが落ちた」「顧客からの苦情が急増した」などの問題が生じたときに、そのシステムで問題となる動きが生まれているのは、どのようなフィードバック・ループがどのようにからみ合っているからなのかを考えなくてはなりません。

特徴③　時間的遅れ

遅れによって複雑さは増大する

システムのもう一つの特徴は、遅れがあることです。システムのなかのフィードバック・ループを構成している要素が影響を与え合うことで、そのシステムはある方向に動いていきます。ところが、ある要素が別の要素にすぐに影響を与えるとはかぎりません。とくにストックが間に入るときには、ストックがバッファーの役割をして影響がすぐに伝わらないことがあります。しばらくたってから、ときにはかなりの時間がたってから、影響を与えることがあります。このような時間的な遅れがあるために、システムの動きが複雑になります。

たとえば、ある国で、それまでは一人の女性が生涯に平均三人の子どもを生んでいたのを、ある日からいっせいに「二人」に減らしたとしましょう。出生率は大きく下がったわけですが、すでに生まれている若い人たちが次々と出産年齢に達するため、数十年間は人口が増えていくことになります。これが時間的遅れの一例です。

自然界にもさまざまな時間的遅れがあります。たとえば、オゾン層を破壊するフロン（CFC）は大気中に排出されてから、ゆっくりと上空にのぼっていくので、実際にオゾンを破壊し始めるのは一〇～一五年後だといわれます。この一〇～一五年が時間的な遅れとなります。オゾン層の破壊が人間の健康や食糧供給に影響を及ぼすまでにも、さらに時間的な遅れが生じます。

遅れを考慮に入れておく

また、政策の遅れも、時間的な遅れを生じます。さまざまな条約や法規制などの成立状況を見てもわかるように、ある問題が認識されてから、関係者全員がそれを認め、対応するための行動計画をつくり、皆で受け入れて実行に移すまでには、何年も、時には何十年もかかることがよくあります。

さらに、大規模な工場建設や発電所の建設といった投資の決断をしてから、実際に工場や発電所が建設され、製品や電力を生み出しはじめるまでには、何年も、何十年もかかることがあります。そして、いったん操業がはじまれば、投資を回収するために、数十年間は使われることになります。へたをすると、工場を建設しているあいだに、もっと有効な新技術が開発されたのに、建設をとめることもできず、投資回収もしなくてはならないということで、古い技術を数十年も使い続けなくてはならず、新技術への転換に大きな時間的遅れが生じる、という状況になることもあります。

「これがいい！」とわかっても、多くの場合は、「はい、そうですね」とあっという間に転換することはできません。このように、私たちの身の回りにも、社会や経済のシステムにも、さまざまな時間的な遅れが存在していることがわかります。現在のシステムを理解するうえでも、望ましいシステムを創り出していくうえでも、要素のつながりに生じる時間的遅れを意識し、理解することが重要です。どんなにせかしても、子どもが大人になるには一〇～二〇年かかるのですから！

特徴④　非線形的変化

「雪だるま式」の増減にびっくり!?

システムのもう一つの特徴は、直線では表すことができない非線形的な関係があるということです。私たちは、「AがBに影響を与える」としたら、AとBのあいだに直線的な関係を想定する傾向があります。「Aが二倍になったら、Bも二倍になった」とわかると、「ではAを半分にすればBも半分になるだろう」「Aが五倍になれば、Bも五倍になる」と予想するのです。おそらく、直線的な関係は理解しやすいからでしょう。

ところが現実の世界には、このような直線的な関係はほとんど見あたりません。実際には、「ある時点では、Aが二倍になればBも二倍になる」が、いつもそうではなく、「Aを半分にすればBは四分の一になる」かと思えば、「Aが五倍になったらBは一〇〇倍になる」のを見て、びっくり仰天したりするのです。

非線形的な変化を起こすのもやはり、ストックがあるからです。フィードバック・ループが存在すれば、フィードバック・ループの種類によって、雪だるま式に増えて（減って）いったり、あるいはある目標点を目指して変化の度合いが徐々に少なくなっていく場合もあります。また、時間的な遅れによって、思いもしないときに過去のできごとの結果がやってくることもあります。そして、システムのなかの多くの要素は、ストックの量がどのレベルにあるかによって、異なる変化を示します。よく閾値《いきち》といいますが、システムの安定している範囲を外れて、閾値を超えると、予想もしない急激な変化を起こしたりするのです。

石油採掘の現実

現実の世界には、このような非直線的な関係がたくさんあります。たとえば、ある商品が突然流行して爆発的に売れる、投資や努力に対して得られるリターンが徐々に減少していく、株式や不動産が急激に価格上昇しては、バブルが崩壊して急激に価格が下がる、あるいは企業の信頼が不祥事をきっかけにいっきに失墜する、などです。

一つ、石油の例を詳しく見てみましょう。石油資源を掘り出し、精製して石油をつくり出す会社があったとします。はじめのうちは、消費地に近く、楽に採掘ができる場所

補図5　石油採掘コストの非線形の関係

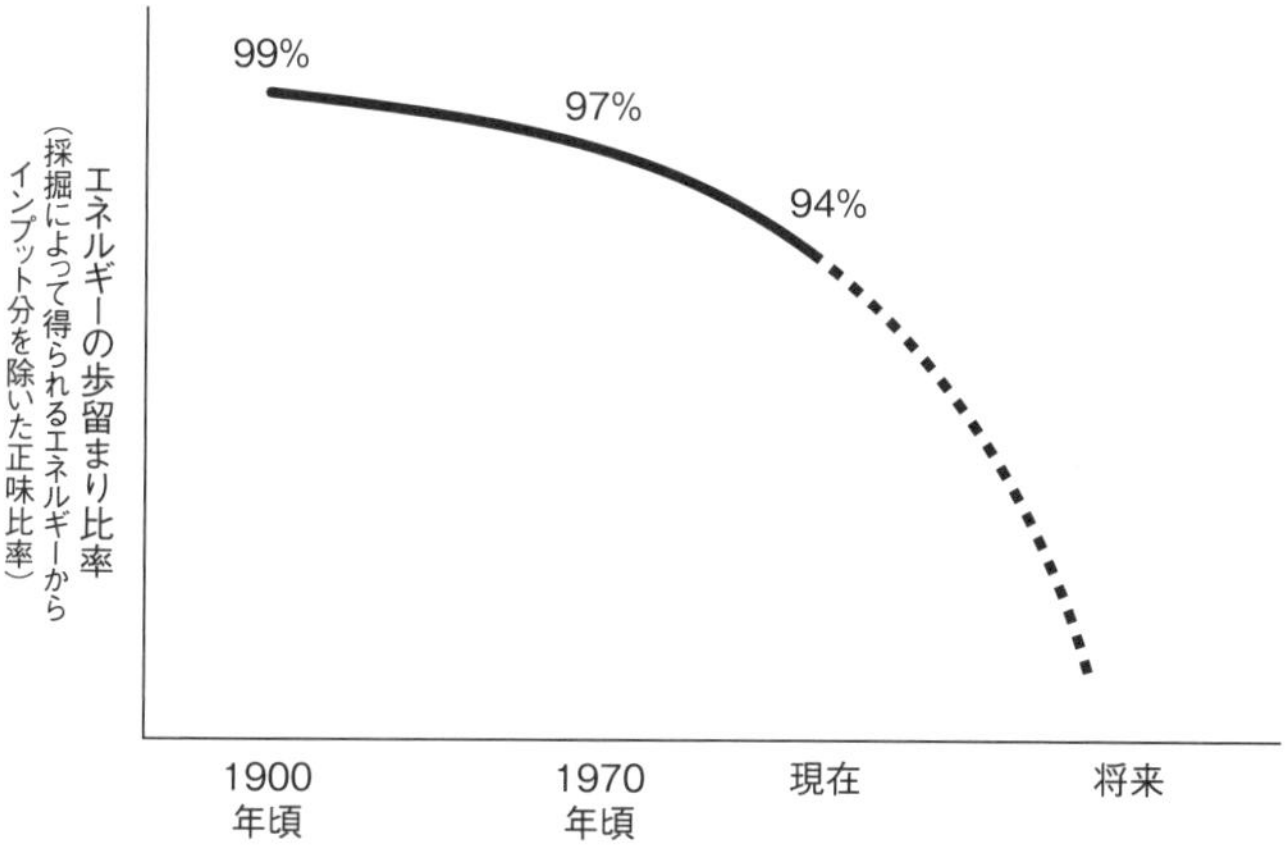

に油井を掘り、それほど深く掘らなくても質の良い石油がたくさんとれるでしょう。消費量がどんどん増えるにしたがって、産油量も増え、経験が蓄積されて、コストが安くなっていきます。

しかし、さらに消費量が増え、長年にわたって資源を使用した結果、石油資源が減っていきます。そうすると、だんだん消費地まで運搬コストのかかる遠隔地に油井を掘ったり、莫大な採掘コストのかかる海底油田を開発したり、前は見向きもしなかった質の悪い原油も使わざるをえなくなってきます。原油がさらになくなってくると、かけるエネルギーに比べて取り出せるエネルギーが非常に低いオイルサンドやタールといった質の悪い資源さえも採掘の対象となってきます。

こうして、どんどんと資源の質が落ちてくると、同じ量の石油を生産するために必要な、資源採掘、精製、輸送のための資本やエネルギーが増大していきます。この状況を示しているのが補図5です。ある量の資源を得るために必要なエネルギーが、直線的に増えるのではなく、加速度的に増えていくため、エネルギーの歩留まりが急速に悪化していくことがわかります。

現実は「直線」ではない

同じような例として、コスト改善や顧客開拓があります。コスト改善も、最初はアイディアが豊富にあって、そのなかでもとくに成果の大きなものから実行に移します。よく、果実は木の低いところからとれといいますが、低いところの果実を取り尽くしてしまうと、あとは高いところになっているものしか残りません。乾いた雑巾をしぼるように、アイディア一つあたりの成果は、どんどん減っていきます（補図6）。

顧客の開拓は、最初はなかなか思うようにはいかないものです。相当の努力とコストをかけて開拓していきます。**ところが、ティッピング・ポイントといわれる閾値を越えると、口コミなどのシステムの力で急激に成長し始め、顧客開拓コストも急速に下がります。**しかし、成長が進んで潜在顧客の数が残り少なくなると、今まで商品に見向きも

補図6　コスト改善

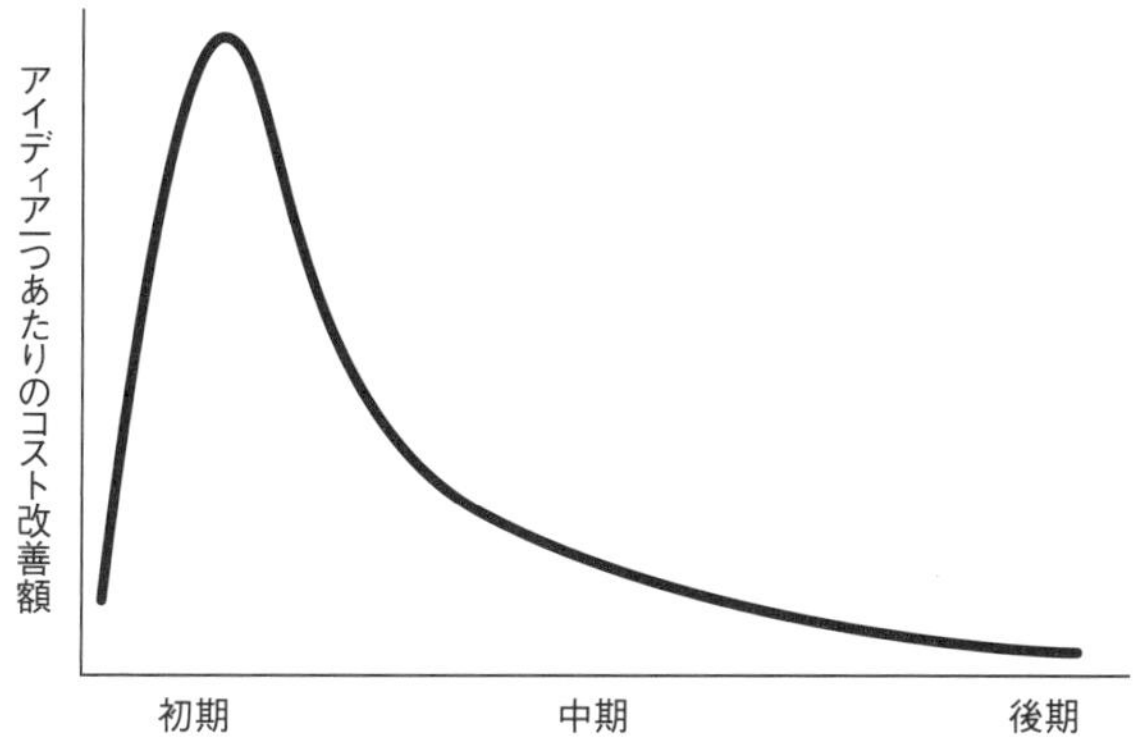

補図7　顧客開拓コスト

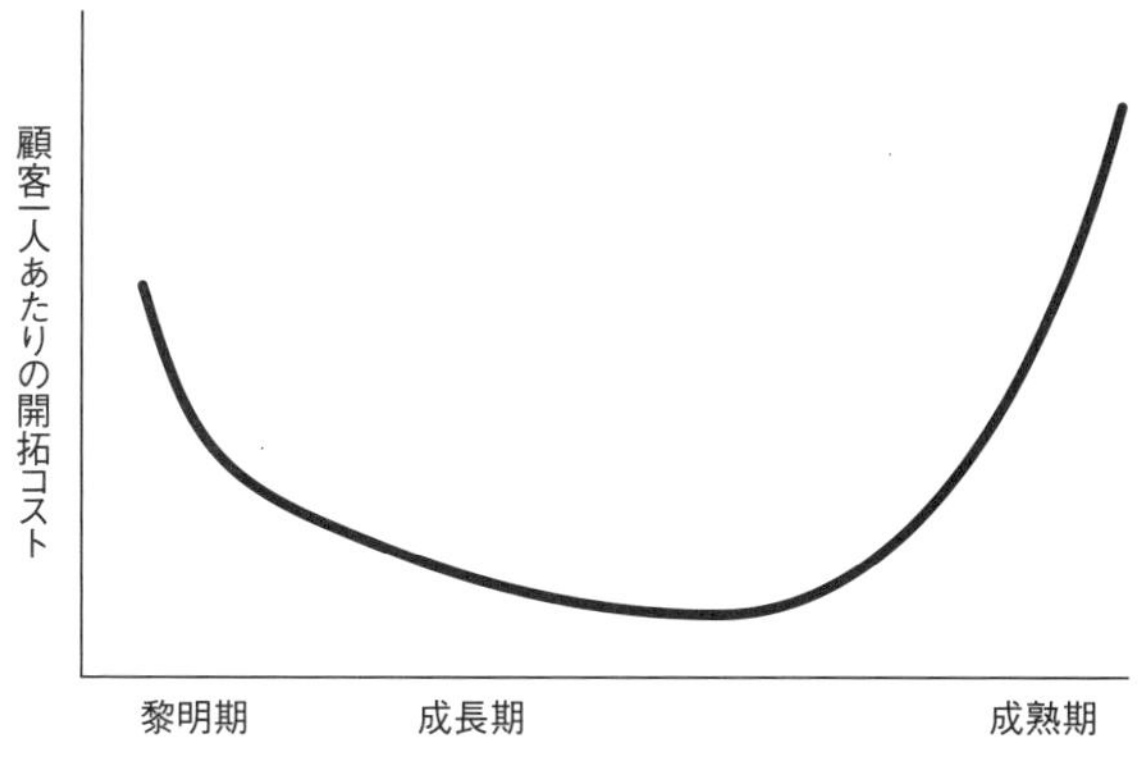

せず、拒み続けてきた人たちなのでそう簡単にはいかなくなります。顧客開拓コストはだんだんと、そして終わりに近づくに連れどんどん増えていくのです（補図7）。

このように、システムには、あるものに比例して影響が出るのではなく、びっくりするほど大きな影響が出たり、もしくはまったく変化がなかったり、場合によっては反対方向に変化したり、という非直線的な変化がよくあります。私たちが、自分たちにとって理解しやすい直線的な変化を予想していると「予期せぬ結果やパターン」に直面してびっくりしてしまうのです。

システムは、フローとストック、フィードバック、時間的遅れと、そして非直線的関係から、私たちの理解を超える複雑な動きを示します。要素のつながりから、システムがどのような構造を持っているかを理解することは、システムとのうまいつきあい方の第一歩になります。システムは、完全に予測もできなければ、コントロールもできません。しかし、システムの鼓動を捉え、システムとダンスを踊りながら、望ましい未来を一緒に作り出していくことはできるのです。

参考文献

枝廣淳子・小田理一郎著
『もっと使いこなす！「システム思考」教本』東洋経済新報社、二〇一〇年
小田理一郎著
『学習する組織入門――自分・チーム・会社が変わる持続的成長の技術と実践』英治出版、二〇一七年
小田理一郎著
『マンガでやさしくわかる学習する組織』日本能率協会マネジメントセンター、二〇一七年
ジョン・スターマン著、枝廣淳子、小田理一郎訳
『システム思考―複雑な問題の解決技法』東洋経済新報社、二〇〇九年
デニス・メドウズ、ドネラ・メドウズ、枝廣淳子著
『地球のなおし方』ダイヤモンド社、二〇〇五年
デニス・メドウズ、ドネラ・メドウズ他著／枝廣淳子訳
『成長の限界――人類の選択』ダイヤモンド社、二〇〇五年
ドネラ・メドウズ著、枝廣淳子訳、小田理一郎解説
『世界はシステムで動く―いま起きていることの本質をつかむ考え方』
英治出版、二〇一五年
ピーター・センゲ著／枝廣淳子、小田理一郎、中小路佳代子訳
『学習する組織―システム思考で未来を創造する』英治出版、二〇一一年
チェンジ・エージェント　ウェブサイト http://change-agent.jp

あとがき

枝廣がシステム思考と出会ったのは六年ほど前のこと、バラトングループという世界的なシステム思考の研究者・実践家のグループの合宿でした。出会った瞬間に、「これだ！」とわくわく興奮したことを今でも覚えています。「システム思考って、私もずっと大事だと考えていた『つながり』をベースとした考え方なんだ！　自分でも使いこなせるようになりたい。そして、日本のたくさんの方々に伝えたい！」と思ったその思いを、今回、東洋経済新報社の井坂康志氏のお力添えで、こうして多くの方々にお届けでき、とてもうれしく思っています。

システム思考に出会い、勉強し、ある程度身に付けてきた私は、それ以前に比べ、カッとしたり、落ち込んだり、自分を責めたり、人を責めたり、状況に無力感を感じたり、ということがなくなりました。自分もまわりもラクにしてくれるものだと実感しています。

一方、小田は一九九〇年代中頃、当時勤めていたアメリカ系多国籍企業の長期事業戦略を策定する過程でシステム思考に出会い、活用しはじめました。その後、長年勤めたその会社を退社して、「本当に自分がやりたいこと」を実現するための道を歩みはじめました。そのきっかけとなったメッセージ『もし地球が一〇〇人の村だったら』は、システム思考の第一人者だったドネラ・メドウズが、システム思考的にものごとや状況を見る方法を一般の人々に伝えたいとの思いで綴ったエッセイの一編であったことをのちに知り、「つながり」を実感したのでした。

枝廣の誘いで、システム思考の勉強会をはじめ、ずっと気にかかっていたシステム思考を本格的に研究しはじめました。知れば知るほど「面白い!」「本質的にものごとを見るのに役立つ」と夢中になりました。そして、二〇〇五年四月に二人で有限会社チェンジ・エージェントを設立して、システム思考を基盤に、変革の担い手の育成に着手したのでした。

システム思考は、何カ月もかけてコンピュータのシミュレーション・モデルをつくるシステム・ダイナミクスという本格的なものから、喫茶店の紙ナプキンの裏にぐるぐると要素のつながりで状況を描いてみるという簡単なレベルまで、どんな形でも実践し、使っていくことができます。

システム思考は、「ちょっと待てよ」といってくれるアプローチです。目の前の問題や解決策に飛びつくのではなく、「ちょっと待てよ。いま見えていないものも含め、全体の構造はどうなっているのだろう?」「ちょっと待てよ。これをやると、こちらの想定している以外の影響が出てくる可能性はないだろうか？」――そんなことをシステマティックに考えさせてくれるアプローチなのです。

小さい頃に、「中はどうなっているんだろう？」「どうして動くんだろう？」と思って、時計やおもちゃを分解したことはありませんか？　「構造を知りたい」という思いは、子どもにも私たちにもあります。モノの構造だけではなくて、状況や問題の構造を知ることは、知ること自体が楽しいし、おまけにより効果的な働きかけを考えられます。これがシステム思考の醍醐味です。眉間にしわをよせるのではなく、ぜひ楽しみながら、システム思考を知り、使っていただけたら、と思います（私たちのワークショップも笑い声が絶えません！）。

私たちの究極のビジョンは、「読み書き・そろばん・システム思考」といわれるぐらい（「システム思考」という言葉は知らなくても）、だれでもごく自然に、「物事をつながりとして考える」「長期的な時間軸を持って、全体像をとらえようとする」社会をつくることです。みんながつながりや全体像を考えるようなったら、いまの社会が抱えているさまざまな問題も解決に向かうと信じているからです（ちなみに、システム思考の身に付いた人のことを、英語では「システム・シチズン」と呼び、米国やオランダなどでは小学生からシステム思考を身に付けるためのカリキュラムを考え、実施している教師のネットワークもあります)。

システム思考を日本で普及する活動を進める一方、世界の専門家と意見交換をするなかで、欧米よりも日本や東洋のほうがシステム思考になじみがあると実感するようになりました。日本には昔から「因果応報」「回り回って」「ツボ」などという言葉がありますが、これらはすべてシステム思考のエッセンスを言い表している言葉です。私たちの日常の暮らしや考え方のなかに、システム思考的なアプローチがごく自然にとけ込んでいるのです。ただ、ふだんは意識はしていません。そこで、本書で紹介したシンプルなツールを使うことによって、より意識的に「つながり思考」ができるようになり、本当の目的や幸せのために役立てることができるようになります。

私たちのワークショップでは、「システム思考って何?」というまったくはじめての方でも、数時間後には時系列変化パターングラフやループ図が描けるようになります(実は、そう話すと、欧米の専門家はびっくりします!)。もっとも、ループ図が描くことはあくまでも手段です。目的は、システム思考の基本的な考え方や基本的なツールを身に付けることで、ものの見方や考え方が広がり、新しい気づきが得られることです。その一つのきっかけとして、本書が役に立つことを願っています。

私たちは、企業に対して、システム思考の研修やシステム思考を基盤としたビジョン・戦略策定や共創型ダイアログなどのファシリテーション、学習する組織づくりをめざすプログラム開発やコンサルティングを行うほか、地域の活性化や業界の再生、まちづくり、個人の自己実現など、さまざまな場面で、システム思考の強みを活かした本質的な問題解決のお手伝いをしています。どのような場面でも、「しなやかな強さと、学び続け、進化し続ける力」を育みたいと思っています。

私たち一人ひとりも、組織も、社会も、いらないストレスや回り道なしに、ごく自然に伸び伸びと持てる力を最大限に発揮しながら、本当の目的やあるべき姿を見つけ、実現していく——本書がその一助となれば、これ以上幸せなことはありません。

チェンジ・エージェント

枝廣淳子・小田理一郎

システム思考を使いこなしたい・活かしたい方へ

㈲チェンジ・エージェントでは、個人向け・組織向けに、システム思考を基盤とした研修、ファシリテーション、コンサルティングを提供しています。

●個人向け（主に社会人・一般）

演習、事例、ゲームなどを通じた体験学習を中心に、問題構造のツボを見抜き、本質的な解決策を考える右脳型・統合型能力を伸ばします。

「システム思考」研修

◆システム思考トレーニングコース（基礎編）
◆システム思考トレーニングコース（実践編A・B）
◆ループ図ノックコース（通信）など
（2018年8月現在）

●組織向け（企業、政府機関・自治体、非営利組織、ネットワーク組織など）

システム思考を基盤に、複雑性を理解し、多様性を力に変える共創型コミュニケーションを身に付け、組織の共有ビジョンを築き、実現していきます。

能力開発

◆階層別研修（経営層から新人研修まで）
◆目的別研修（CSR、リスクマネジメントなど）

「学習する組織」開発

◆「学習する組織」を開発するプログラム
◆組織変革に関するコンサルティング

ビジョン・戦略策定

◆ビジョン・戦略策定プロセスのファシリテーション
◆ステークホルダー・ダイアログのファシリテーション

著者紹介

枝廣　淳子（えだひろ　じゅんこ）

㈲チェンジ・エージェント会長，㈲イーズ代表，幸せ経済社会研究所所長，大学院大学至善館教授，㈱未来創造部代表，東京ガス㈱社外取締役．東京大学大学院教育心理学専攻修士課程修了．心理学を生かし，「自分や人を変える」技術を構築．講演，研修，執筆のほか，企業の変革コンサルティングや異業種勉強会を実施している．デニス・メドウズをはじめとする世界のシステム思考家とのネットワークを築き，システム・ダイナミクスを用いた『成長の限界・人類の選択』（ダイヤモンド社），『システム思考』（東洋経済新報社），『世界はシステムで動く』（英治出版）など多数を翻訳，またシステム思考の入門書『もっと使いこなす！「システム思考」教本』（東洋経済新報社），『入門「システム思考」』（講談社）を共同執筆，ドネラ・メドウズの珠玉のエッセイ集『システム思考をはじめてみよう』（英治出版）を刊行．システム思考やシナリオプランニングを生かした合意形成に向けての場づくり・ファシリテーターを企業や自治体で務め，幸せで持続可能な組織や地域づくり，次世代の育成に力を注いでいる．

小田　理一郎（おだ　りいちろう）

㈲チェンジ・エージェント代表取締役社長兼CEO．オレゴン大学経営学修士（MBA）修了．多国籍企業経営を専攻し，米国企業で10年間，製品責任者・経営企画室長として組織横断での業務改革・組織変革に取り組む．2005年チェンジ・エージェント社を設立，人財・組織開発，CSR経営などのコンサルティングに従事し，システム横断で社会課題を解決するプロセスデザインやファシリテーションを展開する．デニス・メドウズ，ピーター・センゲ，アダム・カヘンら第一人者たちの薫陶を受け，組織学習協会（SoL）ジャパン代表，グローバルSoL理事などを務め，システム思考，ダイアログ，「学習する組織」などの普及推進を図っている．著書，共著に『学習する組織入門』（英治出版），『マンガでやさしくわかる学習する組織』（日本能率協会マネジメントセンター），『もっと使いこなす！「システム思考」教本』（東洋経済新報社）など，共訳書にビル・トルバート著『行動探求』（英治出版），ピーター・M・センゲ著『学習する組織』（英治出版），ジョン・D・スターマン著『システム思考』（東洋経済新報社），『社会変革のためのシステム思考実践ガイド』（英治出版），監訳書にアダム・カヘン著『社会変革のシナリオ・プランニング』（英治出版）．

なぜあの人の解決策はいつもうまくいくのか？

2007年3月29日　第1刷発行
2025年4月21日　第16刷発行

著者　枝廣淳子／小田理一郎
発行者　山田徹也
発行所　東洋経済新報社
〒103-8345
東京都中央区日本橋本石町1-2-1
電話 東洋経済コールセンター 03(6386)1040

印刷・製本　リーブルテック

Printed in Japan　ISBN 978-4-492-55575-0　https://toyokeizai.net/